Inhalt

I. Wort- und Sacherklärungen

Bezüge zum graphischen Werk werden anhand folgender Veröffentlichungen nachgewiesen: *Zeichnen und Schreiben. Das bildnerische Werk des Schriftstellers Günter Grass*, Bd. 1: *Zeichnungen und Texte 1954–1977*, hrsg. von Anselm Dreher, Darmstadt/Neuwied 1982 (zit. als *Zeichnen und Schreiben I*), und Günter Grass: *In Kupfer, auf Stein*, Göttingen 1986. Die Ziffern bezeichnen die Abbildungsnummer im jeweiligen Band.

4,1 *Personen und Handlung des Buches sind frei erfunden:* Entgegen dieser Versicherung sind für viele Personen aus Oskars engster Umgebung historische Vorbilder auszumachen, deren Namen kaum verschlüsselt wurden. So amtierte etwa an der Langfuhrer Herz-Jesu-Kirche von 1906 bis zu seinem Tode 1944 wirklich ein Pfarrer Walter Wienke, der als »Hochwürden Wiehnke« in den Roman einging. Da die *Blechtrommel* jedoch keineswegs als Schlüsselroman zu lesen ist, wurde auf Nachweise verzichtet; Ausnahmen bilden Personen der Öffentlichkeit.

5,1 *Für Anna Grass:* geb. Schwarz, Grass' erste Ehefrau.

13,10 *Kaschubei:* Grass schreibt dazu in *Aus dem Tagebuch einer Schnecke*: »Die Kaschubei, als deren Zentrum und Hauptstadt das Kreisstädtchen Karthaus, heute Kartuzy, gilt, wird in Reiseführern auch Kaschubische oder Kassubische Schweiz genannt. [...] Leicht gehügelt erstreckt sich die Kaschubei von Dirschau an der Weichsel bis Stolp in Pommern, vom Putziger Wiek und der Halbinsel Hela bis in den Kreis Berent. [...] Die Kaschuben oder Kassuben, von denen es heute noch dreihunderttausend geben soll, sind Altslawen, die eine aussterbende, mit deutschen und polnischen Lehnwörtern gespickte Sprache sprechen.« Zur Stellung der Kaschuben zwischen Deutschen und Polen s. in der *Blechtrommel* auch S. 547.

24,10 *Saturn:* Das Saturnmotiv begegnet häufig bei Grass, z. B. gestalten es die Gedichte *Saturn I* (1956) und *Saturn* (1960). In der griechischen Mythologie ist er der Gott, der seine Kinder frißt; so wird er bei Grass zum Gott eines Lebens zum Tode hin.

24,28 *auf dem Troyl:* »Eine vom Holzhandel als Lagerfläche genutzte Insel im Hafengebiet« (*Aus dem Tagebuch einer Schnecke*).

25,5 *Matka Boska Czestochowska:* Das durch Kerzenruß geschwärzte Bildnis der Schwarzen Muttergottes von Tschenstochau (poln. *Matka Boska Częstochowska*) ist der zentrale Wallfahrtsort und das Nationalheiligtum Polens, seit die Schweden 1655 die Belagerung des Klosters Tschenstochau ergebnislos abbrachen, was dem Schutz der Madonna zugeschrieben wurde. Maria wurde daraufhin 1656 vom polnischen König Johann Kasimir zur Regina Poloniae erklärt.

26,11 f. *wegen eines ... aufreizend weißrot gestrichenen Zaunes:* in den Nationalfarben Polens. Seit den Polnischen Teilungen gehörten Teile Polens als Provinz Posen zu Preußen und damit seit 1871 zum Deutschen Reich. Nach der Reichsgründung kam es auf Grund einer forcierten Germanisierungspolitik zu ethnischen Konflikten.

27,17 f. *Leibhusaren des Kronprinzen unter Mackensen:* An der Straße Hochstrieß in Danzig-Langfuhr lagen die Kasernen der Leibhusaren-Brigade, der Schwarzen oder auch Totenkopfhusaren (nach dem Emblem am Kalpak, der Husarenmütze). Kronprinz Wilhelm (1882–1951) war Chef des 1. Regiments, seine Schwester Viktoria-Luise (1892–1980) des 2. Regiments. General der Kavallerie August von Mackensen (1849–1945), seit 1915 Generalfeldmarschall, begann seine militärische Laufbahn als Einjährig-Freiwilliger bei den Langfuhrer Husaren und war eine Zeitlang deren Brigade-Kommandeur, später unterstanden sie ihm in seiner Eigenschaft als Kommandierender General des XVII. Armeekorps. Er wurde »Vater der Leibhusaren« genannt und war Ehrenbürger von Danzig. Zur Freistaatzeit dienten die Kasernen der Schutzpolizei (s. S. 69).

28,29 f. *da die »Columbus« bei Schichau vom Stapel lief:* Der von Grass wegen seines reichen Bildmaterials zum Vorkriegs-Danzig offensichtlich benutzte Bildband *Danzig in 144 Bildern,* hrsg. von H. B. Meyer, Leer [o. J.], zeigt den 32 500 BRT großen Schnelldampfer des Norddeutschen Lloyd vor der Schichauwerft.

30,7 *den abhaut Masowiens Herzog:* Das im Zentrum Polens beiderseits der mittleren Weichsel gelegene Masowien war von 1138 bis 1146 selbständiges Herzogtum und wurde 1202 erneut selbständig. Herzog Konrad I. von Masowien rief 1225 oder 1226 den Deutschen Orden gegen die Pruzzen zu Hilfe und gab ihm dafür das Kulmer Land. In der Schlacht von Tannenberg, in der der Orden 1410 vernichtend geschlagen wurde und der Großmeister fiel, waren zwei Herzöge des unter verschiedene Linien aufgeteilten Masowiens unter den Gegnern.

30,16 f. *die hübschen, vom kommenden Tage träumenden Panzer:* s. dazu Anm. zu 324,18–22.

36,26 *SMS Columbus:* s. Anm. zu 28,29. Die Abkürzung SMS (»Seiner Majestät Schiff«) bezeichnete die Schiffe der Kaiserlichen Marine; die »Columbus« war jedoch ein Passagierdampfer des Norddeutschen Lloyd.

36,32 *Heil dir im Siegerkranz:* nach der britischen Hymne von B. G. Schumacher auf den preußischen König Friedrich Wilhelm II. (1744–97) gedichtetes Lied, das 1795 erstmals zum Geburtstag des Königs offiziell gesungen wurde. Nach der Reichsgründung diente es mit der Abänderung »Heil, Kaiser, dir« (statt »König«) bis 1918 als inoffizielle Nationalhymne des Deutschen Reiches.

36,32 f. *Göschflagge:* kleine Flagge, die an dem am Bug angebrachten Göschstock gesetzt wird.

36,33 *Prinz Heinrich steht am Steuerrad:* Lied der Kaiserlichen Marine, bezogen auf den Großadmiral Prinz Heinrich von Preußen (1862–1929), den Bruder des letzten
Kaisers; daraus auch die Zeile »ein Volk, das solche Für-
sten hat« (36,35–37,1).

39,3 f. *Joe Colchic soll er sich genannt haben:* Gerade diese
unwahrscheinliche Version bestätigt *Die Rättin,* StA 9,
S. 237.

40,18–20 *den oft Jahrzehnte währenden, mit dem Stapellauf beginnenden Untergang eines Schiffes:* vgl. S. 319, wo
Oskar bei Baugerüsten an Abbrucharbeiten denken muß,
und die Zeilen aus dem Gedicht *Stappellauf:* »Auf welchen Namen soll ich dich taufen? / Soll ich deinen Untergang ANNA nennen / oder COLUMBUS?«

40,30 *im »Weyer«:* 1900 erschien der 1. Jahrgang dieses Ma-
rinekalenders unter dem Titel *Taschenbuch der deutschen
Kriegsflotte,* später *Taschenbuch der Kriegsflotten* oder
Weyers Taschenbuch der Kriegsflotten; Bruno Weyer war
Herausgeber von 1900 bis 1944.

44,34 *Machandel:* Wacholderschnaps.

45,15 *im Jahre siebzehn an der Grippe starb:* Am Ende
des Ersten Weltkriegs, vor allem 1918/19, forderte die
schwerste Grippeepidemie der Geschichte im kriegs- und
hungergeschwächten Europa Millionen von Toten.

46,14 f. *vom Landsturm bewachten Schilderhäuschen:* Zum
Landsturm wurden die Wehrpflichtigen einberufen, die
nicht gedient hatten oder für die Landwehr, die eigentliche Reserve, zu alt waren. Die Altersgrenze war 39, später 45 Jahre. Der Landsturm wurde überwiegend für militärische Aufgaben in der Heimat eingesetzt.

46,22–24 *Verdun, einen der vielen Hartmannsweilerköpfe
oder ein Flüßchen meint: Somme oder Marne:* Orte von
Schlachten an der Westfront im Ersten Weltkrieg. Februar bis Dezember 1916 sollte nach der Strategie des
deutschen Generalstabs an der Festung Verdun Frankreich »ausbluten«; der Hartmannsweilerkopf, ein Berg in

den südlichen Vogesen, war besonders 1915 hart umkämpft; die Schlacht an der Somme (22. Juni – Ende November 1916) zählte zu den blutigsten und verlustreichsten des Krieges; an der Marne wurde Anfang September 1914 der deutsche Vorstoß auf Paris gestoppt; vom 15. Juli bis 2. August 1918 scheiterte dort der letzte deutsche Durchbruchsversuch.

48,8 *Kasimirs und Bathorys Historien:* Kasimir III., gen. der Große (1310–70), seit 1333 König von Polen; Stefan IV. Báthory (1533–86), seit 1576 König von Polen, belagerte 1577 das aufständische Danzig vergeblich und schloß mit der Stadt einen Kompromißfrieden.

48,10 *Option für Polen:* Nach der Wiederherstellung des polnischen Staates konnten die Bewohner der ehemals deutschen Gebiete sich für die deutsche (bzw. Danziger) oder polnische Staatsangehörigkeit entscheiden.

48,16 *General Sikorski:* 1881–1943, Armeeführer im Polnisch-Sowjetischen Krieg.

48,17 *General Weygand:* 1867–1965, französischer Offizier, im Ersten Weltkrieg Generalstabschef von Marschall Foch, danach Reorganisator des polnischen Heeres.

49,24 *Rentenmark:* Zur Überwindung der Inflation am 13. Oktober 1923 eingeführte Hilfs- oder Zwischenwährung, die im August 1924 von der Reichsmark abgelöst wurde. In Danzig wurde am 18. Dezember 1923 eine eigene Guldenwährung, die an das britische Pfund gekoppelt war, alleiniges Zahlungsmittel.

57,26 *Jülicher Straße:* Oskars Nachkriegsabenteuer (s. Drittes Buch) spielen in Düsseldorf.

67,17 *des KdF-Schiffes »Wilhelm Gustloff«:* Die »NS-Gemeinschaft Kraft durch Freude« wurde im November 1933 als Organisation der »Deutschen Arbeitsfront« gegründet, um die Freizeit der Arbeitnehmer von Kulturveranstaltungen bis zu Urlaubsreisen zu organisieren. Dem Amt »Reisen, Wandern und Urlaub« gehörten eigene Kreuzfahrtschiffe, darunter die nach dem 1936 er mordeten Führer der Auslandsorganisation der NSDAP in der Schweiz (geb. 1895) benannte »Wilhelm Gustloff«. Das im Krieg als Truppentransporter und zur Evakuierung der Ostgebiete eingesetzte Schiff wurde im Januar 1945 vor der Danziger Bucht, »mit Flüchtlingen vollgestopft«, torpediert und versenkt (*Die Rättin*). Schefflers kommen später beim Untergang eines KdF-Schiffes ums Leben (S. 508).

70,3–7 *Russenbluse ... Zarenfamilie ... Rasputin:* Zum Russen- und Rasputinkult von Agnes Matzerath s. S. 113 ff.

70,8 *Menschewiki und Bolschewiki:* (russ.) ›Minderheitler‹ und ›Mehrheitler‹. Die russischen Sozialisten spalteten sich auf ihrem Parteitag 1903 in einen gemäßigten ›Minderheits‹- und einen radikalen ›Mehrheits‹-Flügel (so benannt nach den Kräfteverhältnissen auf dem Parteitag, die jedoch denen der Gesamtpartei nicht entsprachen).

70,32 f. *Der Wille zu einer Macht, die ohne Gefolgschaft auskommen sollte:* Anspielung auf *Der Wille zur Macht*, eine 1901 erstmals erschienene Kompilation aus Nietzsches Nachlaß, die stark von Elisabeth Förster-Nietzsche, der Schwester des Philosophen, beeinflußt wurde und heute in ihrer forcierten Systematisierung der Nachlaßfragmente abgelehnt wird, sich aber bei den Nationalsozialisten einer breiten Vulgärrezeption erfreute.

71,1 f. *da beschloß ich, auf keinen Fall Politiker ... zu werden:* Anspielung auf den wohl meistzitierten Satz aus Hitlers *Mein Kampf*, mit dem das 7. Kapitel schließt. Im Lazarett im pommerschen Pasewalk erfährt Hitler von der Revolution im November 1918 und von der Ausrufung der Republik. Nach anfänglicher Verzweiflung fällt die Entscheidung zum Kampf gegen diese Entwicklung: »Ich aber beschloß, Politiker zu werden.«

71,9 *der Däumling:* Zur *Blechtrommel* als Däumlingsmärchen s. Anm. zu 136,30–137,1.

72,22 f. *Mama am Klavier aus dem Zigeunerbaron intonie-*

rend, Jan hinter ihr: In Volker Schlöndorffs Film *Die Blechtrommel* (1979), an dessen Drehbuch Grass mitgearbeitet hat, wird diese Stelle gedeutet: Beide singen das zu ihrer Verbindung passende Lied »Wer uns getraut? ... Der Dompfaff, der hat uns getraut« aus der Operette von Johann Strauß Sohn (1885).

79,24 f. *Oh, du Lamm Gottes:* Aus der katholischen Messe: Zwischen Wandlung und Kommunion wird dreimal das *Agnus Dei* gebetet, das zweimal mit dem *Miserere nobis* (»Erbarme dich unser«) schließt.

79,27 *Oh Herr, ich bin nicht würdig:* Eine Abwandlung von Matth. 8,8, wird unmittelbar vor dem Empfang des Sakraments gebetet.

82,3 f. *Ein zweistimmig Pfadfinderlied sangen sie: Hohe Tannen weisen die Sterne an der Iser wildspringender Flut,* 1923 erstmals bezeugtes Pfadfinderlied, das die Unfreiheit der sudetendeutschen Heimat nach Gründung der Tschechoslowakei beklagt und Rübezahl, den sagenhaften Berggeist des Riesengebirges, um Hilfe bittet.

82,17 *Sodom besichtigte, Gomorrha erkannte:* s. 1. Mose 18,20–19,29.

86,30 *Rorschachversuche:* Nach dem Schweizer Psychiater Hermann Rorschach (1884–1922) benannte Tests, bei denen der Patient seine Assoziationen beim Betrachten von etwa durch Tintenkleckse erzeugten abstrakten Formen nennt.

87,5 *l'art pour l'art:* (frz.) »die Kunst um der Kunst willen«; Betrachtung der Kunst als reinen in sich ruhenden Selbstzweck, ohne moralische, gesellschaftliche, politische oder andere Funktionen. Dor Formulierung geht auf den französischen Philosophen Victor Cousin zurück (1836).

88,23 *Werben für die illegale KPD:* Die Kommunistische Partei Deutschlands wurde als verfassungsfeindlich am 17. August 1956 verboten, war also zu der Zeit, da Oskar dies schreibt – vor dem 5. März 1953 (s. S. 332) – noch legal. Der Verbotsantrag der Bundesregierung beim

Bundesverfassungsgericht wurde allerdings bereits am 16. November 1951 gestellt.

89,18 *einen trommelnden Reiter mit Papierhelm:* Grass' Zeichnung für den Umschlag der Originalausgabe zeigt Oskar mit einem »Helm aus gelesener Zeitung«, wie es im Gedicht *Blechmusik* (1956) heißt.

90,4 *»Jesus, dir leb' ich«:* Refrain eines schon im 17./18. Jh. bekannten Kirchenlieds.

90,5 *»Meerstern, ich dich grüße«:* Marienlied, 1637 erstmals als Übersetzung des lateinischen *Ave maris stella* bezeugt.

103,17 f. *Sütterlinschrift kroch bösartig spitzig und in den Rundungen falsch, weil ausgestopft, über die Schultafel:* Die nach dem Graphiker Ludwig Sütterlin (1865–1917) benannte Variante der deutschen Schreibschrift wurde seit 1915 in vielen deutschen Ländern gelehrt und war von 1935 bis 1941 Einheitsschrift. Wie die Aufzählung auf S. 104 zeigt, steht sie bei Grass für die Zeugnisse der Unmenschlichkeit (vgl. S. 255) und die Dokumente einer in diesem Ungeist verwalteten Welt und begegnet in diesem Sinn häufiger in seinem Werk: In *örtlich betäubt* schreibt Irmgard Seifert als BDM-Führerin ihre Denunziation in dieser Schrift; vgl. auch die Anfangszeilen des Gedichts *Der Dichter:* »Böse, / wie nur eine Sütterlinschrift böse sein kann«. Oskar kann sich selbst dieser Verstrickung nicht entziehen; zeitlebens schreibt er in Sütterlinschrift (s. S. 443 und *Die Rättin*).

107,6 f. *der Cherubinische Wandersmann:* Titel der letzten Ausgabe von Angelus Silesius' (Johannes Scheffler, 1624–1677) geistlichen Epigrammen.

107,7 *des Walter Flex Schriften:* Neben Gedichten, Dramen und Novellen war das berühmteste Buch von Walter Flex (geb. 1887, gefallen 1917) die autobiographische Erzählung *Wanderer zwischen beiden Welten* (1917), die als frühes kriegsverherrlichendes Werk über den Ersten Weltkrieg zur Bibel der nationalen Jugendbewegung nach dem Krieg wurde.

107,7 f. *Wiecherts einfaches Leben:* Ernst Wiecherts (1887 bis 1950) Roman *Das einfache Leben* erschien 1939, Oskar kann ihn also erst zu einem erheblich späteren Zeitpunkt bei Greff gesehen haben. In seiner Erzählung vom Rückzug eines ehemaligen hohen Marineoffiziers in die Idylle einer einfachen Fischerexistenz paßt er zu *Daphnis und Chloe* des Griechen Longos aus dem 3. Jh. v. Chr., einer das Landleben verklärenden Hirtendichtung, die das Aufwachsen zweier junger Menschen in einer idyllischen Welt schildert.

111,15 *auf der Doggerbank den Seemannstod gefunden:* Bei dieser Untiefe in der mittleren Nordsee fand am 24. Januar 1915 das erste deutsch-englische Seegefecht zwischen Großschiffen statt.

111,16 *Köhlers Flottenkalender:* Der von Wilhelm Köhler begründete *Illustrierte deutsche Flottenkalender* erschien erstmals 1901; s. auch S. 571.

111,18 *Paul Beneke, der Seeheld:* Jugendbuch über den Danziger Freibeuter und Kaperkapitän um 1470.

111,20 *Erich Keysers Geschichte der Stadt Danzig: Danzigs Geschichte* von Erich Keyser (1893–1968), dem Gründer und Leiter des Landesmuseums für Danziger Geschichte, erschien in erster Auflage 1921, in zweiter 1928.

111,20 f. *jener Kampf um Rom:* Felix Dahns (1834–1912) bekanntester historischer Roman *Ein Kampf um Rom* (1876) schildert den Untergang des Ostgotenreiches unter Theoderichs letzten Nachfolgern Totila und Teja gegen die oströmischen Feldherren Belisar und Narses.

111,26 *Soll und Haben:* 1855 erschienener Roman aus der Kaufmannswelt von Gustav Freytag (1816–95).

111,26 f. *etwas über Wahlverwandtschaften von Goethe:* Der Roman *Die Wahlverwandtschaften* erschien 1809.

111,27 f. *den reichbebilderten dicken Band: Rasputin und die Frauen:* René Fülöp-Millers (d. i. Philipp Jakob Müller, 1891–1963) Buch *Der heilige Teufel. Rasputin und die Frauen. Mit 94 Abbildungen in Kupfertiefdruck* erschien erstmals 1927 und in einer preiswerten Sonderausgabe 1931. Das Buch über eine der größten Sensationen des frühen 20. Jahrhunderts, den Einfluß des primitiven Mönchs Grigori Rasputin (1871–1916) auf den Zarenhof, wo er als Gesundbeter den an der Bluterkrankheit leidenden Zarewitsch heilen sollte, war ein Welterfolg.

113,9 *Zwerg Nase:* Märchen von Wilhelm Hauff (1802–27) aus dem Märchenalmanach *Der Scheik von Alessandria und seine Sklaven* (1827).

Däumeling: s. Anm. zu 136,30–137,1.

113,22–24 *Stiche, die den bärtigen Rasputin … zeigten:* zeitgenössische Karikatur auf Rasputin, abgebildet bei Fülöp-Miller (nach S. 408 der Sonderausgabe, Berlin/ Wien/Leipzig 1931).

116,22 f. *»Schwarze Augen« oder »Der rote Sarafan«:* Lieder aus dem Repertoire des Donkosakenchors.

116,30 *»Zarewitsch«:* Der Zarewitsch (1927), Operette von Franz Lehár (1870–1948), aus der auch Gretchens beide Lieder stammen.

118,6 *von meinen zwei Seelen zeugt:* nach dem vielleicht bekanntesten Faust-Zitat, *Faust I*, Szene ›Vor dem Tor‹, V. 1112.

118,8 *zu den Müttern hinabsteigen:* nach *Faust II*, 1. Akt, Szene ›Finstere Galerie‹, V. 6212 ff.

120,14 *Krauterwerkstätten:* Werkstätten kleiner Handwerker und Tüftler; ein Beispiel ist Heilandts Schuppen (S. 121).

121,24/27 *Nuchi Eyke / Axel Mischke:* Nuchi und Axel heißen auch Juttas Spielgefährten in der Kindheit im Stück *Hochwasser.*

126,25 *gleich dem armen Lazarus:* Luk. 16,20 f.

127,29 *Stockturm:* Turm der alten Stadtbefestigung, der später als Gefängnis diente und die »Peinkammer« (Folterkammer) enthielt (s. S. 128); s. auch 242.

130,4–6 *Ähnlichkeit mit einer … Kaffeemühle:* Laut *Danzig in 144 Bildern* wurde das Anfang des 19. Jh.s erbaute

Stadttheater von den Danzigern »respektlos und doch liebevoll als die ›gute alte Kaffeemühle‹« bezeichnet.

134,34–135,1 *Sucht er das Land der Polen auch mit seiner Seele?:* nach dem Vers aus dem Eingangsmonolog der Iphigenie in Goethes *Iphigenie auf Tauris* (1787): »das Land der Griechen mit der Seele suchend«.

135,3 *das Land der Polen, das verloren ist, das noch nicht verloren ist:* Hier und im folgenden variiert Oskar die zur Zeit der staatlichen Nichtexistenz 1797 entstandene spätere polnische Nationalhymne (seit 1927) »Noch ist Polen nicht verloren« (s. auch S. 324).

135,11–13 *die erste bis zur vierten Teilung verwerfen und die fünfte Teilung Polens schon planen:* Die ersten drei Polnischen Teilungen (1772, 1793 und 1795) durch Österreich, Preußen und Rußland führten zur Liquidation Polens, die vierte Teilung geschah im geheimen Zusatzabkommen zum Hitler-Stalin-Pakt vom 23. August 1939 und wurde am 1. September von deutscher und am 17. September 1939 von russischer Seite vollzogen. Unter der fünften Teilung versteht Oskar die damals vor allem von den »Landsmannschaften« der Vertriebenen immer wieder erhobene Forderung nach Rückgabe der Gebiete östlich von Oder und Neiße, wie ja auch die amtliche Politik der Bundesrepublik in dieser Zeit völkerrechtlich vom Weiterbestand des Deutschen Reichs in den Grenzen von 1937 bis zu einem zukünftigen Friedensvertrag ausging. Vgl. dazu auch S. 759 ff., wo stellvertretend für solche Überlegungen ein längst verjährter ›Rechtsanspruch‹, ein Todesurteil aus dem Jahre 1939, präsentiert wird. – Historiker bezeichnen gelegentlich die durch den Wiener Kongreß 1815 vollzogene Aufteilung des Herzogtums Warschau als ›vierte‹ und die durch den Hitler-Stalin-Pakt als ›fünfte‹ Polnische Teilung.

136,30–137,1 *das Märchen vom Däumeling …, was mich … verständlicherweise persönlich ansprach:* nach dem Märchen *Daumesdick* aus den *Kinder- und Hausmärchen*

nach Langfuhr

Straßenplan Danzig
(um 1940)

der Brüder Grimm (seit der 2. Auflage von 1819), aus dem wörtlich die Schlußworte (S. 137) stammen. Oskars Autobiographie als Däumlingsmärchen verstanden – wobei es für den Interpreten viele Parallelen gibt (s. z. B. Anm. zu 319,2–4) bewegt Grass als Erzähler der *Rättin* später zu dem Plan, Oskars Photographie ins Märchenmuseum einzuschmuggeln.

140,31 f. *wenn auch nicht echt, doch ähnlich den Butzenscheiben:* ›Butzenscheiben‹ stehen in Grass' Gesamtwerk für eine spezifisch deutsche spießige ›Gemütlichkeit‹, die jederzeit in offenen Terror umschlagen kann.

140,34–141,1 *Goldwasser:* eine Danziger Spezialität: ein süßer klarer Kräuterlikör mit Blattgoldpartikeln.

145,23 *brachte es dennoch nur bis zum Zellenleiter:* Die Nationalsozialistische Deutsche Arbeiterpartei (NSDAP), nach Verbot aller anderen Parteien meist ›die Partei‹ genannt, war zur Durchdringung des ganzen Volkes mit der NS-Ideologie straff organisiert: 40–60 Haushaltungen bildeten einen ›Block‹, vier bis acht Blocks eine ›Zelle‹, drei bis fünf Zellen eine ›Ortsgruppe‹. Über den Ortsgruppen standen die ›Kreise‹, deren Größe und Umfang von den staatlichen Verwaltungseinheiten abhingen, mit denen sie deckungsgleich waren, darüber die ›Gaue‹, von denen es 1939 41 gab. Von oben nach unten sah damit die strenge Hierarchie der Partei-»Hoheitsträger« – so die offizielle Bezeichnung – folgendermaßen aus: Führer bzw. Stellvertreter des Führers, Gauleiter, Kreisleiter, Ortsgruppenleiter, Zellenleiter, Blockleiter.

147,16 *Greiser:* Arthur Karl G. (1897–1946) wurde im Oktober 1930 nach langandauernden Spannungen zwischen Danziger SA und NSDAP von Hermann Göring zum interimistischen Gauleiter ernannt, um wenige Wochen später von Albert Forster abgelöst zu werden, der von Hitler mit der Reorganisation des Gaus Danzig beauftragt war. Greiser wurde sein Stellvertreter und nach dem Wahlsieg der NSDAP am 28. Mai 1933 Stellvertretender

Senatspräsident; später, nach dem Rücktritt des Senatspräsidenten Hermann Rauschning im November 1934, dessen Nachfolger. Nach Kriegsbeginn wurde er Gauleiter des aus der ehemaligen preußischen Provinz Posen neugebildeten Gaus Wartheland. Wegen seiner Aktivitäten in dieser Zeit wurde er von den Polen zum Tode verurteilt und hingerichtet.

147,16 f. *Gauschulungsleiter Löbsack:* Wilhelm, Lebensdaten nicht ermittelt. 1934 veröffentlichte er ein Buch über seinen Gauleiter Albert Forster. Als Gauschulungsleiter für Danzig und nach Kriegsbeginn für den neuen Gau Danzig-Westpreußen war Löbsack für die ideologische Ausrichtung aller NS-Organisationen zuständig, deren Funktionsträger regelmäßig zu Schulungstagungen einberufen wurden. Löbsack schulte Danziger Parteifunktionäre noch nach der Niederlage von Stalingrad für den ›Endsieg‹. Ein Beispiel für solche Schulungsaktivitäten s. S. 381 f.

147,19 *Forster:* Albert F. (1902–48), stammte aus Fürth und war stark vom dortigen Gauleiter, dem manischen Antisemiten Julius Streicher, geprägt. 1930 wurde er von Hitler zum Gauleiter in Danzig und am 12. Juli 1933 zu seinem »Vertrauensmann im Freistaat Danzig« ernannt und war damit faktisch einflußreicher als das nominelle Staatsoberhaupt Rauschning bzw. Greiser. Am 23. August 1939 erklärte sich Forster auch offiziell zum Staatsoberhaupt der Freien Stadt. Im Krieg war er Reichsstatthalter von Danzig-Westpreußen und wurde nach seiner Verhaftung in Westdeutschland und seiner Auslieferung an Polen 1947 zum Tode verurteilt. Carl J. Burckhardt schreibt zu Greiser und Forster in *Meine Danziger Mission* (München 1960): »Wenn ich die beiden Männer vergleiche, so war Forster der stärkere. Er war primitiver als sein Konkurrent [. . .]. Greiser haßte seinen Rivalen Forster [. . .].«

147,29 f. *Bollermann und Wullsutzki:* auch: B. und Welutzke; Volkstypen aus dem Milieu der Gelegenheitsarbeiter im Danziger Hafen.

148,6 *die Kommune:* Nazijargon für die Kommunistische Partei.

148,29 *Pg's:* Pg: offizielle Abkürzung für ›Parteigenosse‹, d. h. Mitglied der NSDAP.

148,29 f. *Frauenschaftsführerinnen:* Die NS-Frauenschaft war die parteiamtliche Frauenorganisation, ab 1935 als Untergliederung der NSDAP.

148,33 f. *Hitlerjugend / des Jungvolkes:* Zur Hitlerjugend gehörten die 14–18jährigen, zum Jungvolk die 10–14jährigen.

149,4 *den so beliebten Ostwind besingen:* »In den Ostwind hebt die Fahnen, denn im Ostwind stehn sie gut« war ein sehr beliebtes HJ-Lied, das zur Eroberung von ›Lebensraum‹ im Osten aufrief.

149,29 *BDM-Führerinnen:* Bund Deutscher Mädel, die NS-Organisation für die 14–18jährige weibliche Jugend.

149,32 *Röhmputsch:* offizieller NS-Sprachgebrauch für die gewaltsame Ausschaltung der SA (Sturmabteilung), der alten Kampforganisation der Partei. Mit der nachträglichen Begründung, er habe einen Staatsstreich gegen Hitler geplant, wurde der Stabschef der SA, Ernst Röhm, Anfang Juli 1934 gleichzeitig mit weiteren SA-Führern und andern mißliebigen Politikern ermordet.

152,7 f. *»Armer SA-Mann Brand«* ... *»armer Hitlerjunge Quex«:* Filme um exemplarische »Opfer der Bewegung«, die bei den gewaltsamen Auseinandersetzungen in der Spätphase der Weimarer Republik ums Leben gekommen waren. Beide Filme entstanden 1933: *SA-Mann Brand* unter der Regie von Franz Seitz, bei *Hitlerjunge Quex. Ein Film vom Opfergeist der deutschen Jugend* – nach Richard Euringers gleichnamigem Buch (1932) – führte Hans Steinhoff Regie.

152,16 *Die Trommel lag mir schon maßgerecht:* Zur folgenden Szene vgl. *Der Butt,* wo Oskar vergeblich gegen die Marschmusik anzutrommeln versucht.

153,10 *Rauschning:* Oskar irrt in diesem Punkt oder verwechselt Daten: Hermann Rauschning (1887–1982), von Juni 1933 bis 23. November 1934 nationalsozialistischer Senatspräsident von Danzig, hat mit Sicherheit im August 1935 nicht mehr in herausgehobener Stellung an einer NS-Kundgebung mitgewirkt. Nach seinem Rücktritt im November 1934 aus Protest gegen Forsters rüden Machtgebrauch wurde Rauschning ein Gegner der Nationalsozialisten und bezeichnete in einem Flugblatt zur Wahl 1935 Forsters Methoden als verbrecherisch. 1936 emigrierte er.

155,11 *Jonas:* s. das biblische Buch Jona (das Wort des Herrn in 1,2).

157,19 *innere Emigration:* Das Schlagwort entstand in der Auseinandersetzung mit dem Vorwurf, wer nach 1933 nicht emigriert sei, sei als Dichter, Schriftsteller, Intellektueller usw. automatisch zum Mitläufer geworden. Dem wurde entgegengesetzt, man habe auch in Deutschland selbst in Distanz zum herrschenden System leben können. Beispiele hierfür sind etwa der im Dritten Reich mißliebige Erich Kästner, der vom Christentum geprägte Werner Bergengruen, der ständig von NS-Stellen observiert wurde, Gottfried Benn und Ernst Jünger, die sich nach anfänglichem Engagement für das neue Regime später vor einer potentiellen Verfolgung durch die Nationalsozialisten schützten, indem sie sich als Offiziere reaktivieren ließen. Oskars Ton zeigt, daß mit diesem Begriff auch viel Mißbrauch getrieben wurde (s. auch S. 403, 434).

157,21 f. *Luftschutzwart:* Der Luftschutzhauswart oder Luftschutzblockwart war für die Durchführung der befohlenen Luftschutzmaßnahmen (Beispiele dazu S. 508) und die Einhaltung der entsprechenden Vorschriften innerhalb der kleinsten Einheit, eines Hauses oder Blocks, zuständig.

158,1 *Eintopfsonntag:* An bestimmten Sonntagen wurde die Bevölkerung aufgerufen, statt eines Sonntagsbratens Eintopf zu essen, das ersparte Geld wurde zugunsten des

›Winterhilfswerks‹ gesammelt. An diesen Sonntagen fanden auch Gemeinschaftsessen auf öffentlichen Plätzen statt.

158,23 *Spinathemden von der PX:* PX, das griechische Christus-Monogramm Chi Rho, war das Emblem vieler katholischer Jugendverbände, u. a. der Neudeutschen Jungengemeinschaft, die olivgrüne Hemden trug.

158,24 *Kyffhäuserbund:* 1898 als »Kyffhäuserbund der deutschen Landeskriegerverbände« gegründete Vereinigung ehemaliger Soldaten zur Pflege soldatischer Tradition, seit der Fusion mit dem »Deutschen Kriegerbund« 1921 »Deutscher Reichskriegerverband Kyffhäuser«, später im Dritten Reich zwangsübergeführt in den »Nationalsozialistischen Reichskriegerbund«.

158,24 f. *Jungpolen von der Ozonbewegung:* benannt nach der Abkürzung OZN (»Obóz Zjednoczenia Narodowego«, »Lager der nationalen Vereinigung«), einer polnischen nationalsozialistischen Bewegung.

159,12 *Mandel:* altes Mengenmaß: 15 oder 16 Stück.

159,15 *Pomuchel:* pommerisch für: Dorsch.

160,1–4 *Was sucht Oskar unter den Röcken seiner Großmutter? . . . Sucht er Vergessen, Heimat, das endliche Nirwana?* Das in der *Blechtrommel* wiederholt breit ausgestaltete Motiv von der Rückkehr in den Frieden des vorgeburtlichen Seins (s. z. B. S. 457 ff.) wird in der *Rättin* wieder aufgenommen: Beim die Menschheit auslöschenden Atomschlag, den der Erzähler in den Rättinnenvisionen erlebt, kriecht Oskar sterbend unter die Röcke seiner Großmutter.

163,34 *Brissagoinseln:* Zwei Inseln im Lago Maggiore zwischen Porto Ronco und Brissago; in Brissago ist eine Zigarrenmanufaktur.

168,24 f. *Parzival, der im Schnee stand und Blut im Schnee sah:* Wolfram von Eschenbach, *Parzival* (um 1200–10) 6,282–24 f. Drei Blutstropfen im Schnee erinnern Parzival an seine Frau Condwiramurs (s. auch S. 623).

168,33 f. *Attila kehrte um, als Papst Leo den Finger mit dem Ring hob:* Leo I. (440–461) war Teilnehmer der Delegation, die Attila 452 am Ausfluß des Mincio aus dem Gardasee vom weiteren Vordringen in Italien abhielt. Seine Rolle wurde später legendär überhöht.

175,24–26 *daß mich der ganze Katholizismus … wie ein rothaariges Mädchen fesselt:* »The Scarlet Woman«, ›die scharlachrote Frau‹, ist die gängige polemische Bezeichnung für die katholische Kirche im Puritanismus (nach Offenb. 19,1–5).

176,5 *das blutbefleckte Korporale:* Das Corporale – von lat. *corpus* ›Leib (Christi)‹ – ist ein Tuch zur Unterlage für Hostie und Kelch; blutbefleckt nennt Oskar es wegen der katholischen Lehre von der Wandlung der Substanz des Weines in die Substanz des Blutes Christi (Transsubstantiationslehre).

178,7 *Jesse Owens:* 1915–80, als vierfacher Goldmedaillengewinner (100 m, 200 m, 4 × 100 m-Staffel, Weitsprung) Held der Olympischen Spiele in Berlin 1936.

178,8 *Rudolf Harbig:* 1913–44 (gefallen), Olympiasieger 1936 über 800 m.

178,20–32 *Andreaskreuz … Gelbkreuz: Andreaskreuz:* Ruht mit zwei Enden der gleichlangen, in der Mitte sich kreuzenden Balken auf dem Boden; der Legende nach soll der Apostel Andreas, Bruder des Simon Petrus, so gekreuzigt worden sein. – *Griechisches Kreuz:* mit gleichlangen, in der Mitte gekreuzten Balken. – *dem Lateinischen Kreuz:* Der Querbalken kreuzt den Längsbalken im oberen Teil. – *Wiederkreuze:* Kreuz, an dessen Enden sich vier kleine Kreuze befinden. – *Krückenkreuze:* mit kleinen Querbalken an den Enden, die an Krücken erinnern. – *Stufenkreuze:* auch Staffelkreuz; mit abgestuften Querbalken vor den Enden der Kreuzbalken. – *Tatzenkreuz:* Kreuz mit konkaven Balken. – *Ankerkreuz:* Seine vier Arme laufen in je zwei auswärts gebogene Enden aus. – *Kleeblattkreuz:* Die Arme enden kleeblattförmig. –

Glevenkreuz: an den Enden mit halben Lilien (rheinisch: Gleven oder Glefen) besetzt. Alle diese Kreuzformen sind vor allem in der Heraldik wichtig. – *Malteserkreuz:* achtspitziges, zum Schnittpunkt der Balken hin sich verjüngendes Kreuz des Malteser- und Johanniterordens. – *de Gaulles Kreuz, das Lothringer Kreuz:* Kreuz mit zwei gleichlangen Querbalken oben und unten; de Gaulle, der in Lothringen seinen Wohnsitz hatte, wählte es zu seinem Emblem. – *Antoniuskreuz:* Der Querbalken ist am oberen Ende des Längsbalkens angebracht in Form eines T. – *Crossing the T:* Manöver in Seeschlachten, bei dem es einer in Linie fahrenden Flotte gelingt, die Linie des Gegners an der Spitze zu kreuzen, so daß die feuerstarken Breitseiten eingesetzt werden können. Beide Flotten bilden dabei ein T. – *Henkelkreuz:* Kurz oberhalb des Querbalkens geht das Kreuz in eine Öse über. – *Schächerkreuz:* in Form eines Y (Gabelkreuz). – *des Papstes Kreuz:* mit drei Querarmen, von denen der unterste der längste ist. – *Russenkreuz:* mit einem langen und einem kurzen Querbalken oben und einem schrägen Querbalken unten. – *das Blaue Kreuz:* evangelische Vereinigung zum Kampf gegen den Alkoholismus. – *Gelbkreuz:* haftendes und ätzendes Giftgas, als Kampfstoff im Ersten Weltkrieg eingesetzt.

182,12 *Introitus:* Eingangsgebet des Priesters oder Pfarrers zu Beginn von Messe und Gottesdienst.
Introibo ad altare Dei: (lat.) »Zum Altare Gottes will ich treten« (das sog. Stufengebet).

182,13 f. *das Kyrie:* das Gebet »Kyrie eleison« (griech., »Herr, erbarme dich«).

182,15 *kurz vor dem Gloria:* Das erste Gloria in der Messe ist das »Gloria Patri, et Filio, et Spiritui Sancto«, »Ehre sei dem Vater, dem Sohn und dem Heiligen Geist«.

182,19 f. *ich erhebe meine Augen zu den Bergen:* Ps. 121,1.

182,23 *Gloria in excelsis Deo:* das zweite Gloria der Messe, »Ehre sei Gott in der Höhe« (Luk. 2,14). Oskar folgt korrekt dem Ablauf der Messe; vgl. auch die vollständige Messe S. 498 f.

182,31 f. *»Alle Augen warten auf dich, o Herr«:* Ps. 145,15.

183,4 *Credo:* Wie die folgende Kurzfassung zeigt, betet Oskar das Nizänokonstantinopolitanum, das Glaubensbekenntnis in der Fassung der Konzilien von Nicäa (325) und Konstantinopel (381).

190,11–13 *Ein altes Mützenband ... mit der Aufschrift »SMS Seydlitz«:* Die *Seydlitz* war eins der Schiffe, die an der Skagerrakschlacht (s. Anm. zu 194,25 und S. 217) teilnahmen.

194,25 *Seeschlacht am Skagerrak:* einzige große Seeschlacht des Ersten Weltkriegs am 31. Mai / 1. Juni 1916 zwischen der deutschen und der britischen Flotte, ohne Entscheidung abgebrochen.

194,28 f. *Frau, die sich mit einem lebendigen Aal befriedigen wollte:* vgl. die Radierung *Kein Traum* (1973; *In Kupfer, auf Stein*, 43).

202,7 f. *der Jägerchor aus dem Freischütz:* Oper (1821) von Carl Maria von Weber (1786–1826), Libretto von Johann Friedrich Kind (1768–1843).

203,30–33 *bot sich nicht der reine und leichte Anblick der Krankenpflegerinnentracht, sondern es zog der Stauer ... Aale:* vgl. dazu die Zeichnung *Krankenschwester mit Aal* (1959); *Zeichnen und Schreiben* I,26).

208,10 *jene zwei Königskinder: Es waren zwei Königskinder,* deutsches Volkslied aus dem 15. Jh. in hoch- und niederdeutscher Fassung (Erstdruck 1807), gestaltet das antike Motiv von Hero und Leander.

209,11 *Mama konnte sehr lustig sein:* Aus Motiven aus Oskars Nachruf auf seine Mutter gestaltete Grass später das Gedicht *Mein Schutzengel.*

215,5 *Habemus ad Dominum:* »Wir erheben sie zum Herrn«, Antwort der Gemeinde auf das »Sursum corda« (»Erhebet eure Herzen«) des Priesters in der Messe.

218,19 *Somnambule:* eigtl. jemand, der im Schlaf wandelt,

redet oder handelt; später jemand, der in eine künstliche Trance versetzt ist; daraus entwickelt sich um 1850 die Bedeutung ›Hellseherin‹ (so S. 428).

227,31 f. *im spanischen Birjerkriech reingemischt:* Der Spanische Bürgerkrieg dauerte vom 17. Juli 1936 bis zum 1. April 1939 und wurde als Kampf zwischen Faschisten und Sozialisten auf beiden Seiten mit internationaler Beteiligung geführt.

231,32 f. *Chamberlain, Regenschirm und so:* Der britische konservative Politiker Arthur Neville Chamberlain (1869–1940), von 1937 bis zu seinem Sturz 1940 Premierminister, wurde in der deutschen Presse und Öffentlichkeit wegen seines Regenschirms, den er nach englischer Gewohnheit stets mit sich führte, verspottet.

234,2 *mea culpa ... mea maxima culpa:* (lat.) »(durch) meine Schuld, meine übergroße Schuld«; Sündenbekenntnis in der Messe.

235,23 f. *widerwillig genug, im »Vorposten«:* Der *Vorposten* wurde 1931 als offizielle Wochenschrift des Gaus Danzig gegründet; seit 1933 erschien er täglich.

235,24 *Schauerchen:* auch ›Schauchen‹; Danziger Ausdruck für Gelegenheitsarbeit.

236,34 *am Hakelwerk:* Danziger Straße an der Stelle der alten Fischersiedlung, benannt nach dem Verhau, der sie einst schützte.

238,20 *Prinzheinrichgedächtnismütze:* blaue Schirmmütze, wie sie Schiffer tragen, scherzhaft benannt nach dem Bruder des letzten Kaisers, Großadmiral Prinz Heinrich von Preußen; s. Anm. zu 36,33.

238,29 *Beischlag:* Offener Vorbau mit Treppe und verzierter Steinbrüstung; in Danzig auch als Terrasse fortlaufend vor mehreren Häusern. Die Beischläge sind charakteristisch für die historischen Teile Danzigs.

239,5 f. *Stanislaus Leszczynski, vor dem sächsischen Gegenkönig fliehend:* Im Polnischen Thronfolgekrieg zog sich Stanislaus Leszczyński vor August III. im Oktober 1733 nach Danzig zurück, das daraufhin 1734 belagert wurde, bis Stanislaus nach Frankreich floh.

239,11 *Schiffe unter dem Lilienbanner:* Ludwig XV., Stanislaus Leszczyńskis Schwiegersohn, war sein Verbündeter und versuchte das belagerte Danzig durch eine Flotte zu unterstützen.

241,1 f. *Die erfolglose Fahrt der Danziger Flotte:* s. dazu *Der Butt,* das Kapitel »Im dritten Monat«.

241,11 *Stefan Bathory:* s. Anm. zu 48,8.

241,12 f. *Kaspar Jeschke, der Abt des Klosters Oliva:* s. *Der Butt,* Kap. »Im dritten Monat«.

241,18 f. *die jahrelange Kerkerhaft des religiösen Eiferers Dr. Ägidius Strauch:* Der Wittenberger Theologieprofessor wurde 1669 zum Rektor des Akademischen Gymnasiums und Prediger an der Trinitatiskirche berufen, wo er polemisch gegen das katholische Polen predigte. Auf dessen Druck hin wurde er 1673 vom Danziger Rat abgesetzt; u. a. bezichtigte man ihn der Konspiration mit Schweden. Volksunruhen erzwangen seine Wiedereinsetzung. Die Zwistigkeiten um ihn dauerten bis 1675 an, als er einem Ruf an die Universität im damals schwedischen Greifswald folgte. Auf dem Weg dorthin wurde er von brandenburgischen Soldaten festgenommen und wegen seiner angeblichen Tätigkeit für Schweden drei Jahre in Küstrin inhaftiert. Von 1678 bis zu seinem Tod 1682 wirkte er wieder in Danzig.

241,22 f. *ein aus Schlesien geflohener Poet mit Namen Opitz:* Martin Opitz (1597–1639), der Begründer der neuhochdeutschen Kunstdichtung, hielt sich von 1636 bis zu seinem Tod in Danzig auf; s. dazu *Der Butt,* Kap. »Im vierten Monat«.

243,29 *Artushofes:* 1477–81 erbautes Tanzhaus der vornehmen Danziger, seit dem 18. Jh. Getreidebörse, später Museum.

245,22 *Bräutigame:* Weberknechte oder Kanker (Spinnentiere).

247,14 f. *Wir spielten Trafalgar, beschossen Kopenhagen, zerstreuten Napoleons Flotte bei Abukir:* Ereignisse aus dem Leben des britischen Admirals Lord Nelson (1758–1805): 1805, 1801, 1798.

249,12 *Rechtstadt, Altstadt, Pfefferstadt:* ursprünglich rechtlich selbständige Gebiete, die später mit anderen zur Danziger Innenstadt zusammenwuchsen.

250,7 f. *und wußten auch nicht, wie lange die Brutzeit noch dauern sollte:* vgl. dazu Grass' Absage an die metaphorisch als ›Brüten‹ gestaltete teleologische Geschichtsbetrachtung in dem Gedicht *Im Ei.*

252,23 f. *obgleich gerade jenes Thema nach einem brüllenden, ausgehungerten Orchester schreit:* Oskar wählt S. 253–264 für die Erzählung vom Beginn des offenen Terrors gegen Juden eine Form, die sich, wie schon in Celans berühmter *Todesfuge,* mit der musikalischen Fuge vergleichen läßt. Die stereotype Märchenformel leitet verschiedene Themen ein und stimmt sie wechselnd an, wobei Hauptthemen mehrfach wiederholt werden. Am Schluß faßt eine ›Engführung‹ sie noch einmal zusammen und läßt zugleich mit der typischen Märchenschlußformel die potentielle ewige Wiederholung der Verbrechen anklingen.

253,2 *Es war einmal:* Grass benutzt in diesem Schlußkapitel des ersten Buchs wie auch am Ende der *Liebesbriefe* im »Schlußmärchen« der *Hundejahre* die Märchenformel und die Märchenform, die dann im *Butt* und einem Handlungsstrang der *Rättin* vorherrschend werden. Das Kapitel wurde von Wolfgang Hufschmidt (geb. 1934) als Duo für Sprecherstimme und Flöte vertont und am 17. Dezember 1966 von Günter Grass und Aurèle Nicolet in der Berliner Akademie der Künste uraufgeführt.

256,31 f. *NS-Volkswohlfahrt:* abgekürzt NSV, der NSDAP angeschlossener Verband in der Rechtsform eines eingetragenen Vereins, gegliedert wie die NSDAP (s. Anm. zu 145,23). Sie betrieb Wohlfahrtspflege im Sinne der NS-

Ideologie ausdrücklich nicht um des einzelnen, sondern um der Gesundheit des Volkes willen.

259,7 f. *Heimwehr, die später von der Waffen-SS übernommen wurde:* Als sich abzeichnete, daß Danzig zum ersten Schauplatz des deutsch-polnischen Krieges würde, bereitete man sich – wie auch auf polnischer Seite (s. S. 280) – intensiv auf die in der Stadt um die polnischen Exklaven Post, Hauptbahnhof und Westerplatte (s. Anm. zu 280,19–24) zu erwartenden Kämpfe vor. Als paramilitärische Organisation wurde im Sommer 1939 die SS-Heimwehr als Truppe der Partei geschaffen; in Wirklichkeit bestand sie überwiegend aus ehemaligen Soldaten, die als Freiwillige in der Deutschen Wehrmacht gedient hatten.

259,12 f. *weil dort wie in Zoppot und Langfuhr die Synagoge brannte:* Zu den historischen Vorgängen s. ausführlich *Aus dem Tagebuch einer Schnecke.* Die Danziger Synagoge konnte durch Polizeischutz gerettet werden und wurde später von der Jüdischen Gemeinde zur Finanzierung der Auswanderung verkauft.

261,13–15 *Neben dem Stadttheater ... standen religiöse Frauen:* Vgl. dazu Grass' Beitrag zum Ausstellungskatalog des Danziger Synagogenschatzes 1979 in New York unter dem Titel *Wie sagen wir es den Kindern?:* »Auch in Danzig sahen die Bischöfe beider Kirchen wie unbetroffen zur Seite, als im November 1938 die Synagogen in Langfuhr und Zoppot in Brand gesteckt und die geschrumpfte Synagogengemeinde dem Terror des SA-Sturms 96 ausgeliefert wurden.«

261,24 f. *Weihnachtsmann ... Gasmann:* Während ›Gasmann‹ auf die Massenmorde an Juden mit Zyklon B anspielt, bezieht sich die Bezeichnung ›Weihnachtsmann‹ vermutlich auf eine im Dritten Reich als Flüsterwitz umlaufende Parodie einer Goebbels-Rede: Der Propagandaminister beschließt eine von Hitler für Waisenkinder arrangierte Weihnachtsfeier mit den Worten: »Mein Führer, Sie sind der größte Weihnachtsmann aller Zeiten!«

272,19 f. *nichts Unzulängliches:* Anspielung auf den Chorus mysticus am Schluß von *Faust II*, in dem »das Unzulängliche« (das Nichtzuerlangende) mit dem »Ewig-Weiblichen« gleichgesetzt wird.

278,26 *das ist mein Fleisch und Blut:* zusammengezogen aus den zur »Wandlung« gesprochenen Worten des Priesters nach Mark. 14,22–24.

280,19–24 *wenn nicht in der Hafeneinfahrt, gegenüber der Westerplatte die beiden Linienschiffe »Schlesien« und »Schleswig-Holstein« festgemacht ... hätten:* Auf der Westerplatte unterhielt Polen seit 1924 ein Munitionsdepot mit kleiner Garnison. Am 25. August 1939 lief, als Flottenbesuch getarnt, das noch in der Kaiserzeit gebaute Linienschiff »Schleswig-Holstein« in Danzig ein und machte gegenüber der Westerplatte fest. Mit der Beschießung der polnischen Befestigungen durch dieses Schiff begann am 1. September 1939 um 4.45 Uhr der Zweite Weltkrieg. Im weiteren Verlauf des Polenfeldzugs wurde die »Schleswig-Holstein« gemeinsam mit der »Schlesien« zur Beschießung polnischer Küstenbefestigungen eingesetzt.

294,4 f. *bei den Kämpfen um die Festung Modlin, die polnische Kavallerie verstärken:* s. dazu Anm. zu 324,18–22.

295,3 *Pak-Geschütz:* gebräuchliche Abkürzung für »Panzerabwehrkanone«.

300,6 f. *Polen? Die hatten doch ihre Kavallerie:* s. Anm. zu 324,18–22.

303,10 f. *obgleich es Pique Sieben war:* s. S. 314 f. und Anm. zu 331,20 f.

304,30 *Rydz-Smigly:* Edward Rydz-Śmigły (1886–1941), Marschall, von 1936 bis 1939 Oberster Befehlshaber der polnischen Armee.

306,2 *Maginotlinie:* 1929–1932 erbautes Bunker- und Festungssystem zur Sicherung der französischen Nordostgrenze, benannt nach dem damaligen Kriegsminister.

308,21 f. *Miteinemspielzweicontradreischneiderviermalkreuz-*

istachtundvierzigoderzwölfpfennige: Oskar bedient sich hier einer unüblichen Abrechnungsform. Da ein »Contra« im allgemeinen das Ergebnis verdoppelt, hätte Oskar 72 Punkte oder 18 Pfennig gewonnen.

310,20/24 f. *heftigste Glieder- und Kopfschmerzen / ein bisher unbekanntes Gefühl für Verantwortung:* vgl. S. 533 ff.

319,2–4 *während mich ein . . . weißblonder Kerl mit immer lachenden, deshalb geschlitzten . . . Augen auf den Arm nahm:* Vgl. die Wiederholung dieses »Judasschauspiels«, bei dem Oskar wie Däumling mit dem Feind »gemeinsame Sache« (S. 137) macht, auf S. 501 und 516 ff. In *Die Rättin* kommt der Erzähler auf dieses Verhaltensmuster Oskars zurück, wenn sich Oskar, »wie von Jugend an gewohnt, mit dem Feind wenn nicht verbündet, so doch gemein« macht (StA 9, S. 392, ähnlich S. 394).

319,23 f. *der ich beim Anblick von Baugerüsten immer an Abbrucharbeiten denken muß:* vgl. 40,18–20 »den oft Jahrzehnte währenden, mit dem Stapellauf beginnenden Untergang eines Schiffes«.

324,13 f. *nach den berühmten achtzehn Tagen, war Polen verloren:* Am 17. September traten die polnische Regierung und die Heeresleitung nach Rumänien über. Von deutscher Seite wurde die kurze Dauer des Polenfeldzugs bewußt propagandistisch überhöht; in Wirklichkeit dauerte der Widerstand polnischer Armeegruppen bis in den Oktober; zum übrigen s. Anm. zu 135,11–13.

324,18–22 *Oh, du irrsinnige Kavallerie! . . . Über Felder bei Lodz und Kutno. Modlin, die Festung entsetzend:* Am 9. September 1939 wurde Lodz eingenommen, vom 9. bis 17. September dauerten die Kämpfe bei Kutno, und am 29. September kapitulierte die Festung Modlin. Wiederholt kämpften dabei polnische Kavallerieverbände gegen deutsche Panzer; die letzte Reiterattacke galt wegen Benzinmangel liegengebliebenen Panzern vor Modlin.

324,31 *Pan Kiehot:* die polnische Version des Namens der

Titelgestalt von Miguel de Cervantes' Roman *Don Quijote* (1605/15), s. auch das gleichnamige Gedicht von Grass. Sowohl Windmühlen als auch Schafe hat Cervantes' Don Quijote in seiner romantisch verstiegenen Negation der Realität als Feinde angegriffen.

325,29 f. *den Anschluß ... an das Großdeutsche Reich feiern:* Hitler zog am 19. September feierlich in Danzig ein und hielt im Artushof eine Rede.

331,20 f. *Responsorien:* Responsorium: Wechselgesang zwischen Priester und Gemeinde in der Messe.

332,11 *die Skatkarte Pique Sieben:* s. S. 303, 314 f. Sie ist Jans eigentliche Karte; nicht Herz König oder Dame (S. 316 f.), wie er es gerne hätte. In Wirklichkeit »gaben Pique Sieben und Kreuz Dame das Fundament« ihrer unglücklichen Beziehung ab. Im Volksmund bezeichnet ›Pik Sieben‹ einen zu nichts brauchbaren Menschen, während der populäre deutsche Name der Kartenfarbe, ›Schüppe‹, an Tod und Totengräber denken läßt.

334,2 *Während die Geschichte ...:* Mit dieser von Oskar parodierten Auffassung, die ›die Geschichte‹ hypostasiert und zu einer unabhängig von handelnden Menschen existierenden Größe stilisiert, setzt sich Grass in seiner Hegel-Kritik in *Aus dem Tagebuch einer Schnecke*, ausführlich auseinander.

338,31 *sogenannte UT-Ware:* die Abkürzungswut der NS-Zeit parodierender Ausdruck für ›unterm Tisch‹ bzw. ›unter der Theke‹.

343,29 *Mariazulieben:* »Maria zu lieben ist allzeit mein Sinn«, Marienlied aus dem 18. Jh.

347,12–14 *Es war die Verteidigung der Polnischen Post schon historisch geworden, ehe den Verteidigern das Fleisch von den Knochen gefallen war:* Ähnlich S. 505, 571; zu Grass' Kritik an dieser Haltung s. *Aus dem Tagebuch einer Schnecke:* »[...] die Zeit vergeht zugunsten der Täter; den Opfern vergeht die Zeit nicht.« Auch Oskar kämpft gegen dieses Verdrängen als ›historisch‹ an, wenn er z. B. an den toten Jan erinnert, den alle am liebsten vergessen möchten (S. 393).

351,24 f. *den ungeschickten Scherzen der rotbehosten Sekundaner des Conradinums:* Gymnasium in Danzig-Langfuhr, dessen Schüler in *Katz und Maus* im Mittelpunkt stehen. Einige Szenen der Novelle spielen im Brösener Seebad, wo auch Oskar erwähnt wird: »[. . .] schlug ein etwa dreijähriger Balg monoton hölzern auf eine Kinderblechtrommel und ließ den Nachmittag zu einer höllischen Schmiede werden.«

367,29 *Stalins Tod:* 5. März 1953.

369,25 f. *Blitzmädchen:* volkstümliche, leicht abschätzige Bezeichnung für die uniformierten Nachrichtenhelferinnen im Krieg, nach dem Emblem auf ihrem Uniformspiegel.

370,6 f. *Ermutigte Maria, eine Filiale in Oberkassel zu begründen:* In *Die Rättin* besitzt sie 30 Jahre später eine ganze Ladenkette.

372,30 *Nur als die Uhr dreiviertel schlug:* versteckte Hommage an den von Grass verehrten Laurence Sterne und die berühmte Anfangsszene seines Romans *Tristram Shandy* (1759–67).

377,2 f. *Schepke / Kretschmer:* Joachim Schepke und Otto Kretschmer waren neben Günter Prien die erfolgreichsten U-Boot-Kommandanten; alle drei fielen Anfang 1941.

377,7 f. *das der Sondermeldung folgende Englandlied:* »Heute wollen wir ein Liedlein singen, trinken wollen wir den roten Wein«, mit dem Refrain »denn wir fahren, denn wir fahren, denn wir fahren gegen Engelland.« Von Hermann Löns (1866–1914) kurz vor seinem Tod als Kriegsfreiwilliger geschrieben, war es mit der 1939 von Herms Niel neugeschaffenen Melodie eins der populärsten Soldatenlieder im Zweiten Weltkrieg.

381,4 f. *Zwar hatte er achtunddreißig schon seinen Verein auflösen müssen:* Im Reich wurden alle Jugendorganisationen schon 1936 aufgelöst und in die Hitlerjugend zwangsübergeführt.

381,13 *NSKK:* Nationalsozialistisches Kraftfahrkorps, eine Untergliederung der NSDAP, die vor allem der Verbreitung der Kraftfahrbegeisterung unter der Jugend und ihrer paramilitärischen Ausbildung an Motorfahrzeugen diente.

381,15 *Luftschutzwart:* s. Anm. zu 157,21 f.; zu seiner Tätigkeit s. S. 508.

381,17 *im Jungvolk . . . Fähnleinführer und Stammführer:* Das Jungvolk erfaßte die 10–14jährigen Jungen; zu einem »Stamm« gehörten 3–5 »Fähnlein«, zu einem »Fähnlein« 4 »Jungzüge« mit 4 »Jungenschaften« zu etwa 10 Jungen.

381,20 f. *Gauschulungsleiter Löbsack:* s. Anm. zu 147,16 f.

381,28 *Reichsjugendführer:* Baldur von Schirach (1907–74) war von 1931 bis 1940 Reichsjugendführer der NSDAP und ab 1933 Jugendführer des Deutschen Reiches.

384,8 *»Wildgänse rauschen durch die Nacht«:* Soldatenlied von Walter Flex; zu Greffs Liebe zu Flex s. Anm. zu 107,7.

384,9 *»Wir lieben die Stürme . . .«:* Worte und Melodie von Wilhelm Volk um 1930. Beide Lieder waren bei der Bündischen Jugend und später bei der HJ sehr beliebt; »Wir lieben die Stürme« gehört in *Katz und Maus* auch zum offiziellen Repertoire des Gymnasiums Conradinum.

388,34–389,1 *die Erfolge der Fallschirmjäger auf Kreta:* Am 20. Mai 1941 begann das Luftlandeunternehmen, das nach 12tägigen schweren Kämpfen gegen britische Truppen zur Eroberung Kretas führte.

390,33 *Musette:* französischer Tanz aus der Zeit Ludwigs des XIV. und des XV., benannt nach der gleichnamigen französischen Variante der Sackpfeife.

391,27 *stand man vor noch größeren Erfolgen im Osten:* Am 22. Juni 1941 begann der Rußlandfeldzug.

392,16 f. *Abschluß einer Kesselschlacht, jener von Smolensk:* 5. August 1941.

392,33 f. *Volksdeutsche ... Volksgruppe drei:* In den ehemals polnischen und 1939 ins Reich eingegliederten Gebieten wurde eine forcierte Eindeutschungspolitik betrieben. Da die Verleihung der deutschen Staatsbürgerschaft nicht automatisch, sondern erst nach Überprüfung erfolgte, gab es ein Mehrklassensystem: Zur Volksgruppe 1 und 2 zählte man die Deutschen, die sich ›ihr Deutschtum‹ bewahrt hatten, Gruppe 1 durfte sogar in die NSDAP eintreten. Zur Gruppe 3 zählten Deutsche mit polnischen Verwandten und, für Bronski-Koljaiczeks wichtig, Kaschuben und Masuren. Die Gruppe 4 bildeten die polonisierten Deutschen, später auch ›rassisch wertvolle‹ Polen, Ukrainer usw. Außerhalb dieser Gruppen verblieben rund 6 Millionen Menschen, die als staatenlos galten. Gauleiter Forster (s. Anm. zu 147,19) verfolgte in seinem Gau Danzig-Westpreußen eine sehr massive Eindeutschungspolitik, die ihn häufig in Konflikt mit dem für Rassefragen zuständigen Reichsführer SS, Heinrich Himmler, brachte.

396,22 *Kesselschlacht bei Kijew:* 10.–26. September 1941; 665 000 russische Soldaten gerieten in Gefangenschaft.

396,30 *Gotenhafen:* Das Fischerdorf Gdingen wurde ab 1920 als Gdynia zum Konkurrenzhafen für Danzig ausgebaut, da Polen keinen eigenen Ostseehafen hatte; als dieser sollte nach den Verträgen Danzig dienen. 1939 wurde Gdynia nach der Eroberung in Gotenhafen umbenannt – zur Erinnerung an die hier einst lebenden Goten (s. *Der Butt*, Kap. »Im ersten Monat«).

399,2 *Vjazma und Brjansk:* zwei Kesselschlachten vom 2. bis 20. Oktober 1941 mit 663 000 Gefangenen.

402,28 *Diego Velazquez:* mit höchsten Auszeichnungen bedachter spanischer Hofmaler (1599–1660); *Der Hofnarr Don Diego de Acedo* von 1644 gehört zu seinen berühmtesten Porträts.

403,1 f. *Innere Emigration:* s. Anm. zu 157,19.

403,11 *Herbst zweiundvierzig:* Hier liegt eine Ungenauigkeit in Oskars Erinnerung vor; die Beziehung zu Lina Greff begann im Herbst 1941 (s. S. 399).

408,11 *Eisblumen:* auch: Eiskraut; volkstümlicher Name für die Zierpflanzen Zaserblume, Fetthenne und Mauerpfeffer.

414,21 *Sankt Georg:* Schutz- und Namenspatron der katholischen »Deutschen Pfadfinderschaft St. Georg«.

416,9 f. *ähnlich betonte, wie er zuvor Pearl Harbor, Tobruk und Dünkirchen betont hatte:* Orte alliierter Niederlagen. Der japanische Luftangriff auf den Kriegshafen Pearl Harbor auf Hawaii, den bedeutendsten US-Marine-Stützpunkt im Pazifik, am 7. Dezember 1941 zerstörte und beschädigte viele der dort liegenden Schiffe; am 8. April 1941 wurde die Festung Tobruk (Libyen) vom deutschen Afrikakorps eingeschlossen; in Dünkirchen war Ende Mai 1940 das britische Expeditionskorps eingekesselt.

416,17 *Aleuteninseln Attu, Kiska und Adak:* Dort fanden vom 3. bis 7. Juni 1942 Ablenkungsangriffe im Zusammenhang mit der Seeschlacht bei den Midway-Inseln statt.

416,24 *Rzev:* Ržev oder Rshew, Stadt nordwestlich von Moskau; 1941 und 1942 bei den Schlachten um Moskau heftig umkämpft; am 1. März 1943 begann der Rückzug der deutschen Armee aus diesem Gebiet.
Demjansk: In Demjansk war vom Mitte Januar bis Ende April 1942 eine deutsche Heeresgruppe eingeschlossen, die dann entsetzt werden konnte. Im Februar 1943 mußten sich die Deutschen hier jedoch zurückziehen.

416,29 f. *fand mit dem Afrikakorps auch Kurtchens Keuchhusten sein Ende:* Kapitulation des Oberbefehlshabers Generaloberst von Arnim am 12./13. Mai 1943.

417,30 *Barackenlager der OT:* Die Organisation Todt, benannt nach ihrem Gründer und Leiter Dr. Fritz Todt (1891–1942), führte seit 1938 alle kriegswichtigen Bauvorhaben, auch in den besetzten Gebieten, durch.

424,13 *Wrucken:* Kohlrüben (Lehnwort aus dem Polnischen).

432,30–32 *dem Korrespondenten einer führenden Zeitung des Reiches, der … sich als Spezialist für Frankreich auswies:* Vermutlich hat Oskar damals den Journalisten und Essayisten Friedrich Sieburg (1893–1964) kennengelernt.

436,22–450,9 LANKES. … *alleine:* Grass' Vorbild für diesen Einakter war Fernando Arrabals *Picknick im Felde.*

438,14 f. *wenn man ein Haus oder ne Scheune oder ne Dorfkirche baut, denn muß da was Lebendiges rein:* Derselbe Aberglaube findet sich auch in Theodor Storms *Schimmelreiter* (1888), wo in Hauke Haiens Deich ebenfalls ein Hund eingemauert werden soll: »[…] soll Euer Deich sich halten, so muß was Lebiges hinein!«

443,12 f. *mit Sütterlinbuchstaben:* s. Anm. zu 103,17 f.

443,25 *Rommelspargel:* Generalfeldmarschall Erwin Rommel (1891–1944) war von Dezember 1943 bis zu einer schweren Verwundung im Juli 1944 Oberbefehlshaber der Heeresgruppe B in Frankreich. Zur Erschwerung der erwarteten Invasion ließ er Pfähle einrammen, die z. T. mit Draht untereinander verbunden waren, um Luftlandeunternehmen zu behindern. Im Landserjargon hießen sie »Rommelspargel«.

444,7 *wir nähern uns dem Biedermeier:* von Grass auch in Reden und Essays häufig gebrauchter Ausdruck für die von ihm beklagte Restauration der Nachkriegszeit oder restaurative Phasen darin.

444,16 *trägt auch der Tod noch Fallschirmseide:* In Grass' Schauspiel *Hochwasser* näht Tante Betty noch während des Sintflut-Regens Sonnenschirmchen aus Fallschirmseide.

449,8 *Ich verknot mich noch mehr:* Das Verknoten der Gummimenschen aus Bebras Truppe angesichts des Kriegsverbrechens verkörpert die ›Innere Emigration‹ ihres Chefs – genauso werden in *Hundejahre* die Scheuchen der Inneren Emigration dargestellt.

449,12 f. »*The Platters« singen »The Great Pretender«:* Die »Platters«, eine amerikanische Gesangsgruppe aus vier Männern und einer Frau, hatten ihre ersten Erfolge 1955. *The Great Pretender*, geschrieben und komponiert vom Gruppenmitglied Buck Ram, war 1956 ein Welthit. Die Funktion dieses Anachronismus wird aus der Wiederverwendung dieses Motivs in der *Rättin* deutlich: Er nimmt die ›prätendierte‹, die vorgespiegelte heile Welt der fünfziger Jahre vorweg, genau wie das Lied vom nahenden Biedermeier S. 444.

449,33 f. *Ich weiß, ich weiß, mit dem Rauch verflüchtigen wir uns:* Rauchen begegnet als Todes- und Vergänglichkeitsbild häufig bei Grass, so in den Gedichten *Saturn* und *Kettenrauchen*.

450,13 *am Vorabend der Invasion:* 5. Juni 1944.

455,25 f. *Ein Beamter vom Gesundheitsministerium kam:* s. Anm. zu 475,21.

456,17 f. *hatte der Ball seine nicht mehr zu vertreibende Beule:* Die Beule begegnet bei Grass häufiger als Bild für etwas Unvollkommenes, das nicht mehr ›rund‹ werden will, eine kriselnde Ehe (*Aus dem Tagebuch einer Schnecke*), eine gescheiterte Liebesbeziehung (*Der Butt*).

463,2 *Gefrierfleischorden:* Landserjargon für die den Teilnehmern des russischen Winterfeldzugs 1941/42 verliehene Medaille.

463,13 *Panzerknackerläppchen:* Auszeichnung für den Abschuß eines Panzers, die auf die Uniform genäht wurde.

466,19 *Präfation:* liturgischer Wechsel zwischen Priester und Gemeinde vor der Wandlung. Das »von Ewigkeit zu Ewigkeit« (»per omnia saecula saeculorum«) geht ihr voran; »Sursum corda« (›Erhebet eure Herzen‹) spricht der Priester; der Wechsel schließt mit dem »dignum et iustum est« der Gemeinde (›es ist würdig und recht‹).

467,5 f. *den Heiligen Adalbert von Prag, den die alten Pruzzen erschlugen:* vgl. *Der Butt*, Kap. »Im ersten Monat«.

469,12 *Das begann mit »Glas, Glas, Gläschen«:* Jesus trom-

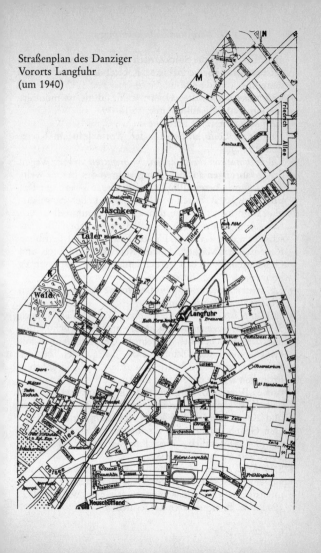

Straßenplan des Danziger
Vororts Langfuhr
(um 1940)

melt hier schon die Stücke, nach denen Oskar später die entsprechend überschriebenen Kapitel der *Blechtrommel* schreibt.

469,33 *»Liebst du mich, Oskar?«:* Die Szene ist montiert aus Joh. 21,15–17 und Matth. 16,16–19.

472,23 *Miserere:* (lat.) Erbarme dich.

473,12 *Es ist vollbracht:* eines der Worte Jesu am Kreuz (Joh. 19,30).

475,4 *Brotmarken, Fettmarken, Nährmittelmarken:* Wegen der Erfahrungen aus den Hungerjahren des Ersten Weltkriegs wurde bereits 1937 mit der Organisation der Rationierung, z. B. durch den Druck von Lebensmittelkarten, begonnen. Sie wurden erstmals unmittelbar vor Kriegsbeginn am 27. August 1939 ausgegeben. Bewirtschaftet waren u. a. Brot, Fleisch, Fett, Eier und Textilien.
Reisemarken: Marken, die von Reisenden in Hotels und Gaststätten abgegeben werden mußten, um dort essen zu können.

475,5 *Schwerarbeitermarken:* Bestimmte Personengruppen erhielten erhöhte Rationen.

475,21 *daß ich, der Verlassene, diese Welt verließ:* s. auch S. 455. Das sogenannte Euthanasieprogramm der Nationalsozialisten beruhte auf einem Geheimbefehl Adolf Hitlers von Ende Oktober 1939, der auf den Tag des Kriegsbeginns zurückdatiert wurde. Nach kirchlichen Protesten wurde die Aktion im August 1941 als systematisches Programm eingestellt, dennoch forderte sie auch weiterhin Opfer; insgesamt etwa 100 000 Erwachsene und 20 000 Kinder starben als »lebensunwertes Leben«. Den Grund machen die verschiedenen Lebensmittelkarten (S. 475) deutlich – diese Kranken galten der Kriegswirtschaft als »unnütze Esser«.

478,30 *Kohlenklau:* Mit Hilfe dieser monströsen Figur wie aus einem Comic Strip wurde die Bevölkerung in einer intensiven Propagandakampagne seit dem Winter 1942/1943 zum Energiesparen aufgerufen.

479,1 *Störtebeker:* vgl. *örtlich betäubt*, wo der ehemalige Störtebeker als Eberhard Starusch Erzähler des Buchs ist und immer wieder auf diese Zeit zu sprechen kommt.

479,1 f. *einen ... zum Ententeich verbeulten Velourshut:* Der Hutdeckel wurde kreisförmig nach innen gedrückt.

479,20 f. *Lasset die Kindlein zu mir kommen«:* Matth. 19,14.

480,30–32 *Von der Beantwortung dieser Frage leben ... auch Opern – siehe Lohengrin:* In Richard Wagners Oper (uraufgeführt 1850) macht der Titelheld zur Bedingung seiner Hilfe: »[...] nie sollst du mich befragen, [...] woher ich kam der Fahrt, noch wie mein Nam' und Art!«

482,34–483,1 *Züge des HJ-Streifendienstes:* Sie hatten die Aufgabe, das Verhalten der Gleichaltrigen zu kontrollieren, und arbeiteten eng mit der Sicherheitspolizei (Kriminal-, Geheime Staats- und Grenzpolizei) zusammen. Als Elite unter der HJ dienten sie auch der Vorbereitung auf den Dienst in der SS.

484,8 f. *In jenen Tagen wurde Paris geräumt:* 25. August 1944.

490,32 *Edelweißpiraten aus Köln:* Während des Krieges bestanden in Köln gegen die HJ gerichtete illegale Gruppen, meist aus Gymnasiasten bestehend, die die Traditionen der bündischen Jugend weiterpflegten. Der Name ging später auf eine Vereinigung untergetauchter Jugendlicher über, die zusammen mit entflohenen Fremdarbeitern und KZ-Häftlingen gewaltsame Widerstandsaktionen durchführten. 13 von ihnen wurden zusammen mit 11 russischen und polnischen Fremdarbeitern am 25. Oktober 1944 in Köln-Ehrenfeld öffentlich gehängt.

490,33 f. *polnische Partisanen aus dem Gebiet der Tuchler Heide:* Gegen Kriegsende hatten sich um Tuchel im Süden des Reichsgau Danzig-Westpreußen – seit Kriegsbeginn ein Teil des Reichs, in dem Gauleiter Forster zudem die meisten Einwohner hatte ›eindeutschen‹ lassen

(s. Anm. zu 392,33 f.) – Partisanengruppen gebildet, die
dort für Deutsche und mit ihnen kollaborierende Polen
das Leben unsicher machten; von ihnen wird auch in *Katz
und Maus* erzählt.

492,14 *Westerlandverband:* auch Westmarken- oder Polnischer West-Verband. 1934 gegründet und 1944 reakti-
viert, hatte er sich die publizistische und propagandisti-
sche Vertretung der polnischen Interessen im Grenzge-
biet zu Deutschland zur Aufgabe gesetzt.

494,3 *Oskar beobachtete Luzie bei der Vereidigung:* Luzie
Rennwand ist in der im folgenden immer stärker entwik-
kelten Verbindung von Erotik und Tod (s. auch Oskars
Traum S. 503) eine Vorform der Tulla Pokriefke in *Katz
und Maus* und *Hundejahre*. In der *Rättin* erinnert sich
Oskar entsprechend: »Richtig, die kleine Pokriefke, ein
Luder besonderer Art, wurde Tulla gerufen, war aber
auch unter dem Namen Luzie Rennwand bekannt«.

494,5 *dreieckiges:* bei Grass ein feststehendes Bild für den
weiblichen Schoß, vgl. S. 348, 506, 618; s. auch das Gedicht *Sophie*.

494,17–20 *einen bunten ... Bildteppich ... Die Kopie nach
älterer Vorlage zeigte eine ... Dame mit einem ihr ergebe-
nen Fabeltier, Einhorn genannt:* Der Legende nach kann
das Einhorn nur von einer keuschen Jungfrau gefangen
werden, in deren Schoß es schläft. So wurde das Einhorn
zu einem Attribut der Jungfrau Maria. Die Vorlage des
Teppichs ist die französische Bildteppichfolge *Die Dame
mit dem Einhorn* aus dem 16. Jh. (Paris, Musée Cluny).

499,9 *Introitus:* s. Anm. zu 182,12.

499,10 *Kyrie:* s. Anm. zu 182,13 f.

499,11 *Gloria in excelsis Deo:* s. Anm. zu 182,23.

499,12 *Oration:* das mit dem Grußwechsel »Der Herr sei
mit euch« – »Und mit deinem Geiste« eingeleitete wechselnde Kirchengebet.

499,12 f. *Epistel aus der Tagesmesse:* die wechselnde Lesung
aus den Briefen im Neuen Testament.

499,15 f. *Offertorium:* Lied und Gebet bei der Opferung von Brot und Wein, schließt mit dem »Orate, fratres« (›Betet, Brüder‹).

499,20 *Oremus:* (lat.) ›Laßt uns beten‹; Vorspruch zum Beten des Vaterunser.

499,22 f. *zwei verschiedene Fassungen des Vaterunser:* In der katholischen Kirche wurde bis zum Zweiten Vatikanischen Konzil das Vaterunser ohne die Doxologie (»denn dein ist das Reich«) gebetet.

499,25 *Confiteor:* zwischen Wandlung und Kommunion vom Meßdiener gebetetes allgemeines Sündenbekenntnis.

499,32 *die weltliche Inhaftierung:* Die auf das Abendmahl folgende Verhaftung vervollständigt die Jesus-Parallele, s. Matth. 26,17–30.47–56.

500,25 f. *Sohn des Polizeipräsidenten:* Wenn die Gestalt Störtebekers in *örtlich betäubt* von Grass wieder aufgenommen wird, ist er – wie Moorkähne (S. 487) – Sohn eines Lotsen.

505,5 *Luzon:* größte Insel der Philippinen mit der Hauptstadt Manila; um die Jahreswende 1941/42 von den Japanern erobert, im Januar 1945 begann die Rückeroberung durch die Amerikaner.

505,9 f. *Da fütterte Mountbatten die Elefanten Birmas mit Geschossen aller Kaliber:* Seit 1944 lief unter dem Oberbefehl von Louis Mountbatten (1900–79), des späteren Earl M. of Burma, die Burma-Offensive gegen die Japaner, die zur Zeit von Jesu Prozeß noch andauerte. Birma ist die deutsche Namensform von Burma.

505,12 f. *zwei mächtige, wie gotische Kathedralen verzierte Flugzeugträger:* vgl. das Gedicht *Die Seeschlacht*.

505,25 *Warschau:* 17. Januar 1945.

505,26 *Königsberg:* Seit dem 28. Januar 1945 war Königsberg belagert, die Kapitulation erfolgte am 10. April.

507,29 f. *Panzerspitzen ... drangen bis Elbing vor:* 10. Februar 1945.

508,7 *an Bord eines ehemaligen KdF-Schiffes:* Die Evakuierung Ost- und Westpreußens wurde von der Marine auf
dem Seeweg organisiert; die »Wilhelm Gustloff« (s. Anm.
zu 67,17) wurde am 30. Januar 1945 mit 5200 Menschen
an Bord durch einen Torpedo versenkt.

511,3–5 *An den Bäumen ... hingen Volkssturmleute und
Soldaten:* vgl. dazu Rüdiger Ruhnau, *Danzig. Geschichte
einer deutschen Stadt*, Würzburg 1971, S. 120: »Sonder-
kommandos vollzogen an Ort und Stelle Todesurteile
wegen angeblicher Feigheit vor dem Feind oder Fahnen-
flucht. An den Bäumen der Hindenburgallee hatte man
reihenweise Soldaten aufgehängt, darunter Luftwaffenhelfer, die vielleicht nur kurz ihre Eltern besuchen wollten. Manche hatten Schilder umhängen mit Aufschriften
wie ›Ich war zu feig zum Kämpfen‹.«

511,13 f. *Jetzt haben sie den Störtebeker gehängt:* Wie wir in
örtlich betäubt erfahren, wurde er zur Frontbewährung be-
gnadigt.

514,18 f. *die mußten bald kommen:* In Langfuhr waren die
russischen Truppen am 28. März 1945.

518,31 f. *Während mein mutmaßlicher Vater die Partei ver-
schluckte und starb:* In der *Rättin* heißt es von Matzeraths Tod, er wäre, »wie Oskar heute meint, vermeidbar
gewesen«.

520,2 *Zuerst kamen die Rugier:* Zu Oskars Geschichts-
exkurs vgl. Grass' *Der Butt*, in dem einzelne Stationen
dieser Geschichte breit entfaltet werden.

522,7 f. *Johannes Falk ... »O du fröhliche«:* Falk (1768–
1826) wurde in Danzig geboren, »O du fröhliche« entstand 1819 zur Zeit seiner Tätigkeit als Legationsrat in
Weimar.

523,9 f. *Polen aus Wilna, Bialystok und Lemberg:* drei
Städte aus dem Gebiet, das die Russen gemäß dem Hitler-
Stalin-Pakt und dem deutsch-russischen Grenzvertrag
vom 28. September 1939 im September 1939 besetzt hatten und aus dem jetzt die Polen nach Westen vertrieben

wurden. Nach der endgültigen Grenzziehung in Jalta 1945 auf der Grundlage der modifizierten Curzon-Linie von 1919 wurde Białystok wieder polnisch.

524,11 *Öfen von Treblinka:* In dem 1942 errichteten Vernichtungslager in Ostpolen wurden bis zu seiner Schließung im Oktober 1943 zwischen 700 000 und 900 000 Juden, zumeist aus Polen, u. a. aus dem Warschauer Ghetto, vergast. Die mit Dieselabgasen (CO) Getöteten wurden zunächst in riesigen Massengräbern verscharrt, später auf aus Eisenbahnschienen bestehenden Rosten verbrannt.

527,21 f. *weil dort noch Reste der zweiten Armee kämpften:* Sie kapitulierten am 9. Mai 1945.

543,27 *eines Tages im heißesten August:* Am 2. August 1943 gelang es den Arbeitshäftlingen in Treblinka, Teile des Lagers in Brand zu stecken und zu fliehen. 600 Häftlinge entkamen, von denen etwa 40 das Kriegsende erlebten. Da die Vernichtungsanlagen nicht betroffen waren, ging das Morden bis zum Abriß des Lagers im Oktober/November 1943 weiter.

543,31 *ZOB:* Żydowska Organizacja Bojowa; jüdische Kampforganisation, die im April und Mai 1943 den Aufstand im Warschauer Ghetto leitete.

544,1 *Trawnikileute:* ukrainische Hilfstruppen, benannt nach ihrem Ausbildungslager.

554,5 *Gdynia, das viereinhalb Jahre lang Gotenhafen hieß:* Rechenfehler Bruno Münsterbergs; es muß »fünfeinhalb Jahre« heißen (Herbst 1939 bis Frühjahr 1945).

569,2 *»Feuersteine?«:* Wie Grass einmal berichtete, waren Feuersteine auch sein »Schwarzmarktkapital«.

570,1 *die paar Kalorien von Oskars Krankenzulage:* Lebensmittelmarken (s. Anm. zu 475,4) waren bis nach der Währungsreform zur Verwaltung des Mangels weiter in Gebrauch; den verschiedenen Personengruppen wurden dabei genau errechnete Kalorienmengen zugebilligt.

570,26 f. *British Center, »Die Brücke« genannt:* lokale deutsche Zweigstellen des 1934 gegründeten British

Council zur Pflege der britischen Sprache und Kultur im Ausland.

570,27 f. *diskutierte mit Katholiken und Protestanten die Kollektivschuld:* Schon während des Krieges und verstärkt in der Nachkriegszeit wurde im Ausland von einer kollektiven Schuld des deutschen Volkes an den Kriegs- und Naziverbrechen gesprochen, was zu heftigen Diskussionen in Deutschland führte. Im »Stuttgarter Schuldbekenntnis« vom Oktober 1945 bekannte sich der Rat der Evangelischen Kirche in Deutschland unter Vermeidung des Worts Kollektivschuld zu einer »Solidarität der Schuld« mit dem ganzen deutschen Volk.

571,15 *die Hoppe:* Marianne H. (geb. 1911), 1936–45 verheiratet mit Gustaf Gründgens, gehörte von 1947–1955 zum Ensemble des Düsseldorfer Schauspielhauses.
Peter Esser: 1886–1970, von 1910 bis zu seinem Tod Mitglied des Düsseldorfer Ensembles.

571,17 *Flickenschildt:* Elisabeth F. (1905–77), wirkte von 1947 bis 1955 in Düsseldorf.

571,18 *Gründgens:* Gustaf G. (1899–1963), war von 1947 bis 1955 Intendant in Düsseldorf, trat aber auch regelmäßig als Schauspieler auf.

571,18–20 *den ... Lorbeerkranz von der Perücke nimmt, weil ihm das Grünzeug angeblich die Locken versengt:* Goethe, *Torquato Tasso* (1790) I,3, V. 488 ff.

571,22 *die Flickenschildt behauptet: Hamlet ist fett:* Shakespeare, *Hamlet, Prince of Denmark* (um 1601); Worte der Königin Gertrude, Hamlets Mutter, in der Fechtszene (V,2). A. W. von Schlegel übersetzte statt des richtigen »Er ist in Schweiß und außer Atem« »Er ist fett und kurz von Atem« (s. S. 602).

571,22 f. *Yoricks Schädel:* In *Hamlet* V,1 Hamlets Rede auf den Schädel, die mit dem berühmten »Alas, poor Yorick!« (s. S. 601 f.) beginnt.

571,26 *»Draußen vor der Tür«:* Drama von Wolfgang Borchert (1921–47) um den Heimkehrer Beckmann, 1947 in Hamburg uraufgeführt.

571,32–34 *der ... heute schon alles zur Historie erklärt, was uns gestern noch frisch und blutig als Tat oder Untat von der Hand ging:* s. Anm. zu 334,2.

572,10 *Pastor Niemöller:* Martin N. (1892–1982), im Dritten Reich Mitbegründer der Bekennenden Kirche, Gegner des Nationalsozialismus, KZ-Haft bis 1945. Er trug wesentlich zur Formulierung des »Stuttgarter Schuldbekenntnisses« (s. Anm. zu 570,27 f.) bei.

581,26 *PX:* s. Anm. zu 158,23.

INRI: Abkürzung der lateinischen Kreuzinschrift »Iesus Nazarenus, Rex Iudaeorum« (s. Joh. 19,19).

Hohlkehlen: nach einer bestimmten Bogenform ausgeschnittene Leisten.

Rundstäbe: Leisten in Gestalt eines halben Zylinders.

Eierstäbe: aus der Antike übernommene Profilleisten, deren Ornamente u. a. aus eiförmigen Gebilden bestehen.

581,27 *Fasen und Doppelfasen:* abgeschrägte bzw. doppelt abgeschrägte Kanten.

590,16 f. *Das war im Spätsommer siebenundvierzig:* In dieser Phase von Oskars Leben ist die Chronologie der Ereignisse verwirrt. Im Mai 1946 wurde er aus dem Krankenhaus entlassen (S. 564), Ende Mai 1947 beginnt er als Steinmetzpraktikant bei Korneff. Wenn er dies jetzt »über ein Jahr lang« gewesen sein will, weist diese Angabe auf den Spätsommer 1948 hin. Dazu paßt auch, daß Kurts siebter Geburtstag im Frühjahr gefeiert wurde – Kurtchen wurde am 12. Juni 1941 geboren (S. 391). Andererseits ist er Ostern 1946, also mit 4 3/4 Jahren – wenn auch als »sechsjährig« bezeichnet –, bereits eingeschult worden (S. 567 f.). Auch folgen jetzt erst die Ereignisse des strengen Winters siebenundvierzig-achtundvierzig (S. 597) und der Heiratsantrag an Maria aus dem Mai 1948, den die einwandfrei zu datierende Währungsreform (20.–21. Juni

1948) beantwortet (S. 603). Die Widersprüche sind offensichtlich nicht mehr aufzuhellen.

599,9 *Reparationsleistungen:* Zum Ausgleich der Kriegsschäden mußte Deutschland nach 1945 Strom, Kohle usw. unentgeltlich an die ehemaligen Kriegsgegner liefern; auch wurden Industrieanlagen demontiert. Die Reparationen wurden für die Bundesrepublik 1950 eingestellt.

600,5–7 *weil Kardinal Frings ... gesagt hatte: ... Kohlenklauen ist keine Sünde:* Der Kölner Erzbischof Joseph Kardinal Frings (1887–1978) sagte in seiner Silvesterpredigt 1946 in der Kirche St. Engelbert in Köln-Riehl: »Wir leben in Zeiten, da in der Not auch der Einzelne das wird nehmen dürfen, was er zur Erhaltung seines Lebens und seiner Gesundheit notwendig hat, wenn er es auf andere Weise, durch seine Arbeit oder durch Bitten, nicht erlangen kann.« Dies bezog sich vor allem auf die durch den Zwangsexport im Rahmen der Reparationen dem deutschen Verbraucher entzogene Kohle und Braunkohle. Der Volksmund prägte daraufhin für das Kohlestehlen von Lastwagen und Güterzügen das Verb ›fringsen‹.

600,17 *eine Evakuierte:* Aus den von Bombenangriffen besonders früh und heftig betroffenen Städten Nordwestdeutschlands wurden Frauen und Kinder in ländliche Gebiete oder in den Osten Deutschlands ›evakuiert‹.

601,34–602,1 *was hier faulte, das faulte mir im Reich der Dänen:* nach dem berühmten Satz aus *Hamlet* (I,4) »Something is rotten in the state of Denmark« (»Etwas ist faul im Staate Dänemark«), der wohl wörtlich übersetzt werden müßte mit »Irgend etwas ist nicht in Ordnung mit Dänemarks (= Hamlets) Zustand.«

604,2 *Währungsreform:* Einführung der Deutschen Mark (DM) am 20./21. Juni 1948; die alte Reichsmark wurde im Verhältnis 10 zu 1 eingewechselt; die Schwarzmarktzeit mit ihrer Zigarettenwährung (s. S. 580) war zu Ende.

604,8–10 *alle Voraussetzungen fürs momentan in Blüte stehende Biedermeier:* s. Anm. zu 444,7.

606,12 *Professor Kuchen:* nach dem Vorbild von Grass' Lehrer Otto Pankok (1893–1966).

609,11 *Professor Maruhn:* nach dem Vorbild von Grass' Bildhauerlehrer Joseph (Sepp) Mages, der von 1938 bis 1961 die Bildhauerklasse leitete.

616,4 *Blockade der Stadt Berlin:* Vom 24. Juni 1948 bis zum 12. Mai 1949 verhängte die Sowjetunion eine Blockade aller Land- und Wasserwege nach Berlin. Berlin wurde daraufhin über eine englisch-amerikanische Luftbrücke versorgt.

618,31 f. *Die Schöne und das Untier:* nach dem gleichnamigen Märchen, dessen bekannteste Fassung in den *Contes* (1786) der Mme. Leprince de Beaumont steht.

618,34 *Die Dame und das Einhorn:* s. Anm. zu 494,17–20.

619,14 *Kolumbine:* Colombina ist unter dem stehenden Personal der italienischen Commedia dell'arte die kokette Dienerin.

619,15–17 *Raskolnikoff . . . weil er ständig von Schuld und Sühne sprach:* Rodion Raskolnikoff ist die Hauptfigur in Dostojewskis Roman *Schuld und Sühne* (1866); einige deutsche Übersetzungen haben seinen Namen als Titel.

623,8 *Parzival:* s. Anm. zu 168,24 f.

628,7 f. *vom Direktor, Professor Reuser:* Direktor der Kunstakademie Düsseldorf war 1946–49 der Maler Werner Heuser.

640,11 f. *lauter auswendiges Zeug, das sich allenfalls auf Tapeten bewährt hätte:* Oskar stimmt hier durchaus mit Grass überein; sein programmatischer Essay *Der Inhalt als Widerstand* von 1957 beginnt: »Kandinsky sagte: ›Die richtig herausgeholte Form drückt ihren Dank dadurch aus, daß sie selbst ganz allein für den Inhalt sorgt.‹ – Ein schöner Satz, ein einleuchtender Satz, ein Satz, dem wir klein- und großgemusterte, klein- und großgeschriebene Tapeten verdanken.«

663,5 *Jan Wellem:* Johann Wilhelm, rheinisch: Jan Wellem (1658–1716), Herzog von Pfalz-Neuburg, Jülich und Berg, residierte in Düsseldorf, das er großzügig ausbaute; er lebt bis heute in vielen Anekdoten fort. Sein Reiterdenkmal, geschaffen von Grupello, steht vor dem Rathaus.

667,7 f. *und ich begann zu trommeln, der Reihe nach, am Anfang war der Anfang:* Wie vorher schon Jesus (s. S. 473) trommelt jetzt Oskar eine Vorform seiner späteren *Blechtrommel,* s. auch S. 715.

670,15 f. *zahlendes Mitglied der KPD:* s. Anm. zu 88,23.

676,32–34 *denn nichts ist erregender, schlafvertreibender und gedankenfördernder als das barfüßige Stehen auf einer Kokosfasermatte:* Oskar erinnert sich vermutlich an den »Kokosläufer«, der ihn zu seinem ersten erotischen Erlebnis führte: S. 347.

695,31 f. *Zumeist kamen Medizinstudenten:* Bis 1965 hatte Düsseldorf neben der Kunstakademie (gegr. 1767) nur eine Medizinische Hochschule (gegr. 1907).

702,23 f. *jener glatzköpfige Schauspieler, der bei uns der Knirscher genannt wurde:* Walter Matern, eine der beiden Hauptfiguren der *Hundejahre.*

705,4 f. *ums unheimliche Gutenbergdenkmal herum:* Schauplatz der Ermordung Jennys durch Tulla in den *Hundejahren.*

714,6 f. *die häßlichen Spuren unterschlupfsuchender Liebespaare:* Vgl. das die Motive des Kapitels verknappende Gedicht *Normandie:* »Die Bunker am Strand / können ihren Beton nicht loswerden. / Manchmal kommt ein halbtoter General / und streichelt die Schießscharten. / Oder es wohnen Touristen / für fünf verquälte Minuten – / Wind, Sand, Papier und Urin: / Immer ist Invasion.

715,12–14 *und wirbelte . . .: Bebras Fronttheater besichtigte den Beton:* Oskar trommelt hier das Kapitel »Am Atlantikwall«, das er später in der Heil- und Pflegeanstalt trom-

meln und danach dem Diktat des Trommelns folgend
aufschreiben wird.

718,21 f. *daß man sich später und immer wieder vor der
Geschichte verantworten müsse:* Mit dieser Auffassung ist
Herzog eine Vorform des General Krings und seiner
nachträglichen Sandkastenspiele zum Zweiten Weltkrieg
in *örtlich betäubt.*

719,14 f. *den deutlich sprechenden Knopf einer kanadischen
Uniform:* vgl. das Gedicht *Abgelagert* von 1960, in dem
es als Grass' Programm heißt: »Was ich beschreiben
werde, / es kann nur den Knopf meinen, / der bei Dünkirchen liegenblieb, / nie den Soldaten, der knopflos da-
vonkam.«

721,29 *Maria Stuart:* Es wiederholt sich Oskars Erfahrung
aus dem ersten Gespräch mit Klepp: »Merkwürdiger-
weise meldete sich da der Katholizismus in mir« (S. 666).
Schon damals hatte er für die katholische Maria Stuart
Partei ergriffen.
De Valera: Eamon D. V. (1882–1975), irischer Freiheits-
kämpfer gegen England; nach der Unabhängigkeit (Ver-
trag von 1921) Premierminister 1932–48, 1951–54 und
1957–59, 1959–73 Präsident der Republik Irland.

721,30 *Don Juan:* Don Juan d'Austria (1547–78), uneheli-
cher Sohn Karls V., schlug 1571 in der Seeschlacht von
Lepanto die zahlenmäßig überlegene türkische Flotte.
Armada: Kriegsflotte des katholischen Spaniens gegen
das protestantische England; sie wurde in drei Seeschlachten vor England 1588 von der zahlenmäßig unter-
legenen, aber segeltechnisch besseren englischen Flotte
geschlagen.

721,31 *Trafalgar:* Admiral Nelsons Sieg über die französische Flotte 1805, s. auch Anm. zu 247,14 f.

727,17 f. *fertigte ganze Nonnenserien an:* vgl. Grass' eigene
Zeichnungen zu diesem Thema: *Vincentinerin* (1957),
Schwester Agneta (1957), *Konvent* (1961), *Hüpfende
Nonne* (1960), *Die Äbtissin kleidet zwei Novizinnen ein,*

Einkleidung der Novizin, Die Novizin wird eingekleidet (alle 1961; *Zeichnen und Schreiben I,* 9, 10, 35–39).

740,9 f. *Nun wolln wir doch mal sehen, was du bist, wo du herkommst . . .:* s. Anm. zu 773,24 f.

755,15 f. *da der Angeklagte keine Butzenscheiben und alt-deutschen Wirtschaftsschilder sehen mag:* s. Anm. zu 140,31 f.

759,21–23 *es gebe noch keinen Friedensvertrag, er wähle ge-nau wie wir Adenauer, doch was den Befehl angehe, der habe noch seine Gültigkeit:* s. dazu Anm. zu 135,11–13.

760,11 *die polnische Kavallerie:* s. Anm. zu 324,18–22; auch S. 300.

764,26 f. *»Als Jesus dreißig Jahre zählte, machte er sich auf und sammelte Jünger um sich«:* vgl. Luk. 3,23.

771,13 f. *Die Drei hat er in sich, die Sechzig läßt er ahnen:* Rückbezug auf den Beginn der Trommelzeit und Vorgriff auf *Die Rättin,* die in der Oskar-Handlung mit seinem 60. Geburtstag schließt.

771,19 f. *Sobald mich die erste Stufe der Rolltreppe . . . mit-nahm:* vgl. Grass' Prosaskizze *Ich stehe gerne auf einer Rolltreppe* (1960 veröffentlicht).

771,29 f. *Dante . . ., der aus der Hölle zurückkehrt:* Der 34. Gesang des *Inferno* in Dantes *Göttlicher Komödie* (um 1307–21) schildert den Wiederaufstieg aus der Hölle.

771,33 f. *als Dichterfürst Goethe, ließ mich . . . fragen, wie ich es unten, bei den Müttern, gefunden habe:* s. Anm. zu 118,8.

773,24 f. *Wo kommst du her? Wo gehst du hin? Wer bist du? Wie heißt du? Was willst du?* Oskar nimmt hier die Fragen von S. 740 wieder auf, mit deren ausführlicher Be-antwortung er unmittelbar nach Verhaftung, Prozeß und Einweisung in die Heil- und Pflegeanstalt begonnen hat – auf S. 9.

776,11 *meine fragwürdige Existenz:* s. Anm. zu 773,24 f. Die Formulierung wird in der *Rättin* in der Rede des

Professors auf den 60jährigen Oskar wieder aufgenommen: »unser Außenseiter und äußerst fragwürdiger Held.«

776,24 *Unter Glühbirnen geboren:* Oskars Vorbild für die Kurzfassung seines Lebenslaufs ist das Apostolische Glaubensbekenntnis, deshalb auch der Schluß mit »Amen«.

Die Wort- und Sacherklärungen folgen weitgehend den Anmerkungen des Verfassers in seiner Ausgabe der *Blechtrommel*, München/ Zürich: Artemis & Winkler, 1994. – Mit Genehmigung des Artemis & Winkler Verlags, Düsseldorf.

II. Lyrische Nebentexte

GÜNTER GRASS hat in den Jahren vor der Entstehung der *Blechtrommel* einige Gedichte geschrieben, in denen sich Motive des Romans vorweggenommen finden.

Im Frühjahr und Sommer 1952, auf einer Reise per Anhalter kreuz und quer durch Frankreich, entstand ein langes Gedicht, in dem »der Zwerg, der die Röcke der alten Weiber zählt«, als Säulenheiliger auftrat. Das Gedicht hat sich nur in Bruchstücken erhalten. Daraus wurde 1986 erstmals *Der Säulenheilige* veröffentlicht.

Der Säulenheilige

Hier ging der Unhold durch, grob mit breitem Gepäck,
Wo sperrig er anstieß, stehn lustig verrückt die Häuser.
Wohin er pißte, morsen die Pfützen dem Himmel Signale.
Ich aber, ein blauer Wald mit grünen Vögeln,
Ein säuerlich Brot voller witziger Steine,
Ich, zwar die Lüge, doch hoch auf der Säule,
Daß jeder es merkt,
Ich bin drei große Männer zusammen
Und spucke den Mädchen zwischen den Unsinn der Brüste,
Ich bin der Zwerg, der die Röcke der alten Weiber zählt,
Ich verkaufe Teppiche mit Motteneiern gespickt,
Auch zeige ich Amulette gegen den Schnupfen
Und schlage euch Nägel in die Köpfe,
Damit euch die Hüte nicht wegfliegen.
Ich habe einen Buckel aus Zucker,
Aller Unsinn leckte daran.
Ich bin die Feuerwehr, die jeden Durst löscht.

Günter Grass: Gedichte und Kurzprosa. Hrsg. von Volker Neuhaus und Daniela Hermes. (Studienausgabe. Bd. 11.) Göttingen: Steidl, 1994. S. 431. Die Bände der Studienausgabe werden im folgenden zitiert als: StA. – © 1994 Steidl Verlag, Göttingen.

Ausführlicher geht Grass auf den 1952 in Frankreich ge-
dichteten Zyklus 1991 in seinem »Werkstattbericht« *Vier
Jahrzehnte* ein: »Die während der Frankreichreise ent-
standenen Gedichte folgten gemischten Einflüssen, lebten
vom Pathos des ins Komische umgedeuteten Existentia-
lismus und geben den späteren Blechtrommler Oskar
Matzerath zu erkennen, wenn auch als krasses Gegenstück
zum Säulenheiligen umgepolt.«

> Daß mich das Licht
> Nicht nur halbwegs beschieße,
> Stand ich so auf,
> Bot ein fröhliches Ziel,
> Wenn mich des Morgens
> Wimmelnde Pfeile
> Schmückend versuchten.
> Derber lacht es kein Hahn.
> Mein Hut ist ein Sieb.
> Mein Knie wessen Kugel.
> Hoch auf der Säule
> Wechsle ich lautlos die Beine.

> Günter Grass: Vier Jahrzehnte. Ein Werkstatt-
> bericht. Hrsg. von G. Fritze Margull. Göttingen:
> Steidl, 1991. S. 19. – © 1991 Steidl Verlag, Göt-
> tingen.

»Noch deutlicher ist der Hinweis auf ›Die Blechtrommel‹ in
einem ›Frühling‹ genannten Gedicht, das zu dem endlosen,
nie beendeten Säulenheiligen-Zyklus gehört, doch nach der
Rückkehr aus Frankreich geschrieben wurde und die Düsseldorfer Butzenscheibenwirklichkeit der frühen fünfziger
Jahre antippt« (ebd., S. 21).

Frühling

Ach, nur ein pockiger Bengel
Schlug auf den Rand seiner Trommel.
Ein Baum und noch einer
Tönt wider: gelbe Gebrechen.
Seht meine Liebste.
Ihr Leib schwitzt Zucker und Salz.
Ihre Brüste: heillose Zwiebeln.
So kam's, daß ich weinte.
Draußen, im gläsernen Kasten,
Brüllende Hochzeit der Affen.
Unermüdlich vorm Zelt
Pendelt ein grämlicher Schlager
Und lockt mit der Hand in der Tasche.
Mürrisch putzt der Tyrann seine Zähne.
Nichts mehr zu beißen.
Friedlicher Pudding.
Hinter Butzenscheiben
Sitzen er und sein Zahnweh.
Hunger fängt sich drei Fliegen.
Sie schmecken
Wie Pfeffer und Salz.
Frühling?
Ach, nur ein pockiger Bengel
Spuckte vielfarbig ins Gras.

Ebd. S. 21.

Das folgende, 1956 in *Die Vorzüge der Windhühner* veröffentlichte Gedicht hat Grass selbst als Vorstufe der *Blechtrommel* bezeichnet. Es enthält in der zweiten Strophe in
nuce die Eingangsszene und gestaltet ansonsten die Unter-
drückung der Polen und die Vernichtung der Juden.

Polnische Fahne

Viel Kirschen die aus diesem Blut
im Aufbegehren deutlich werden,
das Bett zum roten Inlett überreden.

Der erste Frost zählt Rüben, blinde Teiche,
Kartoffelfeuer überm Horizont,
auch Männer halb im Rauch verwickelt.

Die Tage schrumpfen, Äpfel auf dem Schrank,
die Freiheit fror, jetzt brennt sie in den Öfen,
kocht Kindern Brei und malt die Knöchel rot.

Im Schnee der Kopftücher beim Fest,
Pilsudskis Herz, des Pferdes fünfter Huf,
schlug an die Scheune, bis der Starost kam.

Die Fahne blutet musterlos,
so kam der Winter, wird der Schritt
hinter den Wölfen Warschau finden.

Günter Grass: Gedichte und Kurzprosa. StA 11.
S. 34.

III. Selbstzeugnisse zur Entstehungsgeschichte

Im Rahmen einer Sendereihe des Westdeutschen Rundfunks äußerte sich GÜNTER GRASS 1973 umfassend zu dem langen Entstehungsprozeß seiner *Blechtrommel*.

»Kaum hatte der Autor die letzten Druckfahnen korrigiert, verließ ihn sein Buch; das war vor vierzehn Jahren, seitdem ist mir die *Blechtrommel* abhanden gekommen. Ins Kroatische, Japanische, Finnische übersetzt, ist es ihr Ehrgeiz, den Kleinbürgern aller Länder verquer zu sein. Danzig-Langfuhr, meine verlorene Provinz, hat sich international verflüchtigt.

Es ist, als sei mir der Zugang durch fugendicht gestapelte Urteile und Vorurteile versperrt worden, denn nie habe ich die *Blechtrommel* als ausgedrucktes Buch im Zusammenhang gelesen. Was gute fünf Jahre lang als Entwurf oder Vorprodukt, als erste, zweite und dritte Niederschrift meine Lebensgewohnheiten und Traumübungen bestimmt hatte, ist wie abgetan. Danach entstandene Bücher – *Hundejahre*, die Gedichtbände – sind mir greifbar geblieben.

Man könnte es berufsnotorischen Ekel nennen, der mir die Lektüre der gebundenen *Blechtrommel* bis heute vermiest hat. Denn auch jetzt, dazu aufgefordert, vom Entstehen meines ersten Romans Bericht zu geben, bleibt es beim ziellosen Blättern und Anlesen einiger Kapitelanfänge; vorerst bin ich nur unzulänglich bereit, meine Bedingungen und Anstöße von damals neugierig zu sichten, beinahe ängstlich, ich könnte mir auf die Schliche kommen. Der Autor über sein Buch: ein fragwürdiger Zeuge.

Geradezu Inkompetenz gestehend, kann ich allenfalls Restbestände zuhauf kehren und versuchen, jene konstruktiven Lügen zu vermeiden, die als Stecklinge das Treibhaus Germanistik produktiv machen.

Keine kreative Gewißheit (ob und wie), kein seit langem zugespitzter Entschluß (Ich werde jetzt!), kein höherer

Auftrag und Fingerzeig (begnadetes Müssen) stellten mich vor die Schreibmaschine; das zuverlässigste Triebwerk war wohl – weil ja Distanzen eingeholt werden mußten – mein kleinbürgerliches Herkommen, dieser miefgesättigte, durch abgebrochene Gymnasialbildung – ich blieb Obertertianer – gesteigerte Größenwahn, etwas Unübersehbares hinstellen zu wollen. Ein gefährlicher Antrieb, der oft die Hybris ansteuert. Und nur weil ich mein Herkommen und seine Treibkraft kannte, bediente ich es, bei aller Anstrengung, spielend und kühl: Schreiben als distanzierter, darum ironischer Vorgang, der sich privat einleitet, so öffentlich seine Ergebnisse später auftrumpfen oder zu Fall kommen.

1954 starb meine Mutter im Alter von sechsundfünfzig Jahren. Und weil Helene Grass nicht nur ein kleinbürgerliches Gemüt gehabt hat, sondern auch entsprechend theaterliebend gewesen ist, hat sie ihren zwölf-dreizehnjährigen Sohn, der gerne Lügengeschichten tischte und ihr Reisen nach Neapel und Hongkong, Reichtum und Persianermäntel versprach, spöttisch Peer Gynt genannt. Fünf Jahre nach ihrem Tod erschien die *Blechtrommel* und wurde zu dem, was sich Peer Gynt womöglich unter Erfolg vorgestellt haben mag. Immer schon hatte ich meiner Mutter irgendwas beweisen wollen; doch erst ihr Tod setzte den Antrieb frei.

Insofern bliebe ich wohl im Nachteil, wollte ich mich mit Autoren messen, denen gesellschaftliche Verpflichtung die Schreibmaschine salbt, die also nicht heillos ichbezogen, sondern sozial aufs Ganze bedacht ihrer Aufgabe nachgehen. Mich hat nicht edle Absicht getrieben, die deutsche Nachkriegsliteratur um ein robustes Vorzeigestück zu bereichern. Und auch der damals billigen Forderung nach ›Bewältigung deutscher Vergangenheit‹ wollte und konnte ich nicht genügen, denn mein Versuch, den eigenen (verlorenen) Ort zu vermessen und mit Vorzug die Ablagerungen der sogenannten Mittelschicht (proletarisch-kleinbürgerlicher Geschiebemergel) Schicht um Schicht abzutragen, blieb ohne Trost und Katharsis. Vielleicht gelang es dem Autor, einige neu anmutende Einsichten freizuschaufeln, schon wieder vermummtes Verhalten nackt zu legen, der Dämonisierung des Nationalsozialismus mit kaltem Gelächter den verlogenen Schauer regelrecht zu zersetzen und der bis dahin ängstlich zurückgepfiffenen Sprache Auslauf zu schaffen; Vergangenheit bewältigen konnte (wollte) er nicht.

Artistisches Vergnügen, Spaß an wechselnden Formen und die entsprechende Lust, auf Papier Gegenwirklichkeiten zu entwerfen, kurz, das Werkzeug für gleich welchen künstlerischen Versuch war da und wartete auf Widerstände: gefräßigen Stoff. Doch auch der Stoff war da und wartete auf Umsatz. Angst vor seinen Ausmaßen und der Zustand lässiger Zerstreutheit hinderten mich vorerst, die große Anstrengung zu machen.

Abermals waren es private Anlässe, die mich freisetzten. Denn als ich nach dem Tod meiner Mutter im Frühjahr 1954 Anna Margaretha Schwarz heiratete, begann eine Zeit der Konzentration, der bürgerlichen Arbeits- und Leistungsmoral und auch des strammen Vorsatzes, all jenen etwas beweisen zu wollen, die mir (angeheiratet) ins nicht vorhandene Haus geschneit waren: solide Schweizer Bürger von bescheiden-puritanischer Lebensart, die meinem zappelnden Turnen an zu großen Geräten mit Nachsicht und liberalem Kunstverstand zuschauten.

Ein komisches Unterfangen, zumal Anna, seit kurzer Zeit erst der großbürgerlichen Obhut entlaufen, eher Unsicherheit suchte und sich (wenn auch behutsam) inmitten Berliner Nachkriegsbohème ausprobieren wollte. Gewiß hatte sie nicht vor, Ehefrau eines sogenannten Großschriftstellers zu werden.

Doch so interessant die Interessen des kleinbürgerlichen Aufsteigers mit den emanzipatorischen Wünschen der Tochter aus großbürgerlichem Haus kollidiert haben mögen, die Heirat mit Anna machte mich zielstrebig, auch wenn das auslösende literarische Moment für die spätere

Niederschrift der *Blechtrommel* vor unserer Bekanntschaft zu datieren ist.

Im Frühjahr und Sommer 1952 machte ich eine Autostopreise kreuz und quer durch Frankreich. Ich lebte von nichts, zeichnete auf Packpapier und schrieb ununterbrochen: Sprache hatte mich als Durchfall erwischt. Neben (ich glaube) reichlich epigonalen Gesängen über den entschlafenen Steuermann Palinurus entstand ein langes und auswucherndes Gedicht, in dem Oskar Matzerath, bevor er so hieß, als Säulenheiliger auftrat.

Ein junger Mann, Existentialist, wie es die Zeitmode vorschrieb. Von Beruf Maurer. Er lebte in unserer Zeit. Wild und eher zufällig belesen, geizte er nicht mit Zitaten. Noch bevor der Wohlstand ausbrach, war er des Wohlstandes überdrüssig: schier verliebt in seinen Ekel. Deshalb mauerte er inmitten seiner Kleinstadt (die namenlos blieb) eine Säule, auf der er angekettet Stellung bezog. An langer Stange versorgte ihn seine schimpfende Mutter mit Mahlzeiten im Henkelmann. Ihre Versuche, ihn zurückzulocken, wurden von einem Chor mythologisch frisierter Mädchen unterstützt. Um seine Säule kreiste der Kleinstadtverkehr, versammelten sich Freunde und Gegner, schließlich eine aufblickende Gemeinde. Er, der Säulenheilige, allem enthoben, schaute herab, wechselte gelassen Stand- und Spielbein, hatte seine Perspektive gefunden und reagierte metapherngeladen.

Dieses lange Gedicht war schlecht gelungen, ist irgendwo liegengeblieben, hat sich mir nur in Bruchstücken erhalten, die allenfalls zeigen, wie stark ich gleichzeitig von Trakl und Apollinaire, von Ringelnatz und Rilke, von miserablen Lorca-Übersetzungen beeinflußt gewesen bin. Interessant alleine blieb die Suche nach einer entrückten Perspektive: Der überhöhte Standpunkt des Säulenheiligen war zu statisch. Erst die dreijährige Größe des Oskar Matzerath bot gleichzeitig Mobilität und Distanz. Wenn man will, ist Oskar Matzerath ein umgepolter Säulenheiliger.

Noch im Spätsommer des gleichen Jahres, als ich mich, aus Südfrankreich kommend, über die Schweiz in Richtung Düsseldorf bewegte, traf ich nicht nur zum erstenmal Anna, sondern wurde auch, durch bloße Anschauung, der Säulenheilige abgesetzt. Bei banaler Gelegenheit, nachmittags, sah ich zwischen Kaffee trinkenden Erwachsenen einen dreijährigen Jungen, dem eine Blechtrommel anhing. Mir fiel auf und blieb bewußt: die selbstvergessene Verlorenheit des Dreijährigen an sein Instrument, auch wie er gleichzeitig die Erwachsenenwelt (nachmittäglich plaudernde Kaffeetrinker) ignorierte.

Gute drei Jahre lang blieb diese ›Findung‹ verschüttet. Ich zog von Düsseldorf nach Berlin um, wechselte den Bildhauerlehrer, traf Anna wieder, heiratete im Jahr drauf, holte meine Schwester, die sich verrannt hatte, aus einem katholischen Kloster, zeichnete und modellierte vogelartige Gebilde, Heuschrecken und filigrane Hühner, verunglückte an einem ersten längeren Prosaversuch, der *Die Schranke* hieß und dem Kafka das Muster, die Frühexpressionisten den Metaphernaufwand geliehen hatten, schrieb dann erst, weil weniger angestrengt, die ersten lockeren Gelegenheitsgedichte, zeichnend geprüfte Gebilde, die vom Autor Abstand nahmen und jene Selbständigkeit gewannen, die Veröffentlichung erlaubt: *Die Vorzüge der Windhühner*, mein erstes Buch, englische Broschur, Gedichte und Zeichnungen.

Danach – aber immer noch Bildhauer, hauptberuflich – entstanden kurze Szenen, Einakter wie *Onkel, Onkel* und *Hochwasser*, die ich, mittlerweile eingeladen zu den Tagungen der Gruppe 47, mit einigem Erfolg vortrug. Auch entwarf ich (weil Anna tanzte) Ballettlibretti.

So hat es Versuche gegeben, einige Handlungsabläufe, die später zu *Blechtrommel*-Kapiteln wurden, als Ballettvorlagen zu konzipieren, etwa das Anfangskapitel *Der weite Rock*, die Geschichte der Galionsfigur *Niobe*, *Die letzte Straßenbahn*, mit der später Oskar Matzerath und sein Freund Vittlar durchs nächtliche Düsseldorf fuhren, auch

Szenen, in denen die polnische Kavallerie deutsche Panzer-
wagen attackierte. Daraus wurde nichts. Das blieb liegen.
Das wanderte alles in den epischen Reißwolf.

Mit solchem Gepäck – gestauter Stoff, ungenaue Vorhaben
und präziser Ehrgeiz: ich wollte meinen Roman schreiben,
Anna suchte ein strengeres Ballettexercice – verließen wir
Anfang 1956 mittellos aber unbekümmert Berlin und zogen
nach Paris. In der Nähe vom Place Pigalle fand Anna in
Madame Nora eine gestrenge russische Ballettmutter; ich
begann, noch während ich an dem Theaterstück *Die bösen
Köche* feilte, mit der ersten Niederschrift eines Romans, der
wechselnde Arbeitstitel trug: *Oskar der Trommler, Der
Trommler, Die Blechtrommel.*

Und hier genau sperrt sich meine Erinnerung. Zwar weiß
ich, daß ich mehrere Pläne, den gesamten epischen Stoff raf-
fend, grafisch entworfen und mit Stichworten gefüllt habe,
doch diese Pläne hoben sich auf und wurden, bei fortschrei-
tender Arbeit, entwertet. Doch auch die Manuskripte der
ersten und zweiten Fassung, schließlich der dritten, fütter-
ten jenen Heizungsofen in meinem Arbeitsraum, von dem
noch die Rede sein wird; bei aller mir damals möglichen
Verstiegenheit ist es dennoch nie meine Absicht gewesen,
Germanisten und deren Geilheit nach Sekundärem mit
Textvarianten zu füttern.

Mit dem ersten Satz: ›Zugegeben: ich bin Insasse einer Heil-
und Pflegeanstalt . . .‹ fiel die Sperre, drängte Sprache, liefen
Erinnerungsvermögen und Phantasie, spielerische Lust und
Detailobsession an langer Leine, ergab sich Kapitel aus Kapitel, hüpfte ich, wo Löcher den Fluß der Erzählung hemm-
ten, kam mir Geschichte mit lokalen Angeboten entgegen,
sprangen Döschen und gaben Gerüche frei, legte ich mir
eine wildwuchernde Familie zu, stritt ich mit Oskar Matzerath und seinem Anhang um Straßenbahnen und deren Li-
nienführung, um gleichzeitige Vorgänge und den absurden
Zwang der Chronologie, um Oskars Berechtigung in erster
oder dritter Person zu berichten, um seinen Anspruch, ei-

nen Sohn zeugen zu wollen, um seine wirklichen Verschuldungen und um seine fingierte Schuld.

So ist mein Versuch, ihm, dem Einzelgänger, ein boshaftes Schwesterchen zuzuschreiben, an Oskars Einspruch gescheitert; es mag sein, daß die verhinderte Schwester später als Tulla Pokriefke auf ihrem literarischen Existenzrecht bestanden hat.

Um eine oft gestellte und allseits beliebte Frage noch einmal zu beantworten: Ich schrieb für kein Publikum, denn ein Publikum kannte ich nicht. Aber erstens, zweitens und drittens schrieb ich für mich, für Anna, für Freunde und Bekannte, die zufällig anreisten und sich Kapitel anhören mußten; und für ein imaginäres Publikum, das ich mir kraft Vorstellung herbeizitierte, habe ich geschrieben. Es hockten um meine Schreibmaschine Tote und Lebende: mein detailversessener Freund Geldmacher, mit dickglasiger Brille mein literarischer Lehrer Alfred Döblin, meine literaturkundige und gleichwohl an das Schöne Wahre Gute glaubende Schwiegermutter, Rabelais, flüchtend auf Durchreise, mein ehemaliger Deutschlehrer, dessen Schrullen ich heute noch nützlicher nenne als das pädagogische Dörrobstangebot unserer Tage, und meine verstorbene Mutter, deren Einwänden und Berichtigungen ich mit Dokumenten zu begegnen versuchte; aber sie glaubte mir nur mit Vorbehalt.

Wenn ich genau zurückhöre, habe ich mit diesem nicht unkritischen Publikum längere Gespräche geführt, die, wären sie aufgezeichnet und als Anhang geordnet worden, dem Endprodukt gute zweihundert Seiten angereichert hätten.

Oder der Heizungsofen in der Avenue d'Italie 111 hätte den Anhang geschluckt. Oder auch diese Gespräche sind nachgelieferte Fiktion. Denn viel genauer als an Schreibvorgänge erinnere ich mich an meinen Arbeitsraum: ein feuchtes Loch zu ebener Erde, das mir als Atelier für angefangene, doch, seit Beginn der Blechtrommelniederschrift, bröckelnde Bildhauerarbeiten diente. Gleichzeitig war mein Arbeitsraum Heizkeller unserer darüber liegenden winzigen Zweizimmerwohnung. In den Schreibvorgang war meine Tätigkeit als Heizer verzahnt. Sobald die Manuskriptarbeit ins Stocken geriet, ging ich aus einem Kellerverschlag des Vorderhauses mit zwei Eimern Koks holen. In meinem Arbeitsraum roch es nach Mauerschwamm und anheimelnd gasig. Rinnende Wände hielten meine Vorstellung in Fluß. Die Feuchte des Raumes mag Oskar Matzeraths Witz gefördert haben.

Einmal im Jahr, während der Sommermonate, durfte ich, weil Anna Schweizerin ist, ein paar Wochen lang in freier Luft im Tessin schreiben. Dort saß ich unter einer Weinlaubpergola an einem Steintisch, schaute auf die flimmernde Kulissenlandschaft der südlichen Region und beschrieb schwitzend die vereiste Ostsee.

Manchmal, um die Luft zu wechseln, kritzelte ich Kapitelentwürfe in Pariser Bistros, wie sie in Filmszenen konserviert sind: zwischen tragisch-verschlungenen Liebespaaren, alten, in ihren Mänteln versteckten Frauen, Spiegelwänden und Jugendstilornamenten etwas über Wahlverwandtschaften: Goethe und Rasputin.

Fortwährend blieb Anna diesem vier Jahre anhaltenden Arbeitsvorgang konfrontiert. Gemeint ist nicht nur das Anhörenwollen und manchmal auch -müssen längerer, oft nur im Detail schwankender Zwischenergebnisse, denn – rückblickend – mag es wohl schwieriger für Anna gewesen sein, in diesem entrückten und allenfalls in Gestalt von Zigarettenqualm anwesenden Mann jemanden zu erkennen, mit dem man verheiratet ist. Als ihr mögliche Person war ich weitgehend unbekömmlich, weil nahezu ausschließlich vom Personal meiner Fiktion abhängig: ein koordinierendes Instrument, das eine Vielzahl von Schaltungen bedienen mußte, angeschlossen an mehrere, einander ins Wort fallende Bewußtseinsschichten; man nennt es: besessen.

Und dennoch muß ich während der gleichen Zeit kräftig gelebt, fürsorglich gekocht und aus Freude an Annas Tanzbeinen bei jeder sich bietenden Gelegenheit getanzt haben, denn im September 1957 – ich steckte inmitten der zweiten Niederschrift – wurden unsere Zwillingssöhne Franz und Raoul geboren. Kein Schreib-, nur ein finanzielles Problem. Schließlich lebten wir von genau eingeteilten 300,– DM im Monat, die ich wie nebenbei verdiente: Auf den alljährlichen Tagungen der Gruppe 47 verkaufte ich Zeichnungen und Lithografien; Höllerer kam ab und zu nach Paris und förderte, seiner Natur entsprechend, durch Aufträge und Manuskriptannahme; im fernen Stuttgart ließ Heißenbüttel meine unaufgeführten Theaterstücke als Hörspiele senden; doch im Jahr drauf, als ich schon an der letzten Fassung bosselte, bekam ich mit dem Preis der Gruppe 47 zum erstenmal dickes Geld in die Hand: runde 5000,– DM; davon kauften wir einen Plattenspieler, der heute noch Laut gibt und unserer Tochter Laura gehört.

Manchmal glaube ich, daß mich die bloße, doch Vater und Mutter grämende Tatsache, kein Abitur gemacht zu haben, geschützt hat. Denn mit Abitur hätte ich sicher Angebote bekommen, wäre ich Nachtprogramm-Redakteur geworden, hätte ich ein angefangenes Manuskript in der Schublade gehütet und als verhinderter Schriftsteller wachsenden Groll auf all jene gehortet, die auf freier Wildbahn so vor sich hin schrieben, und der himmlische Vater nährte sie doch.

Zwischendurch Gespräche mit Paul Celan; oder besser, war ich Publikum seiner Monologe. Zwischendurch Politik nahebei: Mendès-France und die Milch, Razzien im Algerierviertel – oder in Zeitungen verpackt: der polnische Oktober, Budapest, Adenauers absoluter Wahlsieg. Zwischendurch Löcher.

Die Arbeit an der Schlußfassung der Kapitel über die Verteidigung der Polnischen Post in Danzig machte im Frühjahr 1958 eine Reise nach Polen notwendig. Höllerer vermittelte, Andrzej Wirth schrieb die Einladung, und über Warschau reiste ich nach Gdańsk. Mutmaßend, daß es noch

überlebende ehemalige Verteidiger der Polnischen Post
gäbe, informierte ich mich im polnischen Innenministe-
rium, das ein Büro unterhielt, in dem Dokumente über
deutsche Kriegsverbrechen in Polen gestapelt lagen. Man
gab mir Adressen von drei ehemaligen polnischen Postbeamten (letzte Anschrift aus dem Jahr 49), sagte aber ein-
schränkend, diese angeblich Überlebenden seien von der
polnischen Postarbeitergewerkschaft (und auch sonst offiziell) nicht anerkannt worden, weil es im Herbst 1939 nach
deutscher und polnischer Fassung öffentlich geheißen habe,
alle seien erschossen worden: standrechtlich. Deshalb habe
man auch alle Namen in die steinerne Gedenkplatte gehauen, und wer in Stein gehauen sei, lebe nicht mehr.
In Gdańsk suchte ich Danzig, fand auch zwei der ehemaligen polnischen Postbeamten, die mittlerweile auf der Werft
Arbeit gefunden hatten, dort mehr als auf der Post verdien-
ten und eigentlich zufrieden waren mit ihrem nicht aner-
kannten Zustand. Doch die Söhne wollten ihre Väter hel-
disch sehen und betrieben (erfolglos) deren Anerkennung:
als Widerstandskämpfer. Von beiden Postbeamten (einer
war Geldbriefträger gewesen) erhielt ich detaillierte Beschreibungen der Vorgänge in der Polnischen Post während
der Verteidigung. Ihre Fluchtwege hätte ich nicht erfinden
können.
In Gdańsk schritt ich Danziger Schulwege ab, sprach ich auf
Friedhöfen mit anheimelnden Grabsteinen, saß ich (wie ich
als Schüler gesessen hatte) im Lesesaal der Stadtbibliothek
und durchblätterte Jahrgänge des *Danziger Vorposten*, roch
ich Mottlau und Radaune. In Gdańsk war ich fremd und
fand dennoch in Bruchstücken alles wieder: Badeanstalten,
Waldwege, Backsteingotik und jene Mietskaserne im Labesweg, zwischen Max-Halbe-Platz und Neuem Markt; auch
besuchte ich (auf Oskars Anraten) noch einmal die Herz-
Jesu-Kirche: der stehengebliebene katholische Mief.
Und dann stand ich in der Wohnküche meiner kaschubischen Großtante Anna. Erst als ich ihr meinen Paß zeigte,

glaubte sie mir: ›Nu Ginterchen, biss abä groß jeworden.‹
Dort blieb ich einige Zeit und hörte zu. Ihr Sohn Franz,
ehemals Angestellter der Polnischen Post, war nach der Kapitulation der Verteidiger tatsächlich erschossen worden. In
Stein gehauen fand ich seinen Namen auf der Gedenkplatte,
anerkannt.

Auf der Rückreise machte ich in Warschau die Bekanntschaft des heute in der Bundesrepublik namhaften Kritikers
Marcel Reich-Ranicki. Freundlich wollte Ranicki von jenem
jungen Mann, der sich als deutscher Schriftsteller ausgab,
wissen, welcher Art und gesellschaftlichen Funktion sein
Manuskript sei. Als ich ihm die *Blechtrommel* in Kurzfassung erzählte (›Junge stellt dreijährig Wachstum ein . . .‹),
ließ er mich stehen und rief verstört Andrzej Wirth an, der
unsere Bekanntschaft vermittelt hatte: ›Paß auf! Das ist kein
deutscher Schriftsteller. Das ist ein bulgarischer Agent.‹ – In
Polen fiel es auch mir schwer, meine Identität zu beweisen.

Als ich im Frühjahr 1959 die Manuskriptarbeit beendet, die
Druckfahnen korrigiert, den Umbruch verabschiedet hatte,
erhielt ich ein viermonatiges Stipendium. Höllerer hatte
mal wieder vermittelt. In die Vereinigten Staaten sollte ich
reisen und vor Studenten ab und zu Fragen beantworten.
Aber ich durfte nicht. Damals mußte man noch, um ein Vi-
sum zu bekommen, eine penible ärztliche Untersuchung
durchlaufen. Das tat ich und erfuhr, daß sich an etlichen
Stellen meiner Lunge Tuberkulome, knotenartige Gebilde,
gezeigt hätten: Wenn Tuberkulome aufbrechen, machen sie
Löcher.

Deshalb, auch weil in Frankreich inzwischen de Gaulle an
die Macht gekommen war und ich nach einer Nacht in fran-
zösischem Polizeigewahrsam geradezu Sehnsucht nach bun-
desdeutscher Polizei bekam, verließen wir, kurz nachdem
die *Blechtrommel* als Buch erschienen war (und mich verlassen hatte) Paris und siedelten uns wieder in Berlin an.
Dort mußte ich mittags schlafen, auf Alkohol verzichten,

Der von Günter Grass entworfene Umschlag der Taschenbuch-
ausgabe der *Blechtrommel* (1962)

mich regelmäßig untersuchen lassen, Sahne trinken und kleine weiße Tabletten, die, glaube ich, Neoteben hießen, dreimal täglich schlucken: was mich gesund und dick gemacht hat.

Doch noch in Paris hatte ich mit den Vorarbeiten für den Roman *Hundejahre* begonnen, der anfangs *Kartoffelschalen* hieß und nach falscher Konzeption begonnen wurde. Erst die Novelle *Katz und Maus* zerschlug mir das kurzatmige Konzept. Doch dazumal war ich schon berühmt und mußte beim Schreiben nicht mehr die Heizung mit Koks füttern. Schreiben fällt schwerer seitdem.

Habe ich alles gesagt? – Mehr als ich wollte. Habe ich Wichtiges verschwiegen? – Bestimmt. Kommt noch ein Nachtrag? – Nein.«

Günter Grass: Essays, Reden, Briefe, Kommentare. Hrsg. von Daniela Helmes. (Werkausgabe in zehn Bänden. Hrsg. von Volker Neuhaus. Bd. 9.) Darmstadt/Neuwied: 1987. Luchterhand, S. 624–633.
Die Bände der Werkausgabe werden im folgenden zitiert als: WA. – © 1993 Steidl Verlag, Göttingen.

Im Gespräch mit Heinz Ludwig Arnold benennt GRASS 1963 einige Gemeinsamkeiten zwischen der *Blechtrommel* und den beiden anderen Romanen seiner »Danziger Trilogie«: *Katz und Maus* (1961) und *Hundejahre* (1963).

»Alle drei Ich-Erzähler in allen drei Büchern schreiben aus der Schuld heraus: aus verdrängter Schuld, aus ironisierter Schuld, im Fall Matern aus pathetischem Schuldverlangen, einem Schuldbedürfnis heraus – das ist das erste Gemeinsame. Das zweite Gemeinsame sind Ort und Zeit. Und das dritte Gemeinsame, in den Büchern natürlich unterschiedlich stark, ist die Erweiterung des Wirklichkeitsverständnisses: das Einbeziehen der Phantasie, der Einbildungskraft, des Wechsels zwischen Sichtbarem und Erfindbarem. Dann kommt noch ein Viertes hinzu, das vielleicht am Anfang privat gemeint war, aber auch in der Auswirkung – und ich glaube schon, daß Bücher Auswirkung haben – Gewicht haben könnte, was aber sicher nicht literarisch von Gewicht ist: daß ich erst einmal für mich versucht habe, ein Stück endgültig verlorene Heimat, aus politischen, geschichtlichen Gründen verlorene Heimat, festzuhalten. Denn es ist etwas anderes, ob jemand drei Bücher über Danzig schreibt, das weg ist, als Danzig weg ist – das heutige Danzig hat einen ganz anderen Bezug, ein ganz anderes Herkommen –, oder ob jemand ein dreibändiges Erzählwerk über Regensburg schreibt, um eine andere historische Stadt zu nennen. Das hat, wie ich auch erst hinterher von vielen Lesern erfahren habe, Lesern, die nicht unmittelbar aus Danzig, die aber aus ähnlichen Gegenden kommen, die verloren sind, mit dazu beigetragen, diese drei Bücher zu Lesestoff zu machen, weil das, was in Danzig-Langfuhr und was mit Danzig-Langfuhr passierte, auch für Breslau und die Vororte von Breslau zutreffen könnte und für Königsberg oder Stettin.«

Zit. nach: Heinz Ludwig Arnold (Hrsg.): Günter Grass. München: Edition Text + Kritik, ⁵1978. (Text + Kritik. 1/1a.) S. 10 f. – Mit Genehmigung von Heinz Ludwig Arnold, Göttingen.

In mehreren Gesprächen und Reden hat GRASS über seine Entwicklung und die Erfahrungen, die ihn prägten, Auskunft gegeben.

»»Mich hat es nie gereizt‹, sagt Grass, ›und würde es auch nie reizen, meinem Lebenslauf nachzugehen und meinen wechselnden Empfindungen, mich quasi herauslösend aus dem jeweiligen Zeitgeschehen. Für mich ist meine eigene Biographie immer nur dann interessant gewesen, wenn ich sie begriff mit Zeitströmungen, mit Wendemarken, mit Umbrüchen und Brüchen wie 1945, und auch dann kam es mir darauf an, was ich selbst erlebt hatte im Verhältnis zu

anderen zu sehen, es zu brechen, es auf Personen auszudeh-
nen, aufzuteilen, eigenes Erfahren mit anderem zu mischen,
literarische Figuren entstehen zu lassen, die nur ganz selten
direkte Porträts sind.‹ Und Grass weiter zu seinem Selbst-
gefühl, zum autobiographischen Schreiben: ›Ich könnte
mich auch in dem Sinne nicht erinnern. Ich kann mich in
dem Augenblick sofort erinnern, wenn ich mein Ich mit einer Fiktion konfrontiere, in einem bestimmten Zeitraum.
Dann ist da ein nahezu unbegrenztes Erinnerungsvermögen
an das gesamte Umfeld. Aber das bloße Ich, mein bloßes
Ich, wenn ich ihm nachgehen sollte, beschreibend, würde
mich noch vor der Einschulung langweilen.‹«

Zit. nach: Heinrich Vormweg: Günter Grass.
Reinbek: Rowohlt Taschenbuch Verlag, 1986. (ro-
roro monographien. 359.) S. 19–22. [Im folgenden
zit. als: Vormweg.] – © 1986 Rowohlt Taschenbuch Verlag GmbH, Reinbek.

Bedeutsam ist für GRASS der Ort, wo er geboren wurde,

»wo eigentlich auch die Quelle meiner Literatur begraben
und vergraben liegt: in Danzig 1927, in Verhältnissen, die
ich später zu beschreiben versucht habe, [...] in kleinbürgerlichen Verhältnissen: Meine Eltern hatten ein Geschäft;
dazu kam, daß die Familie, wie viele Familien in Danzig,
recht bunt gemischt war: Von Vaters Seite her das, was man
deutschstämmige Abkunft nennt, und die Familie meiner
Mutter kaschubischer Herkunft.«

Gespräch mit Ekkehart Rudolph. In: E. R.
(Hrsg.): Protokoll zur Person. Autoren über sich
und ihr Werk. München: List, 1971. S. 60. – Mit
Genehmigung von Ekkehart Rudolph, Stuttgart.

»Dort war natürlich noch viel Ländliches drinnen. Zum
Beispiel war bei meiner Familie von der Mutterseite her erst
die zweite Generation in der Stadt. Da gab es den ganzen

Hintergrund der ländlichen Verwandtschaft noch, das Zusammentreffen zwischen Kleinbürgern und ländlicher Bevölkerung.«

Gespräch mit Günter Gaus, September 1965. In: Gespräche mit Günter Grass. Hrsg. von Klaus Stallbaum. (WA 10.) S. 20.

»Meine Mutter war katholisch, mein Vater Protestant lutherischer Kirche. Also eine Mischehe, wie man im Kirchengebrauch sagt. Wobei sich natürlich jeweils der stärkere Teil – und das ist der katholische Teil – durchzusetzen pflegte. So war es auch bei uns zu Hause. Eine katholische Erziehung, aber auf lässige Art und Weise, weil durch das Mischverhältnis eine Toleranz von vornherein geboten war, auch im Umgang mit meinem Vater. Und so fiel es mir nicht schwer, gläubig katholisch zu sein und gleichzeitig auch meiner Veranlagung, meinen Träumen, meinen Verstiegenheiten entsprechend, das im Katholizismus zu suchen und auch zum Teil zu finden, was mir heute noch eine gewisse Bedeutung vermittelt: ein optischer, ein akustischer, ein riechbarer Reiz, etwas Heidnisches, das sich – im Gegensatz zur protestantischen Kirche – dort gehalten hat, mit polnischem Hintergrundsland. Meine Mutter kam aus einer kaschubischen Familie, und da spielte das eine große Rolle. [...] Aber durch Interesse an Geschichte und auch an Religionsgeschichte sind dann die Zweifel gekommen. Mit Fragen, die der Religionslehrer entweder nicht beantworten wollte oder sie barsch zurückwies, auch mit einem immer größeren kritischen Blick auf eine heuchlerische Umwelt, so daß dann ab dem vierzehnten Lebensjahr an gläubiger Substanz so gut wie nichts mehr dagewesen ist.«

Gespräch mit Robert Stauffer, August 1982. In: WA 10. S. 295 f.

»Und meine Mutter war eine kunstsinnige Frau, das heißt, sie ging gerne ins Theater, las auch, war Mitglied in einem Bücherclub. Die schwärmerische Haltung des Kleinbürgers den Künstlern gegenüber, diese Mischung aus Grausen und Bewunderung, hat auch sicher dazu beigetragen, daß meine Mutter diese Dinge bei mir gefördert hat [. . .].«

Zit. nach: Aussage zur Person. Zwölf deutsche Schriftsteller im Gespräch mit Ekkehart Rudolph. Tübingen: Erdmann, 1977. S. 85. – Mit Genehmigung von Ekkehart Rudolph, Stuttgart.

»[. . .] ich habe eine gute Stütze an meiner Mutter gehabt, die so gelegentlich Gedichte für den Sonntagsteil einer Zeitung geschrieben hat, Spaßgedichte oder Rätselgedichte. Sie hatte drei Brüder, die ich alle nicht kennengelernt hatte; sie sind alle im Ersten Weltkrieg gefallen. Und in diesen drei Brüdern spiegeln sich eigentlich alle meine Begabungen. Der eine wollte Schriftsteller werden. Ich habe in einem Koffer auch einige Gedichte und angefangene Erzählungsfragmente gefunden. [. . .] Es war sehr romantisch und sehr stark Eichendorff nachempfunden, der doch in Danzig den Taugenichts geschrieben hatte. Das spielte dort mit hinein. Und der älteste Bruder wollte Maler oder Bühnenbildner werden. Der dritte hatte den Zug zur Gastronomie, zum Kochen. Sie sind alle so im Alter von zweiundzwanzig Jahren gefallen. [. . .] Und meine Mutter also hat meinen Bestrebungen, obgleich sie natürlich kritisch war und sah, daß anderes liegenblieb, wie zum Beispiel Schularbeiten, immer Verständnis entgegengebracht.«

Gespräch mit Günter Gaus. In: WA 10. S. 24.

»Mit zehn Jahren war ich Mitglied des Jungvolkes, mit vierzehn Jahren wurde ich in die Hitlerjugend eingegliedert. Als Fünfzehnjähriger nannte ich mich Luftwaffenhelfer [. . .].«

Rede zur bayerischen Landtagswahl in München, November 1966. In: Wa 9. S. 163.

»Ich erinnere mich, daß Goebbels' Fangfrage: ›Wollt Ihr
den totalen Krieg?‹ auch in mir, dem damals Sechzehnjähri-
gen, opferbereite Weihestimmung auslöste.«

Ebd. S. 164.

»Im Sommer 1944 wurde ich, sechzehn Jahre alt, Soldat. In
kurzen Hosen mit meinem Pappkoffer reiste ich an. Als die
Ausbildung abgeschlossen war, kam ich – jetzt siebzehn
Jahre alt – zum Einsatz an der Ostfront. Nach mehrtägi-
gem, sinnlos anmutendem Hin und Her, schließlich nach
Absetzbewegungen, geriet die gesamte Kompanie unter Beschuß einer sowjetischen Werferbatterie, auch Stalinorgel
genannt. Die Kompanie – Sturmgeschütze und Panzergre-
nadiere – hatte in einem Jungwald, so hieß es, Bereitstellung
bezogen. Der sowjetische Beschuß mag drei Minuten lang
gedauert haben. Danach war über die Hälfte der Kompanie
tot, zerfetzt, verstümmelt. Die meisten Toten, die Zerfetz-
ten, Verstümmelten waren wie ich siebzehn Jahre alt.«

Rede beim Heilbronner Schriftstellertreffen, Dezember 1983. In: WA 9. S. 877.

»[. . .] der 8. Mai 1945 [kerbte sich] in meinen Lebenslauf als
Zäsur; diese Kerbe ist seitdem eher tiefer geworden, zumal
sie meinem siebzehn Jahre alten Unverstand nur ungenau
bewußt wurde.
Dank einer leichten, aber ausreichenden Granatsplitterver-
letzung erlebte ich den Tag der bedingungslosen Kapitulation des Großdeutschen Reiches im Lazarett. Bis dahin war
meine Erziehung als Drill im Sinne nationalsozialistischer
Zielvorstellungen verlaufen. Gewiß waren gegen Kriegsende diffuse Zweifel aufgekommen, doch vor Widerstand
keine Rede. Kritik rieb sich allenfalls am Zynismus militäri-
scher Befehlsgewalt, an Parteibonzen, die als Drückeberger
angesehen wurden, und an unzureichender Verpflegung.

Außer der Waffentechnik des Tötens hatte ich bis dahin
zweierlei gelernt: Ich kannte die Angst in- und auswendig
und wußte, daß ich nur zufällig am Leben geblieben war;
zwei Einsichten, die sich bis heute nicht verflüchtigt haben,
die ich nicht wachhalten muß, die, einmal gewonnen, besonders als Kenntnis der Angst, Gewinn sind.«

Rede zum 8. Mai 1945, gehalten 1985 in Berlin. In:
WA 9. S. 891.

»Ich bin dann zum erstenmal konfrontiert worden mit dem,
wovon ich zwar wußte, daß es das gab: Konzentrationslager, und zwar durch Fotos von Bergen-Belsen. Und ich
habe es nicht glauben wollen. Das war der Satz auch bei
allen Gleichaltrigen, mit denen ich zusammen war: Das ist
unmöglich, das können Deutsche nicht gemacht haben. Es
brach alles mögliche zusammen.«

Zit. nach: Vormweg. S. 25 f.

In seinen Aufzeichnungen *Aus dem Tagebuch einer
Schnecke* (1972) erinnert sich Grass bei einem Besuch des
Konzentrationslagers Dachau:

»Schon einmal, als siebzehnjähriger POW [Prisoner of War:
Kriegsgefangener] wurde ich, um erzogen zu werden, in
diesen Bereich gebracht: wir wollten nicht begreifen; wir sahen die Duschen, die Öfen und glaubten nicht.«

StA 5. S. 146.

»[. . .] als Achtzehnjähriger wurde ich aus amerikanischer
Kriegsgefangenschaft entlassen: Jetzt erst war ich erwach-
sen. Jetzt erst, nein, vielmehr nach und nach wurde mir
deutlich, was man, überdeckt von Fanfarenruf und Ost-
landgeschwafel, mit meiner Jugend angestellt hatte. Jetzt
erst, und Jahre später in immer erschreckenderem Maße, be-

griff ich, welch unfaßliche Verbrechen im Namen der Zukunft meiner Generation begangen worden waren. Als Neunzehnjähriger begann ich zu ahnen, welch eine Schuld unser Volk wissend und unwissend angehäuft hatte, welche Last und Verantwortung meine und die folgende Generation zu tragen haben würden.«

Rede zur bayerischen Landtagswahl in München,
November 1966. In: WA 9. S. 163.

»Um den heute Siebzehnjährigen die über den 8. Mai andauernde Unfreiheit meiner Generation deutlich zu machen, sei gesagt, daß erst mit dem Eingeständnis unseres ehemaligen Reichsjugendführers vor dem Nürnberger Tribunal die Frage – Das, diese Verbrechen sollen Deutsche begangen haben? – eine Antwort fand, die den Befehlszwang löste, den Schock zuließ und zugleich belastend war: ›Ja, wir haben.‹«

Rede zum 8. Mai 1945, gehalten 1985 in Berlin. In:
WA 9. S. 892.

»Als Neunzehnjähriger 1946/47 habe ich nahe bei Hildesheim in einem Kalibergwerk als Koppeljunge gearbeitet. Wir erinnern uns: Diese Zeit war arm an Kohlen, Kartoffeln und Kalorien, aber reich an Stromsperren und intensiven Gesprächen. Mit unseren Karbid-Lampen saßen wir ohne Strom 900 m unter Tage in irgendeinem Schacht, auf irgendeiner Fördersohle. Eine buntgewürfelte Gesellschaft. Kleine harmlose Nazis, die unter Tage Schutz suchten vor der Fragebogen-Epidemie, verbitterte Kommunisten und Altsozialdemokraten, die gradlinig von Bebel bis Schumacher dachten. Ich hörte zu und lernte dort viel.«

Rede im Bundestagswahlkampf, September 1965,
in Lübeck. In: WA 9. S. 126 f.

»Ich bin, glaube ich, vierzehn Tage oder drei Wochen zu Hause [bei den aus Danzig geflüchteten Eltern in der Nähe von Köln] gewesen, da brach der Winter schon ein. Ich sehe mich noch auf dem Weg zur nächsten Bahnstation, vielleicht fünf Kilometer, völlig im Schnee versinken. Man konnte sich nur an den Telegraphenstangen orientieren. Dann bin ich nach Düsseldorf gefahren. Ich hatte in irgendeiner Zeitung gelesen, daß die Düsseldorfer Kunstakademie demnächst wieder aufmache. Ich dachte, sie sei schon offen. Und da habe ich mich dann durchgefragt, in Düsseldorf fuhr keine Straßenbahn, nichts, das war alles erstorben in Kälte. Ich kam dann auch zu dem Kunstakademie-Bau, der war leer, zur Hälfte war er sowieso zerstört. Da traf ich dann einen alten Mann mit Künstlerschlapphut, wie sich später herausstellte: Professor Enseling, und dem sagte ich auf die Frage, was ich suche, ich möchte Bildhauer werden. Da sagte er: ›Wir haben geschlossen wegen Kohlenmangel. Aber gehen Sie mal hier raus und dann zweimal rechts, da ist das Arbeitsamt, und da lassen Sie sich – wie alt sind Sie? Neunzehn? – eine Praktikantenstelle geben als Steinmetz und Steinbildhauer. Und wenn Sie damit fertig sind in zwei Jahren, da kommen Sie wieder her, da haben wir auch wieder Kohle.‹«

Zit. nach: Vormweg. S. 29 f.

»Ich will nicht urteilen. Ein fragwürdiger Glücksfall, mein Jahrgang 1927, verbietet mir letzte, den Stab brechende Worte. Ich war zu jung, um ernsthaft geprüft werden zu können. Und doch hängt es mir an: Als Dreizehnjähriger habe ich mich an einem Erzählwettbewerb der Hitlerjugendzeitschrift ›Hilf mit!‹ beteiligt. Ich schrieb schon früh notwendig und war auf Anerkennung versessen. Doch weil ich, offenbar die Adresse fehleinschätzend, etwas Melodramatisches über die heroisch gegen Brandenburg und Polen kämpfenden Kaschuben geschrieben und als Fragment ein-

geschickt hatte, war der Glücksfall gesichert, keinen Hitler-
jugend-, keinen ›Hilf mit!‹-Preis zu bekommen. Also bin
ich fein raus. Doch könnte ich mich vordatieren, könnte
meine Biographie zehn Jahre früher beginnen lassen. Was
sind schon zehn Jahre! Meine Vorstellung schafft das.
Ich, Jahrgang siebzehn. 1933 wäre ich sechzehn und nicht
sechs Jahre alt, bei Kriegsbeginn zweiundzwanzig und nicht
zwölf Jahre alt gewesen. Da sogleich wehrpflichtig, hätte
ich, wie die meisten dieses Jahrgangs, kaum den Krieg überlebt. Doch abgesehen von dieser Wahrscheinlichkeit, spricht
nichts (oder nur Gewünschtes) gegen meine zielstrebige
Entwicklung zum überzeugten Nationalsozialisten. Von
kleinbürgerlicher, die halbkaschubische Herkunft verdrän-
gender Familie, deutsch-idealistisch erzogen, hätte ich mich
für großräumige Ziele begeistern und mir subjektives Unrecht als objektives Recht erklären lassen. Mit meiner Mit-
gift, dem rigorosen Schreibtalent, wäre mir zu den Ereignissen der Bewegung (Machtergreifung, Erntedankfest, Führers Geburtstag usw.) und später zum Kriegsverlauf Ge-
reimtes und Hymnisches eingefallen, zumal die Poetik der
Hitlerjugend (siehe Anacker, Schirach, Baumann, Menzel)
spätexpressionistische Wortballungen und gestische Meta-
phern erlaubte. Oder es hätte mich, dank der Anstöße feinsinniger Lehrer, naturbeflissene Innerlichkeit lammfromm
gemacht und auf Carossas oder, noch stiller, auf Wilhelm
Lehmanns Spuren geleitet. In beiden Fällen hätte ich, wie
ich mich einschätzen muß, vom Atlantikwall, vom Oslo-
fjord aus, von mythenbewohnter kretischer Küste oder
(meiner hafenstädtischen Schülerneigung kriegsfreiwillig
entsprechend) als U-Bootfahrer einen Verleger gesucht und
gefunden. Wahrscheinlich wäre mir ab Stalingrad – jetzt
sechsundzwanzig Jahre alt – ein trostloses Lichtlein aufge-
gangen. Verwickelt womöglich in Partisanenerschießungen,
Vergeltungsschläge, als Augenzeuge unübersehbarer Juden-
deportationen hätte ich meiner spätexpressionistischen
Reimkunst oder meiner verinnerlichten Beschwörung der

Schachtelhalme neue Töne, ortlose Trauer, verzweifelte
Wortwahl, Dunkles, Vieldeutiges beigemengt. Und in dieser Stillage, die vierundvierzig noch einen Verleger gefunden hätte, hätte ich (soldatisches Überleben vorausgesetzt)
zwanglos die Kapitulation, die angebliche Stunde Null
überbrücken und mich der neuen, kargen, kalorienarmen,
der pazifistischen bis antifaschistischen Inhalte annehmen
können; wie es geschehen ist laut tausend und mehr Biogra-
phien.«

Kein Schlußwort. November 1979. In: WA 9.
S. 772 f.

Der englische Germanist John Reddick entdeckte 1970 in
Paris Typoskripte von Vorstufen zur *Blechtrommel*. Über
seine Funde berichtet WERNER FRIZEN:

»Was Erich Schmidts *trouvaille* für die ›Faust‹-Forschung,
bedeutet John Reddicks Fund für die Untersuchung der
›Blechtrommel‹: Wie jenem ›Goethes Faust in ursprünglicher Gestalt‹ in der Abschrift des Fräuleins von Göchhau-
sen zu entdecken gelang, so diesem die Rettung von Ur-
schriften zur ›Blechtrommel‹, ein Konvolut, das nun flüch-
tig und fälschlich ›Urtrommel‹ heißt. In Grassens ehemaliger Pariser Wohnung stöbernd, fand Reddick 1970 in einer
Abstellkammer – kaum glaublich zu hören – jenen Koffer,
den der nach Berlin reisende Grass aus welchen Gründen
auch immer zurückgelassen hatte und der neben Rezensionen und anderem Typoskripte aus verschiedenen Entste-
hungsphasen des Romanerstlings enthielt – kaum zu glauben auch deshalb, weil Grass noch 1973 beteuert hat, mit
der ersten bis dritten Fassung den Heizungsofen seines Ar-
beitszimmers ›gefüttert‹ zu haben, um der ›Geilheit‹ der
Germanisten nach ›Sekundärem‹ [s. S. 63 des vorliegenden
Bandes] keinen neuen Anreiz zu bieten.   [...]
33 Kapitel insgesamt sind erhalten, aber sie repräsentieren
verschiedene Stufen der Genese; *das* Urtyposkript gibt es

nicht. Am Anfang des Erhaltenen steht ›F I‹, ein einziges Kapitel (überschrieben ›Der Igel‹ und von Grass später signiert [. . .]): Es entwirft die dem heutigen Leser ungewohnteste Perspektive: ein Körperbehinderter, nicht ein infantil-dreijähriger, das Wachstum verweigernder Gnom, sondern der Vater eines Sohnes Willy, verheiratet mit ›Frau Maria‹, trennt sich von seiner Familie und übersiedelt in ein möbliertes Zimmer, in das auch später breit geschilderte Badezimmer bei Zeidlers. ‚Archaisch‘ wie keines der erhaltenen Kapitel, fehlt diesem fast alles, was an die Erzählsituation gemahnen könnte, der ›Die Blechtrommel‹ so viel ihres Ruhmes verdankt: Pfleger Bruno als Wärter, Kontrahent und Koautor gibt es so wenig wie das Erzählerbett im exterritorialen Raum der Heilanstalt. Auf der Erzähllebene fehlt die Erfahrung Leiden bewirkender Isolation, und auf der Ebene des Erzählten sind Kellersturz, Glaszersingen und motivische Obsessionen (wie etwa das ›Mysterium Krankenschwester‹ [633,32]) unbekannt. Hier hat sich ein Rente beziehender Sonderling mit Kindertrommel aufgemacht, sich von seiner Familie zu trennen, ohne sie – sie sind so verständnisinnig und großherzig, wie Kurt und Maria, die Nachkriegsgewinnler, später nie sein werden – zu verlassen, und eine Aftermiete im Nachkriegsdüsseldorf zu suchen, um sich hier – wie Heines Tambour Le Grand – trommelnd zurückzuerinnern an seine Geschichte, die identisch ist mit der Geschichte seiner Trommel: ein Erzähleingang in der Tradition des poetischen Realismus, etwas versponnener noch vielleicht, aber ohne den autistischen, immoralistischen, ästhetizistischen Erzähler-Zwerg, der interniert und dem der Prozeß gemacht werden muß – und ohne das *muddlement* der Assoziationen, der Lesehemmungen, der Rezeptionsstaus, der gebrochenen Perspektive auf eine brüchige Wirklichkeit. Vor allem aber vermißt der Leser den charakteristischen Umgang mit Zeit und Geschichte, der die Erzählform der ›Blechtrommel‹ so unverwechselbar prägt [. . .]:

›Wohin versetze ich den Anfang meiner Geschichte, die eigentlich die Geschichte meiner Trommel ist [. . .]. Vom dritten Lebensjahr an trommelte ich mich bis zu jenem Tag, da ich ein Zimmer in Zeidlers Wohnung mietete, fast gradlinig, sorgsam das Tempo wahrend, vorwärts. Erst als Untermieter lernte ich die Kunst des Zurücktrommelns. Da es sich selbst bei der perfektesten Zurücktrommelei nicht vermeiden liess, dieses Leben weiter und der Trommel entgegengesetzt, also vorwärts zu leben, bezeichnete ich mit der Unterschrift die ich unter das Anmeldeformular und den Untermietvertrag setzte, den Mittelpunkt meines bisher vielleicht doch etwas merkwürdigen Lebens.‹   [. . .]

Das ist das Romanskelett, die ›Ur-Blechtrommel‹ von 1956. Die aber ist alles andere als ein Goethescher Urtypus, eine Urpflanze, deren Entelechie die spätere gestalthafte Entwicklung keimhaft enthielte. So organisch wird der Entstehungsprozeß nicht abgelaufen sein: Obwohl erstaunlich ist, wieviel vom Urmaterial die Endfassung in sich aufgenommen hat und daß schon hier der Ton des Erzähltrommelns erklingt, so liegt doch zwischen dieser und den späteren Versionen eine eingreifende Konzeptionsänderung, die weniger durch Streichungen denn durch Amplifizierung, Vertiefung, Präzisierung, Radikalisierung, Metaphorisierung und Struktur-/Perspektivenänderung zustande kommt, welche Maßnahmen alle die avanciertere spätere Form bedingen. Figurenkonzept, Motivik, Handlungsverlauf der anderen Kapitel widersprechen diesem ersten so, daß sie nicht durch das Schläfchen eines braven Homer, sondern eben nur durch einen Konzeptionsbruch zu erklären sind.

Nun verblüfft allerdings, daß Grass schon im frühesten Vor-Entwurf zur ›Blechtrommel‹, im Versepos ›Der Säulenheilige‹ von 1952 – aus dem er freilich erst 1980 vorgelesen hat –, die Motive ›Zwerg‹, ›Buckel‹ und ›Röcke‹ für seinen zukünftigen Helden beisammen hatte, in dieser ersten bekannten Prosaversion jedoch dies Motivreservoir unberück-

sichtigt läßt. Mag sein, daß auf dieses der flämische Schriftsteller Louis Paul Boon Einfluß hatte, in dessen Roman-
welten ebenfalls ein Friedhofssteinmetz Oskar und sein
Schwager existieren, der als Vierjähriger sein Wachstum
einstellt und unter die Röcke zurückwill. Mag auch sein,
daß andere Kretins aus dem ›climat de l'absurdité‹ (Camus)
– an Vitrac oder Pinter ist zu erinnern – Pate gestanden
haben. [...]

Ähnlich aus dem Rahmen des Gewohnten fällt die zweite
Fassung oder das, was davon übriggeblieben ist. Das Kapitel ›Die Invasion‹, Briefe Grassens bestätigen es, muß nach
›Der Igel‹, und zwar im Juni 1957, geschrieben worden sein.
Oskar und Lanks, der spätere Lankes, befinden sich nach
dem Krieg am Atlantikwall, Lankes gibt seine Invasions-
erlebnisse rückschauend zum besten, Oskar selbst ist noch
kein Kriegsteilnehmer, Bebras Fronttheater hat nicht statt-
gefunden. Oskar hat nun mehrere Söhne und ist um einiges
älter, da er angibt, das für den Kriegsdienst notwendige Alter ›schon bei Kriegsanfang‹ besessen zu haben. Die Zahlen-
symmetrie und mit ihr die Analogie von Personal- und
Weltgeschichte funktionieren also noch nicht in dem Sinne,
daß sich Oskars erzählte Lebensjahre um die Achse des
Kriegsbeginns runden: 1924, Anfang September, geboren,
erlebt er fünfzehnjährig am 1. September den Kriegsaus-
bruch leibhaftig mit und beendet 1954 seine Anstaltsexi-
stenz wie sein Erzählerleben. Folglich ist die Strukturidee
der Kontinuität und Wiederholung in der Geschichte, die
sich aus der späteren Duplizität der Ereignisse ergibt, nur
im Modus der Erinnerung, nicht durch ‚szenische' Darstellung präsent.

Die Erzählsituation ist schon stärker elaboriert als im ersten
Entwurf: Das Erzählerbett, ›dieses vollkommenste Bett‹
[9,24], ist schon bezogen und mit ihm ein Pfleger gefunden,
und wenn Hauptmann Kessel – der spätere Oberleutnant
Herzog – Oskar übersieht ›wegen meines kriegsuntüchtigen
Körpers‹, läßt dieser Umstand nicht nur auf einen körperli-

chen Defekt schließen, sondern vielleicht auch auf entsprechende Gnomenhaftigkeit (nach dem Grabsturz mißt Oskar
im dritten Buch ja 1,21 m). [...]
In der dritten Version (F 3, 1958) erscheint ›Die Blechtrommel‹ in der Form der ›Buddenbrooks‹, mit dem Unterschied, daß dort sich kleinbürgerlich gibt, was hier großbür-
gerlich repräsentiert: als eine Familiensaga, garniert mit
Zeitgeschichte, als Romanerstling, in dem der Autor Selbst-
erlebtes und Familiengeschichte verarbeitet – ein nachvoll-
ziehbarer Versuch für einen Debütanten in der epischen
Großform, dem epischen Kunstgeist gerecht zu werden,
und doch eine eher obsolete Idee, die Grass durch die Um-
arbeitung zur Druckfassung weiter entprivatisiert und zum
Roman einer absurden Geschichte, zu einer – mit Novalis
zu sprechen – ›Mythologie der Geschichte‹ ausgeweitet hat.
Nicht das Verschweißen der Vorformen zur Endgestalt
dürfte als Grass' entscheidende redaktionelle Leistung an-
zusehen sein, sondern vielmehr die Überformung des gesamten Konvoluts, das auf dem Handlungsgerüst von heute
aufruht, durch eine innere Struktur, eine ›inward form‹, und
die Entwicklung von Keimmetaphern zu einem allegori-
schen Netz. Diese Emendation muß zwischen der umfäng-
lichen dritten Fassung (1958) und der Endgestalt komplet-
tiert worden sein.«

Werner Frizen: Anna Bronskis Röcke – »Die
Blechtrommel« in ursprünglicher Gestalt. In: Die
»Danziger Trilogie« von Günter Grass. Texte,
Daten, Bilder. Hrsg. von Volker Neuhaus und
Daniela Hermes. Frankfurt a. M.: Luchterhand
Literaturverlag, 1991. (Sammlung Luchterhand.
979.) S. 144–150. – Mit Genehmigung von Werner
Frizen, Köln.

In GRASS' Roman *örtlich betäubt* (1969) finden sich aus anderer Perspektive Reminiszenzen an Ereignisse, von denen
auch Oskar berichtet. Der in allen drei Teilen der »Danziger

Trilogie« auftretende Störtebeker ist, inzwischen 40jähriger Studienrat in Berlin, unter seinem wirklichen Namen Eberhard Starusch der Erzähler des Romans.

»Was heißt hier Aberglaube! Schließlich entstamme ich einer Seemannsfamilie. Mein Onkel Max blieb auf der Doggerbank. Mein Vater überlebte die ›Königsberg‹ und stand bis zum Ende der Freistaatzeit im aktiven Lotsendienst. Und mich haben die Jungs von Anfang an Störtebeker genannt. Bis zum Schluß blieb ich ihr Anführer. Moorkähne durfte die zweite Geige spielen. Wollte deswegen die Bande sprengen. Aber das habe ich nicht geduldet: ›Mal herhören, Jungs.‹ – Und das so lange, bis unser Laden aufflog, weil das spirrige Aas gesungen hatte. Ich sollte mal auspacken und alles der Reihe nach, so wie es wirklich gewesen ist, flimmern lassen. Doch nicht mit den üblichen Spannungseffekten – Aufstieg und Fall der Stäuberbande –, mehr wissenschaftlich analytisch: Jugendbanden im Dritten Reich. Denn die Akten der Edelweiß-Piraten im Keller des Kölner Polizeipräsidiums hat bis jetzt noch niemand gelüftet. (›Was meinen Sie, Scherbaum? Das müßte Ihre Generation doch interessieren. Wir waren damals siebzehn, wie Sie heute siebzehn sind. Und gewisse Gemeinsamkeiten, kein Eigentum, das gruppeneigene Mädchen und die absolute Frontstellung gegen alle Erwachsenen lassen sich nicht übersehen; auch der vorherrschende Jargon in der 12 a erinnert mich an unseren Betriebsjargon ...‹) Allerdings war Krieg damals. Da ging es nicht um Raucherecken und ähnliche Kindereien. (Als wir das Wirtschaftsamt ausräumten ... Als wir den Seitenaltar in der Herz-Jesu-Kirche ... Als wir auf dem Winterfeldplatz ...) Wir leisteten richtigen Widerstand. Mit uns wurde keiner fertig. Bis Moorkähne uns verpfiffen hat. Oder die Zaunlatte mit ihren Schneidezähnen. Hätte beide hopsgehen lassen sollen. Oder striktes Verbot: Keine Weiber! Übrigens hab ich damals meine Milchzähne in einem Säckchen auf der Brust getragen. Wer aufgenommen wurde,

mußte bei meinen Milchzähnen schwören: ›Das Nichts
nichtet unausgesetzt.‹ Hätte sie mitbringen sollen: ›Sehen
Sie, Doktor. So schnell geht das. Gestern noch war ich
Chef einer im Reichsgau Danzig-Westpreußen gefürchteten
Jugendbande; und heute schon bin ich ein Studienrat für
Deutsch und also Geschichte, der seinen Schüler Scherbaum überreden möchte, vom jugendlichen Anarchismus
abzulassen: ,Sie sollten die Schülerzeitung übernehmen.
Ihre kritische Begabung verlangt nach einem Instrument.'
Denn ein Studienrat ist ein umgepolter Jugendbandenfüh-
rer, den – wenn Sie mich als Maßstab nehmen wollen –
nichts mehr schmerzt als Zahnweh, seit Wochen Zahnweh . . .‹«

StA 4. S. 14 f.

»Mach es doch. Wenn es keiner macht, geht alles so weiter.
Ich hätte bestimmt. Ich habe noch ganz andere Sachen. Als,
zum Beispiel, das U-Boot-Mutterschiff. Damals war Krieg.
Immer ist Krieg. Gründe dagegen gibt es genug. Gab es genug. Zwar bin ich nicht sicher, ob wir oder unsere Schichau-
Lehrlinge, die unter Moorkähne einen eigenen Verein aufgemacht hatten und aufs Werftgelände durften, weil ja das
Mutterschiff ins Trockendock sollte, aber noch bewohnt
war, als sich der Brand zuerst auf dem Deck ausbreitete und
dann nach innen griff, deshalb versuchten die Fähnriche und
Kadetten, sich durch die Bullaugen zu zwängen, und es
hieß, man habe sie, weil sie so schrien, von Barkassen aus
abgeschossen. Nichts hat man uns (und auch Moorkähne
nichts) nachweisen können. Wir machten andere Sachen.
Aber die machten wir wirklich. Wir hatten ja unser Mas-
kottchen. Jesus nannten wir das. Jesus war gegen Feuer . . .«

Ebd. S. 130 f.

»Ich wurde Störtebeker genannt. Ich konnte Ratten mit bloßer Hand fangen. Als ich siebzehn zählte, wurde ich zum Arbeitsdienst einberufen. Da lief schon die Untersuchung gegen mich und die Stäuberbande. Meine Aussagen lagen vor. Ein Oberfeldmeister verlas beim Morgenappell mein Urteil: Frontbewährung gleich Strafbataillon. Ich habe Minen geräumt. Ich habe bei Feindeinsicht Minen räumen müssen. (Störtebeker hat das überlebt – Moorkähne ist dabei draufgegangen.) Jetzt ist Störtebeker Studienrat und steckt voller alter Geschichten.«

Ebd. S. 201.

Auch in GRASS' Roman *Der Butt* (1977) hat Oskar wieder einen kurzen Auftritt, der seine Version des Tribünenkapitels entscheidend modifiziert:

»Denn wie Lena Stubbe vier Kriegsjahre lang in Volksküchen und während der Zeit der Inflation als Köchin der Arbeiterhilfe im roten Hafenvorort Neufahrwasser, in Ohra und auf dem Troyl Kohl- und Graupensuppe ausgeteilt hatte, so schöpfte sie Suppe, als die Organisationen SA, NS-Frauenschaft, NS-Volkswohlfahrt und Hitlerjugend nach ihrem Winterhilfswerkprogramm an sogenannten Eintopfsonntagen Erbsensuppe mit Speck aus Gulaschkanonen austeilen ließen. Zu diesen Veranstaltungen, die ab 1934 immer beliebter wurden, spielte das Musikkorps der freistädtischen Schutzpolizei unter Leitung des Kapellmeisters Ernst Stieberitz Marschmusik und muntere Weisen so laut und schmetterig, daß weder jener dreijährige Junge, der wütend auf seine Blechtrommel schlug, gegen den Lärm ankam, noch jene bald neunzigjährige Frau gehört wurde, die zwischen Suppenschlag und Suppenschlag vor sich hin fluchte, wobei sie dennoch gerecht austeilte und keinem Suppenesser auf den Rockkragen schielte.«

StA 6. S. 529.

In GRASS' Roman *Die Rättin* (1986) bildet einen Erzähl-
strang der Wiederauftritt Oskar Matzeraths als Medienzar,
für den der Erzähler Film- und Videoskripts entwirft.

»Es gilt, jemanden zu begrüßen. Ein Mensch, der sich als
alter Bekannter vorstellt, behauptet, es gäbe ihn immer
noch. Er will wieder da sein. Gut, soll er.
Unser Herr Matzerath hat allerlei und bald auch seinen sech-
zigsten Geburtstag hinter sich. Selbst wenn wir den Prozeß
und die Verwahrung in einer Anstalt, zudem das Unwägbare
der Schuld außer acht lassen, hat sich nach seiner Entlassung
viel Mühsal auf Oskars Buckel gehäuft: dieses Auf und Ab
bei langsam wachsendem Wohlstand. So viel Aufmerksamkeit seine frühen Jahre fanden, sein Altern vollzog sich unbe-
achtet und lehrte ihn, Verluste wie Kleingewinne zu buchen.
Bei gleichbleibend familiärem Gezänk – immer ging es um
Maria, besonders aber um seinen Sohn Kurt – hat ihn die
Summe verstrichener Jahre zum gewöhnlichen Steuerzahler
und freien Unternehmer gemacht: merklich gealtert.
So geriet er in Vergessenheit, obgleich wir ahnten, es muß
ihn noch geben: irgendwo lebt er in sich zurückgezogen.
Man müßte ihn anrufen – ›Hallo, Oskar!‹ –, und schon wäre
er da: redselig; denn nichts spricht für seinen Tod.
Ich jedenfalls habe unseren Herr Matzerath nicht ableben
lassen, doch fiel mir zu ihm nichts Sonderliches mehr ein.
Seit seinem dreißigsten Geburtstag gab es keine Nachricht
von ihm. Er verweigerte sich. Oder war ich es, der ihn ge-
sperrt hatte?
Erst kürzlich, als ich ohne weitere Absicht treppab in den
Keller zu den runzelnden Winteräpfeln wollte und in Gedanken allenfalls meiner Weihnachtsratte anhing, trafen wir
uns wie auf höherer Ebene: er stand da und stand nicht da,
er gab vor zu sein und warf einen Schatten plötzlich. Er
wollte beachtet, gefragt werden. Und schon beachte ich ihn:
Was macht ihn so plötzlich wieder bemerkenswert? Ist
abermals die Zeit für ihn reif?

Seitdem der hundertundsiebte Geburtstag seiner Großmutter Anna Koljaiczek im Kalender vermerkt steht, wird vorerst halblaut nach unserem Herrn Matzerath gefragt. Eine einladende Postkarte hat ihn gefunden. Er soll zu den Gästen gehören, sobald auf Kaschubisch die Feier beginnt. Nicht mehr nach Bissau, dessen Äcker zu Flugpisten betoniert wurden, nach Matern, einem Dorf, das nahbei liegt, wird er gerufen. Ob er Lust hat, zu reisen? Soll er Maria, das Kurtchen bitten, ihn zu begleiten? Könnte es sein, daß der Gedanke an Rückkehr unseren Oskar ängstigt?
Und wie steht es um seine Gesundheit? Wie kleidet das bucklicht Männlein sich heutzutage? Soll, darf man ihn wiederbeleben?
Als ich mich vorsichtig versicherte, hatte die Rättin, von der mir träumt, nichts einzuwenden gegen die Auferstehung unseres Herrn Matzerath. Während sie noch allen Müll berief, der von uns zeugen wird, sagte sie beiläufig: Weniger maßlos als vormals, bescheidener wird er auftreten. Er ahnt, was sich so trostlos bestätigt hat ...
Also rufe ich – ›Hallo, Oskar!‹ –, und schon ist er da. Mit seiner Vorortvilla und dem dicken Mercedes. Samt Firma und Zweigstellen, Überschüssen und Rücklagen, Außenständen und Verlustabschreibungen, samt seinen ausgeklügelten Vorfinanzierungsplänen. Mit ihm ist seine quengelnde Restfamilie zur Stelle und jene Filmproduktion, die, dank rechtzeitigem Einstieg ins Videogeschäft, stetig ihren Marktanteil steigert. Nach einer anrüchigen, inzwischen eingestellten Pornoreihe ist es vor allem sein didaktisches Programm, das verdienstvoll genannt wird und dessen sattes Kassettenangebot wie Schulspeisung immer mehr Schüler füttert. Samt eingeborenem Medientick und seiner Lust an Vorgriffen und Rückblenden ist er da. Ich muß ihn nur ködern, ihm Brocken hinwerfen, dann wird er unser Herr Matzerath sein.«

StA 9. S. 24–26.

»Um ihn, der den Film produzieren soll, endgültig zu gewinnen, werde ich des Kanzlers Kinder mit Eigenschaften staffieren, die unseren Oskar an das Personal seiner Kindheit erinnern. Hat nicht, genau besehen, des Kanzlers Tochter eine gewisse Ähnlichkeit mit einem spillerigen Mädchen, das Ursula Pokriefke hieß, Tulla, überall Tulla gerufen wurde und in der Elsenstraße, im Mietshaus des Tischlermeisters Liebenau wohnte?

Und erinnert uns nicht des Kanzlers Sohn, der stets finster und wie vernagelt auf etwas blickt, das nicht da ist, an einen Knaben, der Störtebeker genannt wurde und als Anführer einer Jugendbande die Stadt Danzig und deren Hafengelände unsicher machte? Das war während der Schlußphase des letzten Krieges. Störtebeker und seine Stäuber waren weit über den Reichsgau Westpreußens hin in Verruf. Und war es nicht so, daß der kleine Oskar, als er gerade voll trüber Gedanken die Langfuhrer Herz-Jesu-Kirche verließ, dem Anführer Störtebeker und dessen Bande begegnete?

Beide sind als des Kanzlers Kinder immerhin denkbar: sie, zu jeder Tücke fähig, er, schroff abweisend, sie, frei von Angst, er, zu großer Tat bereit, sie dreizehneinhalb, er fünfzehn Jahre alt, sie und er, Kriegskinder damals, sind nun des anhaltenden Friedens unreife Früchte; beide haben den Walkman, ganz andere Musik im Ohr.

Auf dieses Paar angesprochen, erinnert sich unser Herr Matzerath an die Halbwüchsigen seiner Jugendzeit. ›Richtig‹, sagt er, ›die kleine Pokriefke, ein Luder besonderer Art, wurde Tulla gerufen, war aber auch unter dem Decknamen Lucie Rennwand bekannt. Die hätte ich nicht zur Schwester haben mögen. Sie roch nach Tischlerleim und war gegen Kriegsende Straßenbahnschaffnerin. Richtig! Die Linie fünf. Fuhr vom Heeresanger bis rauf zur Weidengasse und zurück. Es hieß: Sie soll mit der ,Gustloff' von Danzig weg und draufgegangen sein. Tulla Pokriefke, ein mir bis heute gewärtiger Schrecken.‹

Er schweigt und gibt das Bild eines älteren Herren ab, der

sich Gedankenflucht erlauben darf. Doch wie ich ihn fordere, ihm alle Ausflüchte sperren will, ruft er: ›Aber jadoch, natürlich! Der Chef der Stäuberbande. Und ob ich mich erinnere. Wer hat denn damals nicht von Störtebeker und seinen Taten gehört? Der arme Junge. Immer den Kopf voller Flöhe. Man hat damals kurzen Prozeß gemacht. Ob er den Schluß überlebte? Was mag aus ihm geworden sein? Er hatte pädagogische Anlagen. Am Ende wird er einen Lehrer mehr abgegeben haben.‹«

Ebd. S. 82 f.

»Schonen sollte man ihn, denn sobald nach seiner Kindheit gefragt wird, weicht unser Herr Matzerath in wohnliche Nebensätze aus. Er erwähnt den Sturz von der Kellertreppe nur beiläufig und nennt sein Wachstum während der fraglichen Zeit ›zurückhaltend‹ oder ›zögerlich‹, als bereite ihm die Frühphase seines Lebens immer noch Pein. Zwar widerspricht er nicht den sattsam bekannten, uns überlieferten Etappen und Abenteuern im Danziger Vorort Langfuhr, den Ausflügen in die Altstadt und ins kaschubische Hinterland, will aber dennoch keine Episode, etwa seinen Beitrag zur Verteidigung der Polnischen Post oder die aufs Glas bezogenen Kunststücke vom Stockturm herab bestätigen. Seine Tribünennummer und auch das kurze Gastspiel am Atlantikwall läßt er offen und sagt allenfalls: ›Meine Kindheit und Jugend war an bemerkenswerten Ereignissen nicht arm.‹ Oder er sagt: ›Besonders Sie sollten nicht alles glauben, was da geschrieben steht, wenngleich meine frühe Zeit einfallsreicher verlief, als sich gewisse Skribenten vorstellen.‹
Am liebsten schweigt unser Herr Matzerath und lächelt nur mit dem Mündchen. Hartnäckige Fragen fertigt er schroff ab: ›Lassen wir meine Kindheit unter Verschluß. Wenden wir uns dem Wetter von morgen zu. Regen bleibt angesagt, scheußlich!‹
Deshalb sage ich: Er sollte nicht reisen. Es gibt kein Zurück.

Es könnte eine Reise ohne Wiederkehr werden. Mit seiner Prostata ist nicht zu spaßen, anfällig ist sie, reizbar. Was heißt hier: ihm fehlt sein Milieu! Ein erfolgreicher Unternehmer kann auch ohne Hintergrund existieren. Düsseldorf bietet Beispiele genug. Als ich ihn gestern, um Abschied zu nehmen, in Oberkassel besuchte und seine Villa, trotz unbelebter Zimmerflucht, als ihm angemessen empfand, sagte ich: ›Sie sollten lieber nicht reisen, Oskar.‹

Er wollte nicht hören, erzählte von Maria und ihrem alltäglichen Ärger mit Kurtchen – ›Schulden macht der Bengel, überall Schulden!‹ –, nannte den feisten Mittvierziger einen ungeratenen Sohn, führte mich dann in sein Kellermuseum, später in den Salon und sprach erklärend, als müßten mir seine Schaustücke aus den fünfziger Jahren, die gesammelten Scherben kostbarer Gläser etwa, wie neueste Anschaffungen gezeigt werden. Sein Satz: ›Zum Glas hatte ich schon immer eine besondere Beziehung‹ kränkte mich; erst vor den gerahmten Fotos des seinerzeit bekannten Musikclowns Bebra sah er in mir den Zeitgenossen und sagte: ›Sie wissen, daß Bebras Erfolge als Konzertmanager auf meinen medialen Fähigkeiten beruhten. Wie viele Großauftritte bei vollem Haus!‹ Mit der Überleitung: ›Das war während meiner Karriere als Alleinunterhalter‹ hatte er nunmehr sein Lieblingsthema am Wickel, die frühen fünfziger Jahre, sich, Maria und Kurtchen, aber den Maler Malskat auch, den er gerne zwischen damals dominierenden Staatsmännern sieht.«

Ebd. S. 147 f.

»›Sehen Sie‹, sagte er und stellte sein Spielbein seitlich, ›ich bin von Kindheit an medienbestimmt gewesen. Einem blechernen Ding sprach ich mehr Kraft zu, als ihm gegeben war – und scheiterte jämmerlich. Man hat meiner Stimme, die allerdings schneidend war, mehr Gewalttaten nachgesagt, als ich verbürgen möchte; doch ich verlor mein schützendes Medium in böser Zeit. Als es dann wieder aufwärts

ging und die falschen Fuffziger Hoffnung auf mehr und
mehr machten, habe ich, weil der Stimmverlust endgültig
war, auf das Blech meiner Kindheit zurückgreifen müssen.
Indem ich ein überholtes Instrument abermals belebte und
auf ihm Vergangenheit beschwor, gelang es mir, so lange
Konzertsäle zu füllen, bis jedermann das Vergangene satt
hatte. So lebte ich schlecht und recht von Zinsen und Erinnerungen, wollte schon aufgeben und der allzeit gewärtigen
Schwärze das letzte Wort lassen, da wurden mir neue Me-
dien gefällig. Besonders liegt mir die intime Videokassette.
Sie eignet sich für den Hausgebrauch. Kurzum: ich fand
meine Marktlücke, produzierte aufklärende Erotik leicht
über Mittelmaß, entdeckte dann aber, als sich das Ende aller
Humangeschichte immer absehbarer vorwegnehmen ließ,
ein Betätigungsfeld, das meinen Talenten entspricht. Nach
letztem Rückblick, den ich mir und dem Maler Malskat
schuldig bin, soll mit der Ausfahrt des Schiffes ,Die Neue
Ilsebill' unser Ausklang dokumentiert und der Verlauf
posthumaner Geschichte vorweggenommen werden. Freilich hätte ich den Neuschweden mehr Rratteninstinkt und
weniger menschliche Vernunft gewünscht. Aller Voraus-
sicht nach spricht die Entwicklung für einen kurzen Prozeß.
Unruhe hat sich der beherrschten Rattenvölker bemächtigt.
Leider wird alles seinen vorbestimmten Gang gehen. Um
eine Prognose zu wagen und gleichzeitig mit meiner kürzlich verstorbenen Großmutter zu sprechen: Da mecht
nuscht nech blaiben von.‹«

Ebd. S. 449 f.

Einen Rückblick auf Otto Pankok, den »Professor Kuchen« der *Blechtrommel*, bietet ein Brief an Schüler der Otto-Pankok-Schule in Mülheim:

Friedenau, am 27. Okt. 1981

Lieber Rainer Herrmann,
vielen Dank für Ihren Brief. Es stimmt, daß ich von Ende 1951 bis Ende 52, insgesamt etwa 2 ½ Semester lang, Schüler von Otto Pankok gewesen bin.
Meine Ausbildung begann in Düsseldorf an der Kunstakademie als Bildhauer bei Prof. Sepp Mages, einem Mann, der mir handwerklich sehr viel vermittelt hat, doch mit zunehmendem Drang nach künstlerischer Eigenständigkeit kam es auch zu Spannungen zwischen Mages und mir; deshalb wechselte ich zu Otto Pankok, dessen Schüler damals eine Ansammlung begabter und verrückter, schräger und bunter Vögel gewesen sind. Unter anderem arbeitete ich mit Franz Witte in einem Atelier, einem der begabtesten unter den jungen Düsseldorfer Malern, der leider später – labil, wie er war – dem Scheinglanz der Düsseldorfer Altstadt und den Verführungen einer Pseudo-Bohème erlegen ist. Als er 40jährig starb, war Franz Witte nur noch ein Schatten seiner selbst.
Damals jedoch, in den beginnenden fünfziger Jahren, waren wir alle unvorstellbar fleißig und kreativ. Es galt, viel nachzuholen; alles, was meiner Generation während der Zeit des Nationalsozialismus vorenthalten worden war, mußte neugierig erobert, aufgesogen, verarbeitet, hier epigonal, dort mit Ansätzen von Selbständigkeit in eigenes Tun umgesetzt werden.
Das konnte man unter Otto Pankoks mal brummiger, mal lässiger, insgesamt unakademischer Anleitung ungehemmt tun. Eigentlich bekamen wir ihn selten zu Gesicht, weil ihn seine eigene Arbeit – ich erinnere großformatige Kohlezeichnungen zumeist mit Zigeunermotiven – in seinem Atelier festhielt. Im Gegensatz zu meinem ersten Lehrer, Sepp

Mages, dessen Formsprache, wie unberührt vom Zeitgeschehen, klassizistisch geblieben war, vermittelte Otto Pankok seinen individuellen Spätexpressionismus. Das Gegen-
sätzliche dieser beiden Künstler, die übrigens miteinander
befreundet waren, hat mich später gereizt, beide auf satiri-
sche Art und Weise in meinem Roman *Die Blechtrommel*
zu porträtieren. (Zu finden im 3. Teil, das Kapitel *Madonna
49.*)
Anfang 1953 habe ich dann abermals den Lehrer gewech-
selt, indem ich das Wirtschaftswunder in Düsseldorf hinter
mir ließ, nach Berlin ging und dort an der Hochschule für
Bildende Künste Schüler von Karl Hartung wurde.
Ich freue mich zu hören, daß nun in Mülheim eine Schule
nach Otto Pankok benannt worden ist, und hoffe, daß sich
viel von seinem unabhängigen Geist, von seinem sozialen
Engagement und seinem politischen Mut den Schülern der
Otto-Pankok-Schule vermitteln möge.

Freundlich grüßt Sie
Ihr Günter Grass

WA 9. S. 797 f.

IV. Dokumente zur Wirkungsgeschichte

Schon ein Jahr vor ihrem Erscheinen erregte die *Blechtrommel* Aufsehen, als ihr Autor nach der Lesung zweier Kapitel vor der »Gruppe 47« mit dem nur selten vergebenen Preis der Gruppe ausgezeichnet wurde. HANS SCHWAB-FELISCH berichtete:

»[...] die Bestätigung eines schon mehrfach ausgewiesenen Talents brachte der Preisträger Günter Grass.
Sein Roman heißt ›Die Blechtrommel‹. Er soll 700 Seiten stark werden und ist fast abgeschlossen. Grass las das 1. und das 34. Kapitel. Sein Held ist ein buckliger Trommler, der bei Beginn des Romans in einem Irrenhaus einsitzt. Grass verfügt über eine wilde, ungestüme und hart rhythmische Diktion, er hat ein Tempo am Leibe, das einem oft den Atem verschlägt, er zeichnet mit scharfen Konturen eine Landschaft, Charaktere, eine Situation, verfügt über prächtige Bilder, beobachtet genau und spielt virtuos auf der Klaviatur der realistischen Stilelemente, mitunter ins Surrealistische übergreifend. Zwischen Ruhrgebiet und Polen ist sein Roman angesiedelt, er greift zurück in die vergangenen ›tausend Jahre‹, enthält Zeitkritik und ist, soweit das die Proben erkennen ließen, prall von simplizischem und bisweilen auch makabrem Humor. Ob der Roman hält, was die gelesenen Kapitel versprachen, ist kaum zu beurteilen. Aber ein Gast aus Polen, Literaturkritiker und Übersetzer, dem offenbar schon mehr bekannt war, meinte, das Kapitel über sein Vaterland sei das Beste und Schönste, was seit langem in Deutschland über Polen geschrieben wurde. Reverenz!«

Hans Schwab-Felisch: Talente und Stilfragen bei der »Gruppe 47«. In: Frankfurter Allgemeine Zeitung. 7. November 1958. – Mit Genehmigung von Eva Schwab-Felisch, Düsseldorf.

»Schreie der Freude und der Empörung« verhieß Hans Magnus Enzensberger der *Blechtrommel* (s. S. 117 des vorliegenden Bandes), und die blieben auch nicht aus: der Roman wurde zur literarischen Sensation des Jahres 1959.

WALTER HÖLLERER wies in seiner Rezension darauf hin, daß der Autor sich in seiner Rolle nicht festlege lasse, und sah voraus: »Publikum und Kritik werden sich einigermaßen schwer tun mit ihrem Urteil.«

»Günter Grass, einst Schüler des Bildhauers Hartung in Berlin, machte zuerst bizarrschöne, krebsige und schnabelige Gebilde aus Stein und Bronze, bevor er den Federhalter zur Hand nahm. Er zeichnete auch: lange, dürre Ballett-Vögel und breite, dicke polnische Markt-Vögel, Köche (breit und dick) und Krankenschwestern (lang und dürr). Er schrieb ein Gedichtbuch: ›Die Vorzüge der Windhühner‹; einige Theaterstücke, z. B. ›Hochwasser‹, die in Frankfurt, Köln und Hamburg aufgeführt wurden; auch Libretti für Ballett, inszeniert von Luipart, komponiert von Geldmacher. Eine verrückte Geschichte, ›Die grüne Wiese‹, erschien vor drei Jahren in den ›Akzenten‹, bald nachdem dort seine ersten Gedichte gedruckt worden waren, und für die ›Akzente‹ schrieb er seine skurrilen, handfesten Essays: über den Clown, über die Ballerina, über den ›Realismus‹. An seinem 700-Seiten-Roman ›Die Blechtrommel‹ arbeitete er fünf Jahre, den größten Teil in der Avenue d'Italie zu Paris. ›Die Blechtrommel‹ ist, nach dem Willen des Autors, ein Bildungsroman (wenn auch ein pervertierter) mit einem ›Helden‹ alter Schule, nämlich Oskar, der bald in der ersten, bald in der dritten Person von sich spricht. Oskar, eine frühe Begabung, hört bei seiner Geburt seine Mutter sagen, er werde im Alter von drei Jahren eine Blechtrommel bekommen, und seinen Vater, er müsse später das Geschäft übernehmen. Das eine wünscht sich Oskar, das andere lehnt er ab. So stellt er denn mit drei Jahren sein äußeres Wachstum ein, bekommt seine Trommel, entwickelt sich nichtsdestotrotz männlich, was zu Komplikationen führt. Er ist ein Meister auf seiner Trommel und ein Meister im Zersingen von Glas: Uhrglas, Schaufensterglas, Operngläser zerspringen, wenn er aus Protest gegen Versuche, ihm seine Trommel wegzunehmen, in anomal hoher Stimmlage zu singen oder zu schreien beginnt.

Doch Oskars Geschichte hängt nicht, wie es nach dem bis jetzt Gesagten scheinen könnte, fantastisch in der Luft, bodenlos und geschichtslos. Sie ist lokalisiert: in Danzig, in Düsseldorf und im Ruhrgebiet. Die Vorliebe des Helden für Krankenschwestern läßt in uns sogar den vagen biographistischen Verdacht aufkommen, der Held sei nicht von ungefähr das Geschöpf seines Autors. Herbstgraue Szenen führen zudem den Leser auf polnische Kartoffelfelder. Oskars Geschichte ist in Oskars Epoche vernietet: 1900 bis 1954; die Vorgänge in Danzig zur Hitlerzeit und die fruchtbaren hungrigen Jahre nach 1945 spiegeln sich in Oskars curriculum vitae.

In der ruhigen Zelle eines endlich erreichten Irrenhauses schreibt Oskar seine Geschichte nieder, im Schutze eines weiß emaillierten Metallbetts, das einige Garantie gegen die Überfälle des Verrückt-Normalen aus der Welt jenseits des Schlüsselloches bietet. Zunächst stellt er Überlegungen an, wie diese Geschichte am besten anzufangen sei:

›Man kann eine Geschichte in der Mitte beginnen und vorwärts wie rückwärts kühn ausschreitend Verwirrung stiften. Man kann sich modern geben, alle Zeiten, Entfernungen wegstreichen und hinterher verkünden oder verkünden lassen, man habe endlich und in letzter Stunde das Raum-Zeit-Problem gelöst. Man kann auch ganz zu Anfang behaupten, es sei heutzutage unmöglich, einen Roman zu schreiben, dann aber, sozusagen hinter dem eigenen Rücken, einen kräftigen Knüller hinlegen, um schließlich als letztmöglicher Romanschreiber dazustehen. Auch habe ich mir sagen lassen, daß es sich gut und bescheiden ausnimmt, wenn man anfangs beteuert: Es gibt keine Romanhelden mehr, weil es keine Individualisten mehr gibt, weil die Individualität verlorengegangen, weil der Mensch einsam, jeder Mensch gleich einsam, ohne Recht auf individuelle Einsamkeit ist und eine namen- und heldenlos einsame Masse bildet. Das mag alles so sein und seine Richtigkeit haben. Für mich, Oskar, und meinen Pfleger Bruno möchte ich jedoch feststellen: Wir beide sind Helden, ganz verschiedene Helden, er hinter dem Guckloch, ich vor dem Guckloch; und wenn er die Tür aufmacht, sind wir beide, bei aller Freundschaft und Einsamkeit, noch immer keine namen- und heldenlose Masse.‹

Diese Überlegungen Oskars stehen anscheinend den Argumentationen des Autors Grass nahe. Aber durch das Nebengeräusch, das durch die Sprechrolle des verrückten (oder nicht verrückten?) Oskar ins ›Programm‹ kommt, wird dieses Schreibprogramm seines doktrinären Ernstes entkleidet und wird durchlöchert, wenn nicht gar ausgerenkt. Ob Überzeugung des Autors, oder Gegen-Tick, oder halb ernste, halb ironische Rollen-Wahrheit: auf Umwegen wird Grass dem Gestrüpp des Hier und Jetzt, in das er mitverstrüppt ist, eher gerecht und überlegen als im Erfüllen eines der modernen Roman-Programme. Er erfüllt Anforderungen, indem er gegen sie schreibt; indem er sich beharrlich, aber nicht ohne ein hinterhältiges Lächeln, auf einen klassischen Standpunkt stellt. Mit den Neoklassikern wird man ihn erst recht nicht verwechseln dürfen. Publikum und Kritik werden sich einigermaßen schwer tun mit ihrem Urteil.

Der realistische, zugleich grotesk-fantastische Roman um Oskar und seine Blechtrommel stammt von einem Autor, der in seinem bisherigen Leben erstaunlich genau aufgepaßt haben muß; der aber auch seinen ›Simplicissimus‹ und seinen ›Schelmuffsky‹, seinen Rabelais und seinen Fischart, die ›Contes drôlatiques‹ und den ›Ulysses‹ mit kritischem Verstand gelesen hat. ›Der gefährlichste Teil aller Räuber, Totschläger und Brandstifter wartet, während noch geraubt, totgeschlagen und in Brand gesteckt wird, auf die Gelegenheit eines solideren Metiers‹, lesen wir in dem Roman unseres einst vagantischen Familienvaters. Ein fast penetranter Hang zur Ethik, was Be- und Verurteilung, sarkastische Kritik und großzügige Rehabilitierung betrifft, verbirgt sich auf Druckseiten, die, nach klassischen Vorbildern, das Pornographische nicht zum Motiv, sondern zu einem Kompositionsmittel erheben. Beides, das Subversive, das einen bisher ungenutzten Ausdruck sucht, ihn zuweilen in der Rhythmik findet, und das selbstsicher Solide, das den Ausdruck im Schrank hat und ihn hervorholt, macht die problematischen Partien des Romans aus und läßt zuweilen die Gelenke knirschen; andere Kapitel sind so nahtlos, daß sie unbemerkt die richtige Verbindung zwischen Wahrnehmung und Fantasie finden in straffen Bogen.

Grass bringt mancherlei Voraussetzungen für die Komposition von Gegensätzen mit. 1927 in Danzig geboren von Eltern teils deutschen, teils polnischen Ursprungs, wurde ihm diese deutsch-polnische Nachbarschaft und der damit verbundene Antagonismus Anlaß zu entscheidenden Antagonismen seines Stils. Überdies zwischen den Stein und die Münder und Augen gedrängt, zwischen den Kohlestift und die Buchstaben manövriert, setzte Günter Grass dankenswert dickköpfig und dünnhäutig die Gestalt seines buckligen Helden in eine wie verrückt trommelnde Welt, die nun ihrerseits mit Oskar, den sie selbst provoziert hat, fertig werden muß.«

Walter Höllerer: Unterm Floß. In: Der Monat. H. 131. August 1959. – Mit Genehmigung von Walter Höllerer, Berlin.

Für Kurt Lothar Tank ist *Die Blechtrommel* »ein Zeitroman neuer Art«, der »aus dem Untergrund unserer Existenz« das Bild des Menschen neu aufbaue:

»Kennen Sie Oskar schon? Oskar, den Trommlerzwerg? Fassen Sie sich ein Herz! Treten Sie näher, es lohnt sich, Oskar Matzerath kennenzulernen. Er ist die verrückteste, tolldreisteste Ausgeburt der neuesten Literatur, die vom 7. bis 11. Oktober auf der Frankfurter Messe angeboten wird. Das Buch, das Oskars Lebensgeschichte und die seiner Ahnen zwischen 1900 und 1954 erzählt, ist ein Geniestreich! Ein Glückstreffer! Eine hinreißende Zeitsatire, neben der die bisherigen Wunderkinderromane in Deutschland wie Schablonenprodukte unterernährter Normalverbraucher erscheinen.

Laut Taufschein ist Oskar Matzerath Sohn des Kolonialwarenhändlers Alfred Matzerath. Aufgewachsen in Danzig-Langfuhr. Während des Krieges vorübergehend Hilfsartist einer Frontbühne. Dann Steinmetz, Modell an der Kunstakademie und Jazztrommler im Düsseldorfer ›Zwiebelkeller‹. Später Solotrommler von internationalem Ruf. In eine Mordaffäre, den sogenannten Ringfingerprozeß, verwickelt. Als nicht ganz zurechnungsfähig einer Heil- und Pflegeanstalt überwiesen.

Da liegt er nun in einem weißlackierten Kinderbettchen. Denn Oskar Matzerath, der seine Memoiren schreibt und mit Erlaubnis der Anstaltsleitung täglich zwei bis drei Stunden trommeln darf, mißt nur 1,23 m. Er ist etwas verwachsen und von recht sonderbarem Benehmen, dieser Oskar Matzerath, der die Blechtrommel rührt in diesem großartigen Roman von Günter Grass.

›Die Blechtrommel‹ ist ein moderner Schelmenroman. In ihm ist die ›Lust zu fabulieren‹ bis zur Leidenschaft, ja zur Raserei entwickelt. Die Schranken des guten und des sogenannten guten Geschmacks werden durchbrochen. Keine Verbotstafel, kein Tabu schreckt den Autor. Er räumt weg, was seinen Amoklauf stören, verkürzen, hemmen will. Er wirft es beiseite, weil eines diesem ungehemmten Erzähler wichtiger ist als alle Würde, Weisheit und Schicklichkeit – das Leben! Das Leben in seiner nackten, heißesten, herrlichsten und häßlichsten Form, hinausgehend über alle Grenzen, die ihm im Zeitalter der Bürokratie und der Atombombe gezogen werden.

Wenn man sich dem Erzähler anvertraut und auch unwahrscheinlich Anmutendes hinnimmt, so wird man bald den
Sinn oder die Absicht begreifen, die hinter dem Ganzen
steckt. ›Die Blechtrommel‹ ist ein realistischer Roman, trotz
surrealistischem, absurdem Element. Es ist ein Zeitroman
neuer Art. Er erschließt die Wirklichkeit unserer Zeit nicht
auf der Ebene der Soziologie und die Schuldfrage nicht in
der Sicht der Politik. Er geht in den Untergrund unserer
Existenz und baut aus der Unsicherheit eines aufgewühlten
Zeitalters das Bild des Menschen neu auf.
Günter Grass, 1927 in Danzig geboren, halb deutschen,
halb polnischen Ursprungs, erregte zum ersten Male größe-
res Aufsehen, als er im Kreise der ›Gruppe 47‹ ein paar Kapitel aus seinem nun vollendeten Roman vorlas. Bis dahin
war Grass nur unter wenigen Literatur- und Kunstkennern
bekannt. Erst als er in wildem Stakkato, rhythmisch und
rasant vor Schriftstellerkollegen und Kritikern der ›Gruppe 47‹ Bruchstücke aus dem Leben des Zwergtrommlers
Oskar zum besten gegeben hatte, war der Zirkel der Exper-
ten gesprengt. Selbst ›realistische‹ Verleger äußerten sich an-
erkennend. Stumm vor Begeisterung vergaßen sie sich, grif-
fen in die Brieftaschen und brachten 5000 Mark zusammen.
Grass erhielt den ›Preis der Gruppe 47‹, ging zurück nach
Paris in die Avenue d'Italie und schrieb dort seinen dick-
leibigen Roman ›Die Blechtrommel‹ zu Ende. Nun liegt das
Buch, eingehüllt in einem originellen Schutzumschlag seines
Autors, in den Schaufenstern, höchst phantastisch und
zugleich kunstvoll komponiert.
Unter den wenigen Habseligkeiten, die der kleine Flüchtling Oskar von Danzig nach Düsseldorf bringt, ist ein Fa-
milienfotoalbum. Oskar betrachtet es oft und voller Rüh-
rung. Sein heißester Wunsch ist es, ›den Fotos die Originale
nachzuliefern‹. Er tut es, und so wimmelt es denn in seinem
Roman von Käuzen, verschrobenen Existenzen und seltsamen Sonderlingen, die man nicht mehr vergißt. Das Origi-
nal aller Originale aber ist Oskar selbst. Als Neugeborener

hört er seine Mutter sagen, er, Oskar, werde mit drei Jahren eine Blechtrommel bekommen, und der Vater fügt hinzu, Oskar müsse später das Geschäft übernehmen. Auf die Blechtrommel freut sich Oskar, das Geschäft lehnt er ab. Er beschließt, Kind zu bleiben, von seinem dritten Lebensjahr an nicht mehr zu wachsen. Das geschieht.

Oskar wird ein dämonisch begabter Trommler. Aber er kann nicht nur himmlisch und höllisch trommeln. Er kann auch Glas zersingen. Im weiten Umkreis zerspringen, wenn er zu schreien beginnt, Kirchen-, Straßenbahn- und Schaufensterscheiben. Brillengläser und Bierflaschen. Sie glauben das nicht? Lesen Sie die Lebenserinnerungen des tolldreisten Trommlers, und Sie werden sehen, daß Zwerg Oskar über Zauberkräfte verfügt, die die Künste Kalanags und anderer Magier überbieten.

Dieser Zwerg ist ein Goliath des Geistes und der Phantasie. Er kann – bitte glauben Sie mir das endlich – Glas zersingen. Auch Günter Grass, der seinem Freunde Oskar die Feder geführt hat, kann es. Er zersingt, während der gereizte Zwerg Scheiben zerklirren läßt, die ganze dünnwandige Nachkriegsliteratur. Scherben liegen am Boden. Scherben von Kunstfiguren, Scherben der schwarzen Literatur à la Kafka und Sartre. Es triumphiert das Leben, das schöne, scheußliche, das widerwärtige und herrliche Leben, in dem das Phantastische wirklich und das Wirkliche phantastisch ist. Und herbeigezwungen, herangesungen hat es Günter Grass, der mit einem Geniestreich das Kunstgewerbe einer gepflegten literarischen Mittelmäßigkeit beiseite fegt.«

Kurt Lothar Tank: Der Blechtrommler schrieb Memoiren. In: Welt am Sonntag. Hamburg. 4. Oktober 1959. – Mit Genehmigung der Axel Springer Verlag AG, Hamburg.

Mit Grimmelshausens *Simplizissimus* vergleicht Jost
Nolte den Roman – »ein Stück Weltgericht, ein Triumph
des ewigen Schelms«:

»Man könnte einen Vergleich basteln und lange ausbauen,
und Günter Grass, 1927 in Danzig geboren, bisher halbwegs durch einige Dramentitel und einen Gedichtband bekannt, würde nicht schlecht dabei abschneiden. Denn: hätte
Hans Jakob Christoffel von Grimmelshausen nicht im 17.,
sondern im 20. Jahrhundert gelebt, und wäre nicht der Dreißigjährige Krieg, sondern das jüngste große Morden sein
Thema gewesen, dann – man wird diesen Verdacht nicht los –
dann hätte sein Held womöglich nicht Simplex oder Simplizius geheißen, sondern Oskar Matzerath oder Bronski, und
er hätte immerfort eine Kinderblechtrommel geschlagen und
eine diamantene Stimme gehabt, die Glas zerscherben ließ,
und – das Wichtigste – er hätte beschlossen, nach seinem dritten Geburtstag keinen Zoll mehr zu wachsen, und hätte diesen Entschluß – zur landläufigen Motivation einen Sturz von
einer Kellerstiege imitierend – ausgeführt und durchgehal-
ten, bis er zwei Jahrzehnte später noch einige Zentimeter zu-
legte, wobei er allerdings die bis dahin ›normalen‹ Proportionen seines Körpers einbüßte.
Wahrhaftig, jener Hans Jakob Christoffel von Grimmelshausen hätte diesen Oskar mit der Trommel erfinden und
mit seiner Hilfe das exerzieren können, was er den Simplex
oder Simplizius (zusammengefaßt im Motto des 25. Kapitels des ersten Buches) darstellen ließ: ›Simplex kann sich in
die Welt nicht recht schicken – und die Welt pflegt ihn auch
scheel anzublicken.‹
Doch man soll Vergleiche nicht übertreiben, die Perspektiven verschieben sich zu leicht, und so sei lediglich noch gesagt, daß es die ungeheure Fülle des Stoffes und die Dichte
der Darstellung sind, die dieses Buch – ›Die Blechtrommel‹
– des 32jährigen Günter Grass vor, wir möchten sagen, allen
anderen Werken der jüngsten, unsere Zeit spiegelnden Lite-

ratur auszeichnen und die Konfrontation mit Grimmelshausen aufzwingen. Grass hat unsere Welt mit Hilfe Oskars, des trommelnden Gnoms, in den Griff genommen.
Mit Hilfe eines monströsen, genialischen Tricks hat er sie
literarisch bewältigt.

Trick – das sagt gewiß nicht, daß Grass sich unlauterer Mittel bedient. Das magische Blech, das Oskar trommelt, auf
dem er drei Jahrzehnte (1924 bis 1954) jüngsten Weltmal-
heurs beschwört, die ›Weltanschauung‹ eines Zwerges, der
fortwährend heftigster Geschichte ausgesetzt ist, und die
Ungeheuerlichkeit seines Tuns – das alles muß das allgemeine Bild der uns so sehr belästigenden und eben darum
immer wieder retuschierten Wirklichkeit verbeulen, verbie-
gen, verzerren. Da ein Monstrum sie sieht, wird die Welt
monströs, und da zwar nicht das gängige Wunschbild dieser
Welt, wohl aber ihre wirkliche Natur eine Monstrosität ist,
wird sie wahrhaftig. – Das ist das eine.

Das andere ist, daß Grass es bei dem einen Kunstgriff be-
wenden läßt, und er den Oskar – der Roman ist eine Ich-Er-
zählung – auf äußersten Realismus der Darstellung verei-
digt hat. Oskars Bericht packt die ganze Wirklichkeit, und
er gibt sie nicht frei, bis die letzte Fuge ausbaldowert und
ergründet ist. Wenn Oskar erzählt, gibt es kein Tabu. Gesagt wird, was ist, und Oskar gerät nicht in die appetitlich-
sten Situationen.

Diese Offenherzigkeit teilt Oskar mit seinem Urheber
Grass. Kein Motiv, das am Wege liegt, wird gescheut. Da
Vatermord in aller Munde ist, kommt Oskar mit einem
Mord nicht aus. Er hat zwei Väter (beide gleicherweise
›mutmaßlich‹), und folglich setzt es zwei Morde, ebenso raffinierte wie brutale Morde. Und auch am Tode seiner Mutter ist Oskar, der Gnom, nicht ohne Schuld.

Die Blechtrommel begleitet Oskar auf allen seinen seltsamen Wegen. Er wird ihr Virtuose. Zur Virtuosität vervoll-
kommnet er auch seine zweite Fähigkeit: die Kunst, mit einem gezielten Schrei Glas zu zerstören, die er zunächst an

Schaufenstern von Juweliergeschäften wirtschaftlich erprobt und die ihn später zum Boß und Strategen einer Bande halbwüchsiger Gangster macht. Als Oskar es soweit gebracht hat, erreicht seine Vermessenheit den höchsten Grad: Er proklamiert sich zum Erlöser, nennt sich Jesus und läßt eine Schwarze Messe zelebrieren.

Situationen einer Hybris, auf die keine Nemesis folgt. Denn Oskar geschieht keine Strafe. Während rings um ihn her die Menschen am gegenseitigen Mordgelüste vergehen und die Welt zu zerbrechen droht, widerfährt Oskar kaum körperliches Leid. Zum Beispiel: als seine Bande vor den Kadi kommt, ist Oskar der einzige, der freigesprochen wird. Er entgeht der Spritze, die Hitlers Ärzte für ihn, den Gnom, bereithalten; er entgeht dem Untergang Danzigs; er entgeht einem letzten Mordprozeß, den ihm ein rächender Zufall eingetragen hat.

Das sind Stichproben aus dem 734seitigen Geschehen, das um Oskar, den Trommler, kreist, erzählt von Oskar, ›dem Jesus‹, der schließlich mit seiner Blechtrommelkunst Macht über die Menschen gewinnt – Macht, die Menschen weinen zu lassen. Da aber hat er seinen Zauber bereits kommerzialisiert, da reist er schon im Auftrage einer Konzertdirektion durch die Wirtschaftswunderwelt.

So also ist Oskar unserer Welt verbunden. Was aber hat diese Welt mit ihm zu tun? Daß es um Witz geht, daß die Welt in diesem Roman deformiert, verkürzt, kurzgeschlossen wird, kann hier nur partiell belegt werden: Oskar erzählt in der ersten Person Einzahl; mitten im Satz aber spricht er plötzlich in der dritten Person von Oskar – wie die Dreijährigen, deren Gestalt er behalten hat. Und er springt dann, ungeachtet seines schier unglaublichen Scharfsinns, unablässig von der ersten zur dritten Person und zurück. Sein Publikum vergißt keinen Augenblick, daß dieses böse Genie ein Däumling ist.

Und so erzählt Oskar auch von einem Naziaufmarsch. Oskar hat sich unter eine Tribüne geschlichen, auf der mit

Trommeln bewehrte HJ postiert ist. Er wartet, bis die HJ das Kalbfell zu rühren beginnt, und fällt mit seinem Blech ein – und plötzlich trommelt nicht Oskar den Rhythmus der HJ, sondern die HJ Oskars Rhythmus, und ein großes Toben bricht auf dem Feld aus, erst im Dreivierteltakt, dann nach dem Charleston ›Jimmy the Tiger‹. Oskar vollzieht einen Sieg über die Partei.

Das ist perfekte Deformation, das ist Karikatur, und weil Oskar die Welt zuvor so genau beschrieben hat, weil er ein ausgekochter Realist ist, was den Stil betrifft, und weil es das Ungeheuer Oskar ist, das erzählt, sitzt sein Schlag genau. Sein Witz tötet. Die braune Macht, die sich da anschickt, Europa zu überfallen, ist nichts als lächerlich. So ist die Welt Oskar verbunden. Sie ist ihm ausgeliefert.

Leider aber ergibt sich der Beweis, daß selbst die pralle Erzählerkraft des Günter Grass den Gnomen Oskar braucht, auch aus einem Negativum: Im Frühjahr 1945 beschließt Oskar, etwas zu wachsen. Er bringt es von 94 Zentimetern auf einen Meter und dreiundzwanzig Zentimeter. Er verliert seine Dreijährigengestalt und verwächst sich zum Buckligen. Schauerlich, abstoßend genug sieht er aus, aber er ist nicht mehr Oskar der Zwerg. Und soviel Grass auch aus der Nachkriegssituation herausholt – der Kontrast wird schwächer, die Karikatur lockert sich. Der Leser des dritten Teils hat eine leichte Enttäuschung zu verwinden.

Dieses etwas blassere letzte Drittel jedoch nimmt dem Roman, der von Oskar, dem Trommler, handelt, nichts Wesentliches von seiner Bedeutung. Der Trick des Günter Grass hat gewaltig angeschlagen. Sein Buch ist mit den Mitteln der Dichtung ein Stück Weltgericht, ein Triumph des ewigen Schelms.«

Jost Nolte: Oskar, der Trommler, kennt kein Tabu. In: Die Welt. Hamburg. 17. Oktober 1959. – Mit Genehmigung von Jost Nolte, Reinbek.

Abgestoßen zeigt sich PETER HORNUNG, der den Roman als
»epileptische Kapriole« zurückweist, deren Autor »mit
grunzendem Behagen« »in Abnormitäten und Scheußlichkeiten wühlt«:

»Ein Teil unserer bundesdeutschen Kritikerprominenz hat
einmal wieder ihre fragwürdige Literatursensation. Sie heißt
Oskar Matzerath. Als Mordverdächtiger (tatsächlich ist er
zweifacher Mörder) lebt er gegen Ende des Romans recht
fröhlich in dem sauberen, hellen Zimmer einer Heil- und
Pflegeanstalt. Gerade dreißig Jahre alt ist dieses neue literarische Wunder- und Lieblingskind, es mißt einen Meter und
dreiundzwanzig Zentimeter, hat einen Buckel und zwischen
den anomal breiten Schultern befindet sich ein Wasserkopf
von bestürzender Häßlichkeit. Vor Jahresfrist erhielt sein
Schöpfer Günter Grass (Jahrgang 1927) den Preis der
Gruppe 47. Offenbar war das der Blankoscheck dafür, daß
sein 700 Seiten umfassender Roman ein Meisterwerk
würde. Als dann eine epileptische Kapriole daraus wurde,
übersah man das großzügig. Das Urteil der Mannen der
Gruppe 47 ist ja unfehlbar. Seit über zehn Jahren wissen wir
das zur Genüge. Nur hatten die ›Wunderkinderchen‹ dieses
Zirkels jeweils das Pech, so schnell vom Blickpunkt der Öffentlichkeit wieder zu verschwinden, wie sie dorthin mühsam geschoben wurden. Unter souveräner Mißachtung jeglicher echter Kategorien erklärte man Günter Grass sogar
zu einem neuen Grimmelshausen und seinen kleinen Oskar
zu einem neuen Simplizius. Ich gebe ja zu, daß das fortwäh-
rende Unterschreiben von Manifesten gegen die Atombe-
waffnung der Bundeswehr den Geist eintrübt.
Das Trommeln ist der Tick von Klein-Oskar. Gleich nach
seiner Geburt 1924 beginnt er damit, bringt es zu einem
sorgfältig ausgewählten Arsenal von diesen Lärminstru-
menten und sogar noch in der Klapsmühle gestattet ihm der
Chefarzt, drei Stunden täglich seiner Leidenschaft zu frö-
nen. Vorher trommelt er die elterliche Stube leer, krabbelte

mühsam mit dem Lärmwerkzeug auf die Türme von Danzig, ergötzte die Landser in den Fronttheatern, versuchte die Angst in den Luftschutzbunkern zu bannen und zuletzt begleitet er sogar die Jazz-Kapelle in einem mondänen Düsseldorfer Kellerlokal. Unglaubwürdigkeit und Groteske überschneiden sich hier. So etwa, wenn Günter Grass den zackigen Aufmarsch eines HJ-Fähnleins schildert. Wuchtig setzen die uniformierten Trommler zu einem Marschlied an, da fährt Klein-Oskar, der unsichtbar unter einer Ehrentribüne sitzt, mit seiner Blechtrommel schrill dazwischen. Er trommelt jedoch nicht den Rhythmus des Marschliedes, sondern den Charleston ›Jimmy the Tiger‹ und plötzlich fallen die Braunhemden auch in diesen heißen Rhythmus und unter Toben und Johlen zieht die uniformierte Schar hüpfend an der Ehrentribüne vorbei.

Neben dem Trommeln hat Klein-Oskar noch eine Fähigkeit: Durch einen gezielten Schrei vermag er Glas zerspringen zu lassen. Als Boß einer Einbrecherbande verwertet er diese Fähigkeit kriminell. Vor allem die Schaufenster von Juweliergeschäften sind nicht mehr sicher vor seinen spitzen und gefährlichen Schreien. Schnell wächst durch diese Beschäftigung sein Reichtum, aber auch seine Hybris. Vor den Halbwüchsigen seiner Gangsterbande erklärt er sich zum Erlöser und Jesus, und er zelebriert eine schwarze Messe. Mit peinlichem ironischen Augenzwinkern erklärt Günter Grass zu diesen Ungeheuerlichkeiten sein Einverständnis.

Grunzend kann ich nur das Behagen nennen, mit dem Grass in Abnormitäten und Scheußlichkeiten wühlt. Konsequent macht er sich über jeden moralischen und ethischen Anspruch lustig. Vom religiösen ganz zu schweigen. Besonders das Motiv des Vatermords scheint es diesem Grimmelshausen der Siebenundvierziger angetan zu haben. Da Klein-Oskar gleich zwei Väter besitzt (die Vaterschaft eines jeden unterliegt Mutmaßungen) hat der Autor Gelegenheit, zwei ebenso bestialische wie raffinierte Morde eingehend

und nicht ohne verständnisvolles Kopfnicken zu beschreiben. Sogar am Tod der Mutter ist dieser verderbte Giftzwerg beteiligt. An Widerwärtigkeit diesen Verbrechen ebenbürtig sind die Amouren des Gnoms, die mit einem Abenteuer mit der späteren Stiefmutter beginnen und sich zu einem Kreszendo des Absurden und Abstoßenden steigern.
Eine Rebellion wurde ›Die Blechtrommel‹ des Günter Grass genannt. Dem kann ich nur zustimmen, allerdings in einem anderen Sinne: Sie ist eine Rebellion des Schwachsinns und des erzählerischen Unvermögens, die in klinischen Phantasmorgien endet.«

Peter Hornung: Oskar Matzerath – Trommler und Gotteslästerer. In: Deutsche Tagespost. Würzburg. 23./24. Oktober 1959. – Mit Genehmigung der Johann Wilhelm Naumann Verlag GmbH, Deutsche Tagespost, Würzburg.

Für JOACHIM KAISER gehört das Abstoßende zu der »kompakten Weltrealität«, mit der der Romancier fertigzuwerden habe, dazu. In Oskars infantiler »Amoralität (nicht Unmoralität!)« sieht er nicht zuletzt einen Kunstgriff, »die Beziehungen zwischen Kleinbürgerei und den Abenteuern der Diktatur festzuhalten«.

»Günter Grass, Jahrgang 1927, ist jahrelang ein Geheimtip gewesen. Er bildhauerte, zeichnete, veröffentlichte einen Gedichtband (›Die Vorzüge der Windhühner‹), erregte mit seltsamen Dramen oder Balletten Aufsehen und Widerspruch. Man verglich seine lyrischen Skurrilitäten mit Morgenstern, seine Dramoletts mit Ionesco. Obwohl alledem ein nachdrücklicher Erfolg selbst im Kreise der Kundigen versagt blieb, stand von vornherein fest, daß von Grass etwas ganz Besonderes zu erwarten sei. Die brutale Kraft dieses durchaus unheimlichen Autors, der unliterarische, beängstigend sichere Habitus sowohl des Produzierenden als

auch seiner Produkte machte es unmöglich, ihn der lebens-
frohen Gilde modernistischer Kunstgewerbler, dem avantgardistischen Unterholz – das zur literarischen Vegetation
gehört – zuzurechnen.

Nun liegt endlich der Roman-Erstling ›Die Blechtrommel‹
vor. Die Gruppe 47 verlieh Grass bereits im Vorjahr, nachdem sie zwei Kapitel gehört hatte, ihren Sous; auf der dies-
jährigen Buchmesse machte der 736 Seiten starke Band Sensation, mehr als zehn Länder bemühen sich angeblich um
die Übersetzungsrechte. Die Kritiker schreiben Hymnen.

Alle diese Anteilnahme gilt einem Buch, das nichts weniger
ist und sein will als sympathisch, das sogar mit Raubtier-
sicherheit die Zone des Ekelhaften, Entsetzlichen, Kraß-
Schamlosen, Verwegenen und Mörderischen durchmißt.
Verglichen damit verkümmern fast alle übrigen Bekundun-
gen jugendlichen Zorns oder angelsächsischen Ärgers zur
Literatur des Kabinetts, zum unverbindlichen Protest auf-
begehrender Universitätszeitungen, deren Redakteure vor
den Examina schon zurückhaltender werden und spätestens
als Referendare ihren Frieden mit der Welt machen. Den
schrecklichen Mitteilungen des blechtrommelnden Oskar
kann man aber keineswegs mit einem Achselzucken ausweichen. In der deutschen Literatur ist seit langer Zeit nicht
mehr so atemberaubend, aus solcher Fülle der Gesichter
und Geschichten, der Figuren und Begebenheiten, der Rea-
litäten und Sur-Realitäten, *erzählt* worden. Oskar hat über
seine Großmutter, unter deren vier Röcken sich einst ein
Flüchtling verbarg, seine kolonialwarenverkaufenden Eltern, deren Ehe und Ehebrüche, über die Stationen seiner
seltsamen Entwicklung – in deren Ferne und Nähe sich Na-
zipolitik und Nachkriegszeit zutrugen – mehr vorzubrin-
gen, als den meisten zeitgenössischen Romanciers für ein
Lebenswerk zur Verfügung steht. [...]

Die Fülle der in 46 Kapiteln untergebrachten Geschehnisse
läßt sich hier nicht einmal andeuten. Ihnen allen ist eine
Amoralität (nicht Unmoralität!) eigentümlich, eine Mit-

leidslosigkeit, eine gläserne, mitunter belustigte, belustigende Ferne von jeglicher humanistischen Attitüde. So wie Oskar strafexerzierende Soldaten ›nur mäßig‹ bedauert, so nimmt er auch den Tod seines Vaters ungerührt zur Kenntnis. [...]

Diese Inhumanität macht den schwarzen Humor des Buches aus. Sie wäre nichts weiter als eine verwerfliche Kaltherzigkeit, wenn Grass die Menschen- und Leidensverachtung, die sich in alledem bekundet, in den Dienst irgendeiner Ideologie stellte. Da gäbe es die Ausflucht des heroischen Ästhetizismus, der vor Unvereinbarem mit koketter Härte innehält. Wenn Cocteau über einen sterbenden Artilleristen schreibt: ›Man mußte ihn seinem Schicksal überlassen, bis der Wundbrand ihn überzog wie der Efeu eine Statue‹, wenn eine Patronenhülse, in phosphoreszierendes Wasser geworfen, ›hell erleuchtet, wie die Titanic‹ versinkt, dann ist ein eisiger Schönheitskult, dem man auch in Jüngers ›Strahlungen‹ begegnet, zum antimenschlichen Sinn des Daseins schlechthin geworden. Grass verachtet keineswegs um vermeintlicher Schönheit willen das menschliche Leid. Selbst die Feststellung, ›besonders nach der Seeschlacht am Skagerrak sollen die Aale mächtig fett gewesen sein‹, wirkt nur grausam, aber nicht ästhetisierend. Es fehlt auch ganz jener heroische Gestus, der dem Tod der ›Kleinen‹ wenig Bedeutung beimißt, wenn nur zum höheren Ruhme des Imperators gestorben wird. Oskars Grausamkeit steht in Niemandes Dienst. Lüsternheit, Schadenfreude und spöttische Noblesse sind ihr fern. Ja, jenes Kapitel, das den Tod eines jüdischen Spielwarenhändlers formal überspitzt beschreibt, wird beinahe zum Requiem. (›Er nahm mit sich alles Spielzeug aus dieser Welt.‹)

Dem Rätsel dieses Buches kommt man auf die Spur, wenn man zu begreifen sucht, was alles sich der Autor versagt. Dann stellt sich nämlich heraus, daß Oskar – so gescheit er ist – mit den mitleidslosen Augen eines Kindes die Welt erfährt. Dazu gehört nicht nur, daß er von sich gleichermaßen in der Ich-Form und in der dritten Person erzählt, wie Kinder es tun. Grass verzichtet auch (man erinnere sich seines Dramas ›Onkel, Onkel‹) auf alle Spekulationen mitfühlender Erwachsener. Die Welt erscheint im Lichte eines moralischen Infantilismus und zwar eines bewußt gesetzten, kunstvollen, erbarmungslosen Infantilismus. So wie in den Kompositionen, mit denen Strawinsky seine neo-klassizistische Periode einleitete, der kindliche Habitus zur Fratze geriet, die dort der Erwachsenenwelt als das einzig gemäße Spiegelbild entgegenblickt, so stellt Grass zwischen dem Seelenleben des Kindes, archaischer Grausamkeit und den Äußerungen des Vor-Ichlichen, wie sie in allen barbarisch-diktatorischen Umtrieben bemerkbar werden, einen schlagenden Zusammenhang her.

Doch Zwergenhaftigkeit und Buckel haben noch einen anderen Sinn. Der Roman muß verstanden werden als schneidend prägnanter Versuch, die Beziehungen zwischen Kleinbürgerei und den Abenteuern der Diktatur festzuhalten. Der Autor erliegt nicht dem Fehler, ständig hilfesuchende KZ-Häftlinge einzuführen und auf diese Weise die kleinbürgerliche Wirklichkeit von damals heroisch-widerstandskämpferisch zu übertreiben. Die große Politik liegt fern wie jene unaussprechlichen russischen Städtenamen, die der Wehrmachtsbericht zum kaum realisierten Gruseln der Zivilisten aufzählte. Damit nun aber keinerlei Behaglichkeit entsteht, wie sie bei Schilderungen familiärer Vorgänge (und seien sie noch so spießig, unerfreulich, mies) leicht Platz greift, schafft Oskars Deformation ständig jene böse Distanz, ohne die der Roman harmonisierend verfälschen würde. So kommt es auch, daß die Nachkriegsszenen schwächer, unnötiger, harmloser wirken. Da hat die Lust am Fabulieren, am Ausbreiten lebendiger Erfahrungen dem Autor manchen Streich gespielt.

Natürlich wird die Frage gestellt werden, ob es jener kleinbürgerlich-entsetzlichen Schlafzimmerszenen, jener bedenkenlos-obszönen Angriffe auf die Kirche und zahlloser anderer Heimtücken eigentlich bedurfte. Diese Frage ist falsch. Der Romancier steht ja nicht vor dem Problem, ein krasses Kapitel entweder einzufügen oder auszulassen. Er sieht sich – wenn es ihm nicht um billige Spekulation auf Lüsternheit, sinnlichen Kitzel oder törichten Bürgerschreck geht – vielmehr der kompakten Weltrealität selbst gegenüber und hat mit ihr fertig zu werden. Der Stoff ist da kein Zufall, sondern eine unwidersprechliche Gegebenheit. Nur die Behandlung: Die Umformung in epische Bewegung, die Macht der Belebtheit entscheiden. Der Leser grübelt dann nicht mehr darüber nach, was ihn stört, sondern er prüft sich, wieviel er dem Autor glaubt: Tonart und Blickwinkel eines Buches stehen zur Diskussion, nicht aber jene Objekte, die in diesen Blickwinkel fielen.

Von einem Roman, der zu solchen Fragestellungen Anlaß gibt, möchte man annehmen, daß er überaus schwierig, undurchdringlich und verschlungen geschrieben sei. Grass jedoch bedient sich keiner modernistischen Stilmittel. Sein Buch schreitet ruhig und übersichtlich voran. Ja, es enthält sich keineswegs deutlicher Spitzen gegen Autoren à la Durrell oder gegen Maler, die ins Dekorative ausweichen, weil sie des Gegenständlichen nicht mächtig sind. Die beinahe absurde Waghalsigkeit des Romans beruht nicht – wie sonst so oft – auf der großen Differenziertheit des neumodischen Schlauches, in dem sich ein veralteter, häufig geschmeckter Wein verbirgt, sondern auf der neuartigen, bestürzend natürlichen Säure des Weins, den ein vertrauenerweckend altmodischer Schlauch umgibt.«

Joachim Kaiser: Oskars getrommelte Bekenntnisse. In: Süddeutsche Zeitung. München. 31. Oktober / 1. November 1959. – Mit Genehmigung von Joachim Kaiser, München.

Auch ROLF BECKER sieht in Drastik, Obszönität und Blasphemie »Trotzgebärden der Wahrhaftigkeit«:

»[...] Grass' ›pikaresker‹ Held heißt Oskar Matzerath und ist wie sein Autor gebürtiger Danziger. Sein abenteuerlich-komisch-grausiger, ›landstörzerischer‹ Lebensweg führt von Danzig über Düsseldorf nach Paris ... Doch das geniali-sche Monstrum dieses 700-Seiten-Romans ist alles andere als eine Autobiographie im landläufigen Sinne. Das Buch birst geradezu von authentischer Realität, von regionalem und hi-storischem Kolorit, von individueller Plastik und lands-mannschaftlicher Atmosphäre – Grass bezieht zum Beispiel so tatsächliche Details wie den Angriff der Deutschen auf die polnische Post in Danzig am 1. September 1939 ein, und er gibt in den Düsseldorfer Kapiteln kaum verschlüsselte Por-träts bekannter Düsseldorfer Personen –, aber er wendet das Reale und Realistische, das autobiographisch (staunens-wert!) Erinnerte zunächst schon durch einen genialen Grundeinfall und dann auch immer wieder en detail in eine vitale, verblüffend selbstverständliche Phantastik – ganz ohne ›surrealistischen‹ Trick und doppelten Boden.
Oskar bekommt an seinem dritten Geburtstag eine Blech-trommel geschenkt, die hinfort zum magischen Instrument seiner Kunst und seines Lebens, seiner ebenso realen wie phantastischen, ohnmächtigen wie durchtriebenen Lebens-kunst wird: trommelnd drückt er sich aus, trommelnd lebt er. Gleichzeitig beschließt Oskar, aus früher Einsicht in das fundamentale Unheil, den globalen Schlamassel der Er-wachsenen-Welt, sein Wachstum einzustellen. Wie nun die-ser scheinbar dreijährige Gnom sich seinen Weg durch die aberwitzigen Zeiten, durch unsere lebensgefährlich-lach-hafte Epoche bahnt, durch Krieg und Nachkrieg, ›Drittes Reich‹ und beginnendes Wirtschaftswunder, zwischen Polen und Deutschen, Kleinbürgern und Künstlern, wie er seine beiden Väter zu Tode bringt, mit den Frauen umspringt, Glas ›zersingt‹, wie er das alles in einem ständigen Wechsel von der ersten in die dritte Person wortmächtig erzählt, das kann hier in seiner ganzen epischen Verve nur vage ange-deutet werden.

Böse ist ›Die Blechtrommel‹ allerdings, böse und gar nicht besonders sympathisch ist ihr Held. Oskar ist freilich nicht der ›reine Tor‹, der von den bösen Zeitläuften gebeutelt wird. Der Bosheit, dem großen, schlimmen Ärgernis dieser Zeit, der mörderischen Unflätigkeit dieser Welt antwortet er nicht gerade mit humanistischem Feinsinn. Er tut es um so weniger, als sie sich ja gerade schöngeistig so besonders gerne schminkt. Das Drastische, das Eklige, ja, das Obszöne und selbst die Blasphemie werden so zu, wenn auch rüden, Trotzgebärden der Wahrhaftigkeit. Das unterscheidet sie auch – zwar wenig, aber doch bedeutungsvoll – von der nicht minder schockierenden, aber doch naiveren Drastik der klassischen Schelmenromane. Mit diesen gemein ist ihnen aber der Humor – bei Grass ein schwarzer Humor, der an inwendigem Entsetzen würgt.

Nicht alles in dem umfangreichen Buch ist gleich gut gelungen. So scheinen mir die Düsseldorfer Kapitel schwächer als die Danziger und das abschließende Pariser zu sein; die weiter zurückgreifende Erinnerung verbürgt wohl eine höhere poetische Dichte. Auch braucht man sich durchaus nicht gleich zimperlich vorkommen, wenn einem die Drastik an manchen Stellen doch etwas zuviel wird. Der große Eindruck, den das Ganze macht, wird dadurch nicht geschmälert.«

Rolf Becker: Auf Grimmelshausens Spuren. In: Deutsches Allgemeines Sonntagsblatt. Hamburg. 8. November 1959. – Mit Genehmigung des Deutschen Allgemeinen Sonntagsblatts, Hamburg.

In seiner ausführlichen Rundfunkbesprechung der *Blechtrommel* – »ein historischer Roman aus dem zweiten Viertel unseres Jahrhunderts«, »ein Entwicklungs- und Bildungsroman« – hebt HANS MAGNUS ENZENSBERGER besonders die kompositorische und sprachliche Vielfalt des Werks hervor.

»Wenn es noch Kritiker in Deutschland gibt, wird die ›Blechtrommel‹, der erste Roman eines Mannes namens Günter Grass, Schreie der Freude und der Empörung hervorrufen. Grass, ein Mann von zweiunddreißig Jahren, geboren in Danzig, wohnhaft in Paris, Vater von Zwillingen, Zeichner, Bildhauer, Bühnenbildner, Dramatiker und Gedichteschreiber, war bisher nur den Lesern literarischer Revuen und den Besuchern von Studiobühnen bekannt. Mit einer gewissen Ratlosigkeit und Unruhe, die seine Produkte unweigerlich hervorriefen, konnte man fertigwerden, indem man Grass einen ›jungen Autor‹ nannte und sich darauf einigte, ihn unter der unverbindlichen Rubrik ,vielversprechendes Talent‘ abzuheften. Damit ist es nun vorbei. Mit seinem drei Bücher, sechsundvierzig Kapitel und 750 Seiten schweren Roman hat sich Grass einen Anspruch darauf erworben, entweder als satanisches Ärgernis verschrien oder aber als Prosaschriftsteller ersten Ranges gerühmt zu werden. Unserm literarischen Schrebergarten, mögen seine Rabatten sich biedermeierlich oder avanciert-tachistisch geben, zeigt er, was eine Harke ist. Dieser Mann ist ein Störenfried, ein Hai im Sardinentümpel, ein wilder Einzelgänger in unsrer domestizierten Literatur, und sein Buch ist ein Brocken wie Döblins ›Berlin Alexanderplatz‹, wie Brechts ›Baal‹, ein Brocken, an dem Rezensenten und Philologen mindestens ein Jahrzehnt lang zu würgen haben, bis es reif zur Kanonisation oder zur Aufbahrung im Schauhaus der Literaturgeschichte ist. »Die Blechtrommel« ist die Lebensgeschichte eines gewissen Oskar Matzerath, welche dieser, ein Zwerg, ein Krüppel, ein Paranoiker, eine phantastische Ausgeburt des zwanzigsten Jahrhunderts, in der Heil- und Pflegeanstalt, wo er seinen dreißigsten Geburtstag feiert, selber niederschreibt. »Niemand sollte sein Leben beschreiben, der nicht die Geduld aufbringt, vor dem Datieren der eigenen Existenz wenigstens der Hälfte seiner Großeltern zu gedenken«, das ist Oskars Meinung, und so stellt er uns seine Großmutter vor: ›Meine Großmutter Anna Bronski saß

an einem späten Oktobernachmittag in ihren Röcken am
Rande eines Kartoffelackers ... Man schrieb das Jahr neun-
undneunzig, sie saß im Herzen der Kaschubei, nahe bei
Bissau, noch näher der Ziegelei, vor Ramkau saß sie, hinter
Viereck, in Richtung der Straße nach Brenntau, zwischen
Dirschau und Karthaus, den schwarzen Wald Goldkrug im
Rücken saß sie und schob mit einem an der Spitze ver-
kohlten Haselstock Kartoffeln unter die heiße Asche ...
An jenem Oktobernachmittag des Jahres neunundneunzig,
während in Südafrika Ohm Krüger seine buschig eng-
landfeindlichen Augenbrauen bürstete, wurde zwischen
Dirschau und Karthaus, nahe der Ziegelei Bissau, unter vier
gleichfarbigen Röcken, unter Qualm, Ängsten und Seuf-
zern, unter schrägem Regen und leidvoll betonten Vorna-
men der Heiligen, unter den einfallslosen Fragen und rauch-
getrübten Blicken zweier Landgendarmen vom kleinen aber
breiten Joseph Koljaiczek meine Mutter Agnes gezeugt.‹
Oskar selbst ›erblickte das Licht dieser Welt in Gestalt
zweier Sechzig-Watt-Glühbirnen ... Bis auf den obligaten
Dammriß verlief meine Geburt gut. Mühelos befreite ich
mich aus der von Müttern, Embryonen und Hebammen
gleichviel geschätzten Kopflage ... Ich gehörte zu den hellhörigen Säuglingen, deren geistige Entwicklung schon bei
der Geburt abgeschlossen ist und sich fortan nur noch bestätigen muß.‹
Als Dreijähriger beschließt Oskar, seinem Wachstum ein
Ende zu machen und sich eine weißrot geflammte Blechtrommel zu verschaffen. Auf diesem Instrument, dem er
sein Leben lang die Treue hält, dem er nie wieder entsagen
kann, verwendet das junge Monstrum seine nicht geringen
Geisteskräfte. Das alberne blecherne Spielzeug wird ihm
zum Inbegriff der Kunst: doch er bringt es weit in ihr, geht
mit seiner Trommel gegen Gott und die Welt an und bleibt,
traurig zwar und jenseits aller Hoffnung, doch bis zum
Ende unbesiegt wie David, dessen Schleuder ja auch nichts
weiter war als ein Kinderspielzeug. Noch dem Idioten, der

in seinem Anstaltsbett seine Biographie zu Papier bringt, dient die Blechtrommel dazu, das Vergangene zu beschwören. Da sitzt er, der wüste Laurin, und trommelt uns sein ungeheuerliches Leben vor. Er berichtet, wie er seine Mutter und seine beiden mutmaßlichen Väter ins Grab bringt, schildert seinen Bildungsweg mit den beiden Hauptstationen Goethe und Rasputin und erspart uns keine von den scheußlichen Wahrheiten der Kindheit. Oskar zersingt Fensterscheiben, zeugt ein Kind mit seiner späteren Stiefmutter, so daß sein Sohn als sein Halbbruder zur Welt kommt. Oskar soll abgespritzt werden als unnützer Fresser, Oskar wird Artist beim Fronttheater, Oskar bildet sich ein, Jesus Christus zu sein; Oskar übersteht den Krieg und den Frieden, meißelt Grabsteine, steht Modell, spielt in einer Jazzkapelle, findet einen abgerissenen Finger, gerät unter Mordverdacht und endet im Irrenhaus.

›Es gibt Dinge auf dieser Welt, die man – so heilig sie sein mögen – nicht auf sich beruhen lassen darf‹, bemerkt der Held dieser Lebensgeschichte an einer Stelle. Profan oder heilig – Oskar läßt in der Tat nichts unerzählt, auf sich beruhen. Seinen Erlebnissen wird kein Resümee gerecht. ›Die Blechtrommel‹ kennt keine Tabus. Gewalttätig wirkt dieser Roman, weil er alles berührt, als wäre es antastbar. Eine seiner beklemmendsten Situationen schildert ein von Aalen wimmelndes Pferdeaas, das auf der Hafenmole von Neufahrwasser aus dem Meer gefischt wird. Immer wieder tritt die Erzählung in jene verbotene Sphäre ein, wo sich Ekel und Sexualität, Tod und Blasphemie begegnen. Was Grass in dieser Hinsicht einerseits von aller Pornographie trennt, andererseits von dem sogenannten ›schonungslosen Realismus‹ der amerikanischen Schule unterscheidet, was seine brüsken Eingriffe legitimiert, ja zu künstlerischen Ruhmestaten macht, das ist die vollkommene Unbefangenheit, mit der er sie vornimmt. Grass jagt nicht, wie Henry Miller, hinter dem Tabu her: er bemerkt es einfach nicht. Zu Unrecht wird man ihn der Provokation verdächtigen. Er ist dem Skandal weder aus dem Weg gegangen, noch hat er ihn gesucht; aber gerade das wird ihn hervorrufen, daß Grass kein schlechtes Gewissen hat, daß für ihn das Schockierende zugleich das Selbstverständliche ist. Dieser Autor greift nichts an, beweist nichts, demonstriert nichts, er hat keine andere Absicht, als seine Geschichte mit der größten Genauigkeit zu erzählen. Diese Absicht setzt er freilich um jeden Preis und ohne die geringste Rücksicht durch. Der Skandal, der darin liegt, ist letzten Endes an keinen Stoff gebunden: er ist der Skandal der realistischen Erzählweise überhaupt.

Günter Grass ist ein Realist. Was sich als Amoklauf einer aberwitzigen Imagination ausnimmt, wenn man den Inhalt seines Romans an den Fingern herzählt, das wird in seinem Mund nicht nur glaubwürdig: es leuchtet derart ein, daß sich kein Zweifel mehr regt. Dieser Autor verbeißt sich, wie sein Held, in die ›verdammten Flecken‹ der Wirklichkeit, dergestalt, daß seine fantastische Fiktion den Geist des Ungefähren aufgibt, daß noch die Obsession zur unwiderlegbaren Evidenz wird. Was ein so beschaffener Realismus leistet, zeigt sich beispielsweise an der zeitgeschichtlichen Grundierung des Romans. Ich kenne keine epische Darstellung des Hitlerregimes, die sich an Prägnanz und Triftigkeit mit der vergleichen ließe, welche Grass, gleichsam nebenbei und ohne das mindeste antifaschistische Aufheben zu machen, in der ›Blechtrommel‹ liefert. Grass ist kein Moralist. Fast unparteiisch schlitzt er die ›welthistorischen‹ Jahre zwischen 1933 und 1945 auf und zeigt ihr Unterfutter in seiner ganzen Schäbigkeit.

Seine Blindheit gegen alles Ideologische feit ihn vor einer Versuchung, der so viele Schriftsteller erliegen, der nämlich, die Nazis zu dämonisieren. Grass stellt sie in ihrer wahren Aura dar, die nichts Luziferisches hat: in der Aura des Miefs. Nichts bleibt hier von dem fatalen Glanz übrig, den gewisse Filme, angeblich geschaffen, um unserer Vergangenheit ›mutig zu Leibe zu rücken‹, über die SS-Uniform werfen. WHW, BdM, KdF, aller höllischen Größe bar, er scheinen als das, was sie waren: Inkarnationen des Muffigen, des Mickrigen und des Schofeln. Wenn Alfred Matzerath, einer von Oskars mutmaßlichen Vätern, beim Einmarsch der Russen und aus Angst vor ihnen sein Parteiabzeichen verschluckt und daran erstickt, so stirbt mit ihm noch einmal das Dritte Reich, so wie es gelebt hat. Bösartiger und vernichtender kann keiner darüber schreiben als Grass, der gar nicht ausgezogen ist, es zu vernichten, der nur kalt und genau erzählt, wie es war, weil das zu seiner Geschichte gehört.

In der Tat ist ›Die Blechtrommel‹ unter anderem auch ein historischer Roman aus dem zwanzigsten Jahrhundert, eine Saga der untergegangenen Freien Stadt Danzig, eine poetische Rettung jener kleinen Welt, in der Deutsche und Polen, Juden und Kaschuben zusammenlebten, vor dem Vergessenwerden. Freilich eine Rettung von anderer Art als derjenigen, an welcher Flüchtlingstreffen häkeln. Auch in dieser Hinsicht nimmt Grass kein Blatt vor den Mund: ›Neuerdings sucht man das Land der Polen mit Krediten, mit der Leica, mit dem Kompaß, mit Ruder, Wünschelruten und Delegierten, mit Humanismus, Oppositionsführern und Trachten einmottenden Landsmannschaften. Während man hierzulande das Land der Polen mit der Seele sucht – halb mit Chopin, halb mit Revanche im Herzen – während sie hier die erste bis zur vierten Teilung verwerfen und die fünfte Teilung Polens schon planen, während sie mit Air France nach Warschau fliegen und an jener Stelle bedauernd ein Kränzchen hinterlegen, wo einst das Ghetto stand, während man von hier aus das Land der Polen mit Raketen suchen wird, (sucht Oskar) Polen auf seiner Trommel und trommelt: Verloren, noch nicht verloren, schon wieder verloren, an wen verloren, bald verloren, bereits verloren, Polen verloren, alles verloren, noch ist Polen nicht verloren.‹

›Die Blechtrommel‹ ist ein historischer Roman aus dem zweiten Viertel unseres Jahrhunderts. Die einzigen schwachen Partien des Buches sind die, wo seine Handlung in die Gegenwart ragt. Ihr ist mit der bösartigen Neutralität des

Epikers nicht beizukommen, sie verlangt Parteinahme und erzwingt die Satire. Ein Kapitel wie das vom ›Zwiebelkeller‹, das den meisten deutschen Autoren Ehre machen würde, wirkt bei Grass bereits schwach. Es fehlt ihm der moralische Instinkt des wahren Satirikers sowie dessen absurde Hoffnung, es sei am Zustand der Welt etwas zu ändern.

›Die Blechtrommel‹ ist ein Entwicklungs- und Bildungsroman. Strukturell zehrt das Buch von den besten Traditionen deutscher Erzählprosa. Es ist mit einer Sorgfalt und Übersichtlichkeit komponiert, wie man sie von den Klassikern her kennt. Herkömmlich ist auch die hochgradige Verknüpfung der Handlung und der Motive. Der Autor zeigt eine Beherrschung seines Metiers, die nachgerade altmodisch erscheint, wenn er seinen Text soweit integriert, daß kaum ein Faden fallengelassen, kaum ein Leitmotiv ungenutzt bleibt. Vor den Forderungen des Handwerks beweist Grass, was man ihm sonst nicht nachsagen kann: Respekt. Dazu gehört, daß er über das, wovon er schreibt, genauestens Bescheid weiß. Wie es in einer Volksschule aussieht und riecht, wie vor fünfzig Jahren die Flößer zwischen Weichsel, Bug und Dnjepr gelebt und gearbeitet haben, wie es ist, in einer Hafenkneipe zu kellnern oder eine Kolonialwarenhandlung zu führen, wie es in einer Irrenanstalt zugeht und wie in der Werkstatt eines Steinmetzen. Da ist kein Detail, auf das es dem Erzähler nicht ankäme, er weiß, wovon er redet, und mehr, als er sagt.

Grass bedient sich also eines traditionellen Romanmusters und übt einige traditionelle Tugenden des Romanciers. Wieder einmal sind die Theorien von der Krise des Romans, vom Ende der Fabel, von der Auflösung der Figuren Lügen gestraft. Grass kann ohne sonderliche Mühe auf die neuesten literarischen Konventikel, die Schule des *nouveau roman*, die *beat generation* und ihre erzählerischen Schnittmusterbogen verzichten. Auch die Tradition benutzt er ja, indem er sie gleichzeitig verwirft. Seine Sprache richtet sich dieser Autor selber zu. Und da herrscht kein Asthma und keine Unterernährung, da wird aus dem Vollen geschöpft und nicht gespart. Diese Sprache greift heftig zu, hat Leerstellen, Selbstschüsse, Stolperdrähte, ist zuweilen salopp, ungeschliffen, ist weit entfernt von ziselierter Kalligraphie, von feinsinniger Schönschrift, aber noch weiter vom unbekümmerten Drauflos des Reporters. Sie ist im Gegenteil von einer Formkraft, einer Plastik, einer überwältigenden Fülle, einer innern Spannung, einem rhythmischen Furor, für die ich in der deutschen Literatur des Augenblicks kein Beispiel sehe. Dieser rasende Artist macht immer neue formale Erfindungen, komponiert im ersten Kapitel ein syntaktisches Ballett, im sechzehnten ein ergreifendes Fugato, nimmt hier die Form der Litanei auf, verklammert dort den Bau der Erzählung mit rondoartigen Reprisen, bedient sich virtuos des Ganoventons, der den Wechsel zwischen der ersten und dritten Person erlaubt, und beutet Sprachschichten und Tonfälle vom Papierdeutsch bis zum Rotwelsch, vom Gemurmel des Dialektes bis zum Rosenkranz der Ortsnamen, vom Argot der Skatbrüder bis zur Sachlichkeit der Krankengeschichte aus. Grass macht seine artistischen Funde und Erfindungen nicht um ihrer selbst willen, sondern um der ungeheuerlichen Fülle seiner Einfälle Herr zu werden, um, was er zu erzählen hat, gut, deutlich, so deutlich zu sagen, daß es das Gedächtnis besetzt. Wie man von gewissen Stoffen behaupten kann, sie seien blutbildend, in eben demselben Sinn kann man von dem Roman ›Die Blechtrommel‹ sagen, er sei weltbildend. Er verändert die Sehweise des Lesers. Wer die Welt in diesem Buch, eingefangen wie eine Bestie, betrachtet hat, erkennt ihr anarchisches Gesicht vor seiner Haustür wieder. In der Tat hat zwar das Buch Gesetze (und hält diese Gesetze ein), nicht aber die Welt, von der es erzählt. Sie ist wild und blind. Fern sind Wilhelm Meister und der grüne Heinrich, die edlen Jünglinge. Ihr später Nachfahr, Oskar Matzerath, Blechtrommler, Krüppel, Idiot, ist ein Kind seines Jahrhunderts, wie sie des ihren. Er erzählt nicht nur seine eigene Geschichte, er ist auch ein Mundstück der unsern, ›It is a tale told by an idiot, full of sound and fury, signifying nothing.‹ Oskar drückt es anders aus, wenn er in jenem Liedchen, mit dem er sich von seinen Lesern verabschiedet, den Schatten zitiert, der schon immer da war und der ihn und uns nicht mehr verlassen wird: ›Du bist schuld und du bist schuld und du am allermeisten. Ist die Schwarze Köchin da? Jajaja!‹«

Hans Magnus Enzensberger: Wilhelm Meister, auf Blech getrommelt. Über Günter Grass. Süddeutscher Rundfunk. Stuttgart. 18. November 1959. Wiederabgedr. in: H. M. E.: Einzelheiten. Frankfurt a. M.: Suhrkamp, 1962. S. 221–227. – © 1962 Suhrkamp Verlag, Frankfurt a. M.

Im Zusammenhang mit den vielen ebenso bösartigen wie oberflächlichen Verrissen seines Romans *Ein weites Feld* (1995) erinnerte Grass rühmend an die Rezension, die GÜNTER BLÖCKER seinerzeit über die *Blechtrommel* verfaßt hatte: sie habe bei letztlich vollständiger Ablehnung den Respekt nicht verborgen und sich auf hohem Niveau mit zentralen Fragen auseinandergesetzt, die der Roman aufwarf.

»Vor drei Jahren fiel der damals knapp dreißigjährige Günter Grass durch ein Bändchen Lyrik und Kurzprosa auf, dessen Titel ›Die Vorzüge der Windhühner‹ gute Laune verhieß und dessen Lektüre dieses Versprechen hielt, wenn auch auf leise unheimliche, nicht ganz geheure Art. Namentlich einige kurze Gedichte in der Art absurder Sinnsprüche verrieten ein originelles Additionstalent, das seine beunruhigenden Wirkungen durch Summierung und planvolle Zusammenfügung von Unzusammengehörigem erzielte. Nun hat der Autor den Sprung zur großen Erzählung gewagt, und der ist in seinem Fall nicht so überraschend, wie es den Anschein hat. Die Verse von Grass wurzelten durchweg in konkreten Situationen. Wie diese jeweils durch einen Trick in Frage gestellt und entwickelt wurden, wie sie aber gerade dadurch, durch die kecke Umgruppierung der realen Elemente, eine Vielzahl oft erschreckender latenter Bedeutungen offenbarten – das war ein Vorgang, den man sich auch anders als im lyrischen Medium vorstellen konnte. Der Erzähler, als welcher der Autor nun mit dem vollen Gewicht von nicht weniger als 736 Seiten auftritt, kündigte sich bereits an.

Tatsächlich besteht kein prinzipieller Unterschied zwischen Gedichten wie dem ›Mißlungenen Überfall‹ oder der ›Mückenplage‹ und dem vorliegenden Roman. In jedem Fall stimmen die Details – Grass ist wie viele seiner Generation ein Fanatiker des Details –, doch die Anordnung des einzelnen macht das Ganze zur Fratze. Die Fratze aber, so spüren wir mit einigem Unbehagen, erhebt Anspruch darauf, das wahre Gesicht zu sein. Grass geht, was dies anlangt, in seinem Roman noch radikaler vor als in seiner Lyrik. Indem er die Welt aus der Sicht eines trommelschlagenden Kretins beschreibt, wählt er eine Perspektive, die von vornherein jede Verzerrung legitimiert. Ja, die Möglichkeiten lustvoller Deformation sind noch weiter gestuft und verfeinert: denn dieser quäkende Gnom, der mit magischer Stimmkraft jedes Glas zu brechen imstande ist (ausgenommen das von Kirchenfenstern!), ist ein freiwillig Zurückgebliebener, einer, der sich durch einen Willensakt vorsätzlich im Stande eines bettnässenden, schmuddligen Kindermund verzapfenden Dreijährigen hält. Wir haben es hier – und das ist von einer bravourösen Widerwärtigkeit – mit einer totalen Existenzkarikatur zu tun: mit einem nicht nur frohlockend auf sich genommenen, sondern vollbewußt herbeigeführten Kretinismus, mit einer wütenden Intelligenz, die sich unter schnarrendem Gelächter in einen Froschleib zurückzieht, jede Verantwortung von sich weisend, nur bereit, zu schnuppern und zu schmatzen, zu keckern und sabbern, auf eine Kindertrommel zu schlagen und Schaufensterscheiben oder Einmachgläser zerscherben zu lassen. Die Rückkehr zur Nabelschnur als Programm eines totalen, höchst mit sich zufriedenen, höchst vergnügten Nihilismus! Auch daß der gräßliche Brüller sich mit einundzwanzig Jahren überraschend entschließt, doch noch ein paar Zentimeter zu wachsen, und es unter Qual und Fieberschauern von 94 Zentimeter auf 1,23 Meter bringt – auch das ändert kaum etwas an dem nichtswürdigen Tatbestand. Im Gegenteil, es vollendet ihn. Was bisher noch unter dem Motto einer freilich wenig liebenswerten Kindlichkeit hingehen mochte, erweist sich nun endgültig als böser, willentlicher Affront gegen Natur und Menschenpflicht. Aus einem ›anhaltend Dreijährigen‹ ist ein schauerlich entgleister Peter Pan geworden, der sich – mißraten und fidel – in einer Freizone zwischen Kindheit und Erwachsensein aufhält. Trotzdem verwischt dieser späte, nicht ganz zulänglich motivierte Entschluß zu zusätzlichem Wachstum die Grundkonzeption ein wenig. Offenbar handelt es sich dabei um eine vorwiegend erzähltechnische Manipulation, mit welcher der Verfasser seinen Helden aus der Monotonie der Säuglingsrolle befreien und ihm neue Spiel- und Jagdgründe erschließen wollte.

Wie dem auch sei, man darf Günter Grass bescheinigen, daß ihm mit seinem Oskar Matzerath, der uns da – von der Wiege in einem Danziger Kolonialwarenladen bis zur wohlverdienten Zelle in einer Heil- und Pflegeanstalt – seine krause Biographie, versetzt mit Zeitgeschichte, ins Ohr trommeln darf, eine allegorische Figur von schwer zu überbietender Scheußlichkeit gelungen ist. Der fanatische Säugling und Wechselbalg aus freien Stücken, der im Kleiderschrank oder unter der Tischdecke Beobachtungsposten bezieht, um als kindlicher Voyeur verächtlich und genießerhaft zugleich die Zoologie der Erwachsenen zu studieren, vereinigt sich mit dem besessenen Trommler zu einer gezielten Schöpfung, die dem Leser zu schaffen macht. Kleinbürgerliche Verkommenheit; der braune Marschtritt; der Infantilismus einer Epoche, die Umgang mit dem Äußersten pflegt, aber unfähig der bescheidensten Menschlichkeit ist – solche und andere Assoziationen stellen sich ein. Freilich, ohne auch nur einmal jene Höhe eines erhabenen Schreckens zu erreichen, wo das Geschehen, bei aller schändlichen Komik, ins Tragische umschlüge und damit sinnvoll würde.

Sinnvoll, das hieße: wo es kathartische Wirkung erreichte. Doch die bleibt aus, die Lektüre dieses Romans ist ein peinliches Vergnügen, sofern es überhaupt eines ist. Was Grass schildert und wie er es schildert, fällt nur zum Teil auf die Sache, zum andern Teil auf den Autor selbst zurück. Es kompromittiert nachhaltig nicht nur sie, sondern auch ihn – so stark und unverkennbar ist das Behagen des Erzählers an dem, was er verächtlich macht, so penetrant die artistische Genüßlichkeit, mit der er ins Detail eines unappetitlichen l'art pour l'art steigt. Wozu der Pferdekopf mit Aalgewimmel, wozu der Notzuchtversuch an einer Holzfigur, wozu das Schlucken einer mit Urin versetzten Brühe, die Brausepulverorgien, das zuckende Narbenlabyrinth auf dem Rücken eines Hafenkellners? Weil es dem Autor ganz offenkundig Spaß macht, sein allezeit parates Formulierungstalent daran zu erproben – wobei er sinnigerweise mit besonderer Vorliebe bei dem Vorgang des Erbrechens und der detaillierten Beschreibung des dabei zutage Geförderten verweilt. Grass kann im Gegensatz zu Joyce – wenn dieser unangemessene Vergleich für einen Augenblick gestattet ist – nicht für sich in Anspruch nehmen, daß es ihm auf eine vollständige Bestandsaufnahme des Weltinventars angekommen sei, aus der er das Obszöne nicht willkürlich habe ausklammern können. Er gibt keine Welttotale, sondern einen sehr subjektiven, sehr tendenziösen Ausschnitt – eine Spezialitätenschau. Es scheint, er braucht das Ekelhafte, um produktiv zu werden, ebenso wie er das fragwürdige Überlegenheitsgefühl des intellektuellen Zuchtmeisters braucht und genießt. Der Autor schlägt zu, und er trifft die richtigen Objekte, aber die Wollust des Peitschens und Treffens ist so offensichtlich, daß sie die Rechtmäßigkeit der Bestrafung in Frage stellt. Hier dominiert nicht der tragische Sinn, nicht jenes Grauen, aus dem die Erlösung kommt, sondern das unverhohlene Vergnügen daran, der Menschheit am Zeuge zu flicken. So hinterläßt das überfüllte Buch am Ende den Eindruck einer wahrhaft gräßlichen Leere. In seinem konsequent antihumanen Klima gibt es nur eines, woran man sich halten kann: den Selbsthaß.

Damit kommt dieser Roman zweifellos einem versteckten Bedürfnis der Zeit entgegen; das Unverarbeitete der Epoche, das Übermaß an Schuld, an dem sie trägt, und die Anmaßung, mit der sie sich darüber hinwegzusetzen sucht, lassen den Menschen insgeheim nach Erniedrigung verlangen. In diesem Buch wird sie uns in überreichem Maß gegeben – aber so, daß den Gebeutelten doch nicht ganz das Lachen vergeht. Der Autor räumt ihnen großmütig das Recht ein, ihrer selbst spotten zu dürfen, und augenscheinlich sind sie dankbar dafür. Von daher erklärt sich – zu einem Teil – der sonderbare Erfolg des Buches. Der andere Teil heißt: geschickte Lancierung, ein nahezu vorfabrizierter Sieg. Die Gruppe 47 ließ es sich nicht nehmen, den Roman preiszukrönen, noch ehe er fertig war. Der Verlag bearbeitet die Blechtrommel der Propaganda mit beiden Fäusten und mit den Füßen dazu. Die Öffentlichkeit wird planmäßig eingeschüchtert, indem man ihr einen neuen Rabelais und Grimmelshausen verheißt. Ich würde sagen: Christian Reuter genügt. Schelmuffsky 1959. Auch das ist ja schon ganz hübsch, wenn es auch nicht gerade die Visitenkarte ist, die man sich für eine neue Literatur wünschen möchte.«

Günter Blöcker: Rückkehr zur Nabelschnur. In: Frankfurter Allgemeine Zeitung. 28. November 1959. [In erweiterter Form auch wiederabgedr. in: G. B.: Kritisches Lesebuch. Literatur unserer Zeit in Probe und Bericht. Hamburg: Leibniz, 1962.] – Mit Genehmigung von Günter Blöcker, Berlin.

REINHARD BAUMGART bewundert die Sprachkraft dieser »graphischen, hart skandierenden Prosa«, weist aber darauf hin, daß – wie dies freilich bei den meisten pikaresken Romanen der Fall sei – stärker als der Roman als Ganzes sich seine einzelnen Episoden aufdrängen.

»Günter Grass, der begann als Bildhauer und Zeichner, der dann Gedichte, Dramen und Kurzgeschichten schrieb, hat in diesem Herbst seinen ersten Roman vorgelegt, über 700 dichtbedruckte Seiten. Gern möchte man sich einem solchen Kolossalwerk vertraulich nähern, ihm Vorbilder andichten oder ein paar eindeutige Adjektive – es bleibt vergeblich. Zugleich konservativ und verwegen führt es sich auf, raffiniert und naiv, gutmütig und brutal. Hier ist ein Autor wirklich und völlig bei sich selbst zu Hause, hat keine fremden Hypotheken abzutragen, und in diesem Hause wird manches spiegelverkehrt geschrieben und ist dann nur auf dem Kopf stehend zu entziffern. Nur so läßt sich verstehen, daß Grass die Karriere eines amoralischen Gnoms und Buckligen im Schema des guten alten Bildungsromans erzählt, daß er behaglich den traditionellen Faden von der Zeugung der Mutter bis zum 30. Geburtstag des Helden nachspinnt. Doch nicht auf den Faden, auf die Knoten kommt es an.

Denn wie wir hören, ist Oskar Matzerath – oder auch Oskar Bronski, schon über seinen Vater besteht keine Klarheit –, ist Oskar also, Hauptfigur und Icherzähler des Romans, als Abc-Schütze bei Goethe und Rasputin in die Lehre gegangen. Sieht man genauer hin und überlegt, heißt dieser Goethe zwar Gottfried Keller, und höchstens Zürich, nicht Weimar, spielt in diese Lebenserzählung hinein, die von kaschubischem Kartoffelfeuer nach Danzig und dann in das Düsseldorf der Nachkriegszeit führt, aber Programm und Pointe dieser geistigen Vaterschaft Oskars, doppelbödig wie die leibliche, sollen dem Leser auf den Weg leuchten.

Mit Gottfried Keller scheint es zu beginnen. Beinahe behäbig, verliebt ins Detail, wird eine bürgerliche Kulisse vor uns hingestellt, vor der Oskar zwischen Hinterhof und Schrebergarten, im geläufigen Dreieck zwischen Grünzeugladen, Bäcker und Krämer aufwächst, hochgepäppelt mit Familienausflügen und Geburtstagsfeiern, Welterfahrung unter dem knallenden Skattisch sammelnd. Wie immer, wenn die Gemütlichkeit sich zum Dunst verdichtet, beginnt es auch hier zu spuken, Selbstmörder treten auf, Schlampen und sanft religiös Verrückte. Aber zunächst hat die Dämonie noch bürgerliche Ausmaße, sie trägt weiße, wenn auch schimmelnde Handschuhe wie Schugger Leo, der vor dem Friedhofstor verwirrt theologische Beileidssprüche sabbert. Wäre nicht Oskar selbst, dem Rasputin deutlich über die Schulter schaut, der als Säugling schon altklug den Menschen mißtraut, sich dann an seinem dritten Geburtstag entschließt, nicht den Kolonialwarenladen des Vaters zu übernehmen, sondern sein Wachstum bei 94 Zentimetern einzustellen, sich demonstrativ auszuschließen von der Welt der Erwachsenen. Er hat, wörtlich genommen, ›die Väter satt‹. Seine beiden eigenen verrät er, den polnischen Vater an die Deutschen, die ihn standrechtlich ermorden, den deutschen Vater an die einmarschierenden Russen, die ihn niederstrecken, bevor er am verschluckten Parteiabzeichen erstickt. Dem Terror der oberen Welt, in der Geschichte gemacht und Ordnung durchgesetzt wird, begegnet Oskar mit der hämischen List der Zwerge, die selten, wie in Schneewittchen, die Rolle der Samariter spielen.

Ein Bildungsroman? Schon Felix Krull hatte das alte Lied von einem, der auszog, das Fürchten zu lernen, mit falschem Zungenschlag nachgesungen. Dort aber war die Gesellschaft wenigstens im Als-ob gerettet. Die Abendsonne der bürgerlichen Weltdämmerung von 1914 machte diesen Humor milde und für weite Kreise genießbar. Bei Günter Grass ist Rasputin, sind Hitler und der böse Blick einer gefährlicheren Epoche mit einkalkuliert. Doch weder Hitler noch der böse Blick werden lamentierend beim Namen genannt, sie heißen Rasputin, der himmlische Gasmann, die Schwarze Köchin oder eben Oskar. Die Weltgeschichte kann auch im Hinterhof stattfinden.

So erscheint der Standardheld des Bildungsromans, ein allzu ichbesessenes Temperament, das sich spreizt und deshalb zur Ordnung, zur bürgerlichen Ordnung gerufen wird, jetzt im Kostüm des boshaften Zwerges als konsequenter Partisan und fröhlicher Anarchist, der Bomben legt unter die kleinbürgerlichen Fundamente einer großen wahnsinnigen Zeit. Seine Froschperspektive entzaubert das Pathos und den Faltenwurf der Weltgeschichte. Als die Russen in den elterlichen Keller springen, den Vater über den Haufen schießen und die Frauen zum Kreischen bringen, verfolgt Oskar still den Zug der hungrigen Ameisen über den Kellerboden, beruhigt darüber, daß die sich ›durch den Auftritt der russischen Armee nicht beeinflussen ließen‹.

In einer ungeheuren Verkürzung gesehen wird die ungeheure Zeit noch ungeheuerlicher. Oskar unterwandert und parodiert die Ideologien, läßt die öffentlichen Greuel zugleich sichtbar werden und ersticken im privaten Greuel. Heiß und verzerrt, wie durch ein Brennglas gegangen, sammelt sich die Quintessenz des Zeitgeschehens in diesem Lebenslauf, und das Buch endet mit einem Abgesang auf die Schwarze Köchin: ›Fragt Oskar nicht, wer sie ist …! Schwarz war die Köchin hinter mir immer schon.‹

Wir wollen nicht weiter fragen. Man könnte die wirbelnde Phantasie dieses Autors leicht zu wörtlich nehmen und ihr in die Falle gehen, indem man seinen Roman auflöst in ein Karussell von Allegorien. Günter Grass aber ist nichts weniger als ein Fanatiker der verschlüsselten Bedeutungen oder gar Moralist. Er will zunächst und zuallererst erzählen, und das heißt für ihn, Erfahrungen rücksichtslos in Sprache übersetzen, bis sie Sprache sind und nichts als Sprache. Die Prosa, die so entsteht, ließe sich mit einem Gedankensprung des Autors kennzeichnen als ›neugierig, vielschichtig, unmoralisch‹. In ihren besten und bezeichnendsten Momenten buchstabiert sie nicht Vorgegebenes nur ordentlich nach, sondern paart, barock, unmäßig, aber trotzdem am Zügel gehalten, Worte mit Worten, zusammengeworfen zu Metaphern-Kaleidoskopen, in rhythmischen Mustern gesteigert, bis sich der wörtlich genommenen Sprache unerwartete Schlüsse und gewagte Kontraste ergeben. So sieht sich Oskar, wühlend im ›schlammigen Gelände der Frau Lisa Greff‹, unverhofft in Beziehung gesetzt zur Heeresgruppe Mitte, die vor Moskau ebenfalls – im Schlamm versinkt.

Dieser Sprachhumor wirkt total, er verschlingt jedes Pathos, alles Ressentiment, aber auch jeden Anflug von Zynismus. Auch die phallischen Eskapaden Oskars gehen durch dieses Säurebad, in dem kein Augenzwinkern und keine erotische Schwüle überleben. Jenseits von Scham und Frechheit, kreatürlich wild wie bei Rabelais oder in den Contes drôlatiques, triumphiert die Sprache über das Sujet. Auf der Blechtrommel – denn auf ihr mit den Schlegeln meditierend sucht Oskar den Weg zurück in die Erinnerung – wird die Welt zerstückt und neu zusammengesetzt. Trommeln ist Bild und Inbegriff dieser so gar nicht malerischen oder melodienseligen, dieser eher graphischen, Kontraste setzenden, hart skandierenden Prosa. Sie überwuchert auch immer wieder die eigentliche Konzeption des Buches und läßt den roten Faden ins Schlingern kommen. Stärker als der Roman als Ganzes drängen sich seine Episoden auf, vor allem in den Nachkriegskapiteln, wo der Autor seine Fährte unter den Füßen verliert. Auch die Nebenfiguren in ihren gespenstischen Halbreliefs scheinen greifbarer als Oskar, der Trommler selbst, wie überhaupt die verbindenden Elemente des Buchs – Oskars Zwergwuchs, seine obstinate Trommelei oder gar seine Fähigkeit, Glas zu zersingen –, das Gewicht der nicht enden wollenden Erzählung nur mühsam tragen und oft tickhaft zu Tode pointiert werden. Noch spürt man in den jähen, die lange Strecke kaum durchhaltenden Erfindungen des Autors die Schule der Kurzgeschichte, während seine Sprache den Lyriker verrät. Zu ihren Höhepunkten findet sie immer dort, wo sie sich ohne Rücksicht auf eine Realität verdichtet und galoppieren darf. Im epischen Trott ist auch sie Ermüdungserscheinungen ausgesetzt.

Doch einem solchen Auf und Ab, auch in der Qualität, entgeht kaum ein pikaresker Roman. Über Jahrhunderte von Bildungsprosa hinweg hat diese wortgewaltige barocke Gattung durch Günter Grass eine neue Auferstehung gefunden, in einem rücksichtslosen Bänkelsang, der Weltgeschichte und Hinterhofdramen in eine einzige Moritatenkette zusammentrommelt.«

Reinhard Baumgart: Der große Bänkelsang. In: Neue deutsche Hefte. Gütersloh. H. 65. Dezember 1959. – Mit Genehmigung von Reinhard Baumgart, Grünwald.

THEODOR WIESER weist auf die »dichte Dinghaftigkeit« des Romans hin: Dinge wie die Röcke der Großmutter, die Blechtrommel oder der Kokosläufer »sind eigentliche Wesen, denen zwischen den Figuren ein eigener Platz zukommt«.

»[...] Kulturdiagnostiker haben uns wiederholt den Tod der Fabel bescheinigt. Grass, dem großen Fabulierer, gelingt jedoch in der ›Blechtrommel‹ eine Fabel, die auch im Rückblick auf die Tradition ihren Sinn enthüllt, obwohl der Autor von Sinn und Symbol eigene Auffassungen haben muß. Der Held des Romans, Oskar Matzerath, kommt als überaus frühreifer, hellhöriger Säugling zur Welt. Er nimmt skeptisch überlegen erst das Wort des mutmaßlichen Vaters: ›Er wird später einmal das Geschäft übernehmen‹ und dann seiner Mutter: ›Wenn der kleine Oskar drei Jahre alt ist, soll er eine Blechtrommel bekommen‹ zur Kenntnis. Beim dritten Geburtstag stellt er sein Wachstum ein, um der Welt der Erwachsenen zu entgehen, entwickelt sich allerdings männlich weiter; Familie und Ärzten gibt er eine äußerliche Erklärung mit einem arrangierten Sturz von der Kellertreppe. Gleichzeitig erhält er die erste seiner Blechtrommeln, die ihn bis in die Heil- und Pflegeanstalt in sein Krankenbett begleiten, hinter dessen weißen Stäben er seinen Lebensbericht aufzeichnet. Er trommelt Distanz zwischen sich und die Erwachsenen, er meditiert mit dem Spiel der Trommelschläge Vergangenes und Gegenwärtiges, er bezaubert und verführt aber auch kleine und große Zuhörer. Doch erscheint im Blechtrommler Oskar vor allem der Widerstand gegen die Welt versammelt. Im blauäugigen Gnom steckt ein zorniger junger Mann, und ist er nicht mit seinem Instrument ein authentischer Parteigänger der ›beat generation‹? Daß mit den Trommelstöcken freilich auch sexuelle Symbole und dazu Wegmarken seines Schicksals gemeint sind, verhehlt uns Oskar keinesfalls.

Oskar Matzerath besitzt die einmalige Gabe des Glaszersingens. Höhepunkte seiner Kunst sind die Zerstörung der Scheiben des Danziger Theaters, die Versuchung einsamer Passanten, denen er mit präzisem Effekt kleine Zugänge zu reichen Schaufensterauslagen öffnet, sowie Darbietungen des glastötenden Trommlers in der Propagandakompanie mit Liliputanern, die deutschen Truppen im eroberten Europa mit Unterhaltung und Zerstreuung beistehen, und die Entglasung einer nächtlichen Fabrikfassade vor den überoffenen Augen der ›Stäuber‹, einer jugendlichen Bande. Der Diamant seiner Stimme ist wie die ichsüchtige Spitze seines Wesens, das so gern zu Übertreibungen, Überspitzungen neigt, Ausscheidung auch seines harten Kernes, mit dem er Widerstand gegen die Welt leistet. So vermag er als Trommler und Glastöter sein Leben gegen Familie, Schule und die Plagen der Altersgenossen durchzusetzen.

Grass gibt den kleinbürgerlichen Alltag, in dem Oskar heranwächst, mit seltener Kraft der Anschauung. Kolonialwarenhändler, Postangestellte, Hausfrauen und Originale des Mietshauses, Leute vom Hafen werden nicht säuberlich herauspräpariert in einer wohlkomponierten ›tranche de vie‹, sondern sind verhängt mit anderen Figuren, bedrängt und versucht von den kleinen Umständen und Perspektiven, durchtränkt von den Gerüchen und trüben Säften des Lebens. Ja, ein eigentlicher Protest gegen alles Reinliche und Säuberliche vorgefaßter Welt- und Menschenanschauung durchdringt das Buch und ist Teil seiner eigenwilligen Kraft. Es ist die Einsicht des geborenen Romanciers, der mit jeder Figur auch deren Wurzelbereich und Nachbarschaft miterkennt und miterschafft. In dieser durchgreifenden Lebenstotalität muß auch die Macht des Geschlechtlichen eine große Rolle spielen; ohne Umschweife und ohne jede Zimperlichkeit wird davon gesprochen, und Grass weiß sich dabei in Übereinstimmung mit der frühen Tradition des Romans bei Rabelais und Grimmelshausen. Auch die dichte, oft opake Dinghaftigkeit erinnert an jene Epoche des Romans.

Prominente Dinge im Roman wie der weite Rock der Großmutter, die Blechtrommel, wie Brausepulver und Kokosläufer als erotische Bindemittel oder auch die Landschaft von Herbert Truczinskis Narbenrücken sind viel mehr als Attribute; es sind eigentliche Wesen, denen zwischen den Figuren ein eigener Platz zukommt. Der Bildhauer Grass erschafft hier Dinge, genau in ihrer Textur: sie sind nicht bloße Hinweise auf den Sinn und deshalb transparent oder Vorwand. Die Eigenart von Günter Grass' Erzählkunst läßt sich von solchen Gegenständen her, die nie zum Symbol geläutert oder verallgemeinert werden, einsehen. ›Flucht‹ in die Deutung der Welt, in die abstrahierende Analyse der Verhältnisse kommt nicht in Frage. Nur von der Dichtigkeit der Dinge her, die sich dem Auge im bescheidensten Alltag aufdrängen, kann der Dichtung neues Leben zugeführt werden.

Oskar entschließt sich nach dem Tod seiner beiden mutmaßlichen Väter – der Roman bleibt auch später ein Roman ungewisser Vaterschaften – zum Größerwerden: aus dem Zwerg wird ein Buckliger, der keinesfalls den Weg ins normale Leben findet. Nach dem Kriege fährt er nach dem Westen, wird Gehilfe eines Steinmetzen, der Grabsteine verfertigt, was Oskars Vorliebe für Friedhöfe entgegenkommt. Später dient er der Kunst als Modell auf der Akademie, wird dann Trommler der ›Rhine River Three‹ im Düsseldorfer Zwiebelkeller, wo dem tränenlosen Jahrhundert wieder zur runden menschlichen Träne verholfen wird. Eine Agentur lanciert ihn als großen Solotrommler und schickt ihn auf Konzertreisen. Er ist ein gemachter, reicher Mann, bis ihm, dem Einsamen, Unbefriedigten, Melancholischen eines heißen Tages der Hund Lux aus einem Kornfeld einen Ringfinger apportiert. Es kommt zu bizarren Szenen, zu einer Flucht, der die Polizei oben an der Rolltreppe der Metrostation Maison Blanche in Paris ein Ende setzt, zu einem Mordprozeß um den Finger. Am dreißigsten Geburtstag schließt Oskar, seine Existenz meditierend, hinter den Stäben seines Krankenbettes, die ihn vor der Welt bewahren, den großen Bericht.

Haben wir es mit einem Schizophrenen zu tun, der unentwegt zwischen erster und dritter Person pendelt? Entpuppt sich der Trommler, dessen Autodidaktentum sich einst in der Spannung zwischen der Lektüre von ›Rasputin und die Frauen‹ und Goethes ›Wahlverwandtschaften‹ vollzog, der seinem Hang nach Krankenschwestern treu bleibt, als großer Narr, die Freundschaft köstlicher Narren wie Klepp und Vittlar suchend? Der Autor hat sich einen Helden geschaffen, der nicht nur in einzelnen Aussagen heftige Reaktionen des Lesers provoziert, sondern auch mit seinem ganzen fabelhaften zentaurischen Wesen oft irritierend, beunruhigend auf den Leser wirkt. ›Denn nur du, Oskar, bist wahrhaft fabelhaft, bist das vereinzelte Tier mit dem übertrieben geschnörkelten Horn.‹ Auch diese Selbstbewunderung vor der Tapisserie ist keine Formel für den Däumling und Gnom, der zugleich ein klarsichtiger und aggressiver Zeitgenosse ist. Kein Simplizissimus mit Knan und Meuder und Einsiedler, kein teutscher tumber Held mit lauterem Gemüte tritt uns entgegen, der sich im Sinne des Bildungsromans zur Welt und seinem Selbst hin entwickeln soll: ›Ich gehörte zu den hellhörigen Säuglingen, deren geistige Entwicklung schon bei der Geburt abgeschlossen ist und sich fortan nur noch bestätigen muß.‹ Auch hier wird eine deutsche Überlieferung kritisch und voll Entschiedenheit umgestülpt. Wer soll in einer chaotischen Zeit seinen Bildungsweg noch so geruhsam gehen wie weiland Wilhelm Meister und der grüne Heinrich! Bildung im herkömmlichen Sinne ist für diesen Helden Romantik. Für Oskar gibt es auch keinen Ausgleich und keine Versöhnung mit der Welt als Schlußapotheose: der Eigenbrötler will das Gitter seines weißen Krankenbettes, das ihn vor der Welt trennt, für immer um sich haben.

Oskar ist jedoch nicht nur im Profanen, sondern auch im Sakralen beheimatet – oder, wie er selbst sagt, in beiden Bereichen nicht beheimatet. Seine unlösbare Bindung an die katholische Kirche, die ihm verzweifelte Lästerungen eingibt, samt der schwierigen, zuweilen grotesken Jesus-Parallele verraten zur Genüge, daß die ›Blechtrommel‹ kein Schelmenroman ist. Trotz der Fülle bunter und drastischer Einfälle, der in Narrentum verkleideten Schelmerei bewahrt das Buch durchgehend seine ernsten Spannungen. Seine Erzählung entlädt sich nicht etappenweise in Scherz und Übermut. Bei aller Buntheit der Figuren und Ereignisse ist Oskars Weg von Vernichtung und Dunkel umstellt. Auf den Stiegen des Stockturms erfaßt er Unsinn und Ohnmacht des Turmbaus, der Anblick von Baugerüsten läßt ihn immer an Abbrucharbeiten denken, in alle Liebe ist für ihn bitteres Versagen gemischt – Oskar ist bei aller Aggression ein scheuer Außenseiter, der ohne Zuversicht, nachdenklich, aber mit scharfem Blick den Weltlauf betrachtet. Dies erweist sich am deutlichsten in der Zeitkritik.

In Grass steckt ein Moralist, der politische Verirrungen der letzten Jahrzehnte genau und streng überprüft. Schon sein deutsch-polnisches Erbe verschafft ihm dazu nötigen Abstand. Doch tiefer als das Moralistentum reicht die menschliche Einsicht, so daß kein einziger Fall auf Urteil und Richtspruch reduziert werden kann. Der Weg des Trompeters Meyn ins SA-Reiterkorps, der Tod des jüdischen Spielzeugwarenhändlers Sigismund Markus, das Porträt des unverwüstlichen Malers und Obergefreiten Lankes oder vor allem die deutsch-polnische Aufspaltung in der eigenen Familie zwischen Matzerath und Jan Bronski sind Zeitkritik, die nie in voreiliger Theorie flach und falsch wird. Unvergeßlich bleibt eine Figur wie Mariusz Fajngold, einst Desinfektor im Konzentrationslager Treblinka und nun Hausgenosse in Danzig, dem Lysol und Leben durcheinandergeraten: die Hölle wird in indirektester Brechung und doch in erschütternder Wirkung gegeben. [...]«

> Theodor Wieser: Die Blechtrommel – Fabulierer und Moralist. In: Merkur. Dezember 1959.

Im *Evangelischen Literaturbeobachter* bespricht HANS LUDWIG GEIGER den Roman mit Respekt:

»Ein Buch ist mitten ins Gespräch gerückt: ein Roman, ein Autor, eine Begabung. Das Werk geht nicht nur den Liebhaber der Dichtung, es geht in entscheidender Weise den Christen an. [...]
Da der Autor die Zeit, das Historische der ersten Jahrhunderthälfte in seinem Roman spiegelt, und zwar mit einer Intensität, die wir vom Dichterischen her kaum so erlebten, kann Oskar Matzerath nichts anderes sein als die Linse einer Welterkenntnis, in der sich Naivität, Perversion, Genie und Wahn auf dämonische Weise mischen. Oskar ist ein Prinzip der Besessenheit, ein Katalysator, an dem alle Lebensbereiche erprobt werden, die dem Verfasser zu schaffen machen.

Da ist zunächst das Gebiet der Familie. Die Mutter lebt in kleinbürgerlichen, nach außen reputierlichen Verhältnissen zwischen dem Ehemann, der sich als brauner Spießer entwickelt, und dem polnischen Hausfreund, der als exzessive Gegenfigur gefaßt ist. Oskar weiß nicht, wen von diesen beiden er als seinen Vater zu betrachten hat, vermutet aber wohl mit Recht, er sei die Frucht der ehebrecherischen Beziehung. Mit brutaler Offenheit werden dem Kind die bürgerliche Unordnung, die sündhaften Verlogenheiten, in denen er wurzelt, vorexerziert. Regelmäßig treffen sich die Mutter und ihr Galan am Donnerstag in einem Absteigequartier. Regelmäßig verschwindet Mutter Matzerath am Sonnabend im Beichtstuhl. Und hier setzt der harte antikirchliche Affekt des offenbar katholisch geprägten Autors ein. In nahezu blasphemischer Weise führt Grass einen Kampf mit dem Erscheinungsbild seiner Kirche. (Gegen alles Evangelische beweist er eine totale Taubheit!) Der Priester wird zur Karikatur. Die Darstellung des Gekreuzigten, der Maria betrachtet und umkreist das Kind im Gotteshaus mit Hohn. Es ist mit dem Satan im Bunde, dem es bereits während der Taufhandlung versichert hat, es habe die Prozedur unbeschädigt überstanden. Auch das gehört in die Inkarnation des Bösen, die hier bis zur letzten Konsequenz vorangetrieben wird, um schließlich in einer grauenhaft großartig geschilderten ›Schwarzen Messe‹ zu gipfeln, deren nihilistischer Charakter wohl nicht zuletzt als Kontrapunkt zur verbrecherischen Welt des Nationalsozialismus und seiner Pseudoordnung gemeint sein mag. Indem Oskar sich an der Christusfigur im Kirchenraum vergeht, ihr das Wunder des Trommelns abnötigen möchte, indem er eine hohnvolle Identifikation zwischen sich und Jesus versucht, wird eine Konfrontierung zwischen Christus und dem Trommler gewagt, ein Bemühen des Gottessohnes, Oskar in seine Nachfolge zu ziehen, das, wie nicht anders zu erwarten, scheitert. Hier bricht die tragische Affinität des modernen Menschen zum Metaphysischen durch, von dem er nicht losgelassen wird, der aber dem Be-

reich der Sünde nicht zu entfliehen vermag. Um dieser Diagnose willen erregt und beunruhigt uns der Alarm, der in diesem Roman auf einer Blechtrommel vollzogen wird.   [...]
Oskar Wilde sagt im ›Dorian Gray‹, es gebe weder moralische noch unmoralische Bücher, um fortzufahren: ›Bücher sind gut oder schlecht geschrieben, nichts sonst.‹ Eine gefährliche Behauptung! Die Maßstäbe des Ästhetischen und ihre Kongruenz mit der Thematik des Kunstwerks sind Richtschnur des literarischen Urteils. Ganz gewiß! Aber vor der Hölle kann man nicht die Segel streichen. Gleichwohl verlangen die erzählerischen und die inneren Qualitäten des Günter Grass mit ihrer außergewöhnlichen motivischen Polyphonie vom Leser Respekt und Bewunderung. Seiner robusten Genialität gelten unsere Erwartungen.«

> hlg [d. i. Hans Ludwig Geiger]: Alarm auf einer Blechtrommel. In: Evangelischer Literaturbeobachter. München. Dezember 1959.

Unter dem Titel »Die Brechtrommel« weist Dr. med. H. Müller-Eckhard den Roman, der für ihn »eine Krankengeschichte« ist, als »trübe Pornographie« zurück:

»Man nehme zwei Teile psychoanalytische Weisheit (gar nicht wichtig, Genaues zu wissen), füge fünf Teile eingehende und genaueste sexuelle Details hinzu, mische gut, und fülle dann auf mit ›wilder und ungetümer Diktion‹. Schließlich versäume man nicht, einige Tropfen Gotteslästerung und einen guten Schuß morbider und obszöner Maßlosigkeit hinzuzusetzen, und fertig ist der preisgekrönte Roman ›Die Blechtrommel‹ von Günter Grass.
Was da zu lesen ist, könnte allenfalls als die Krankengeschichte eines Anstaltsinsassen begriffen werden (tatsächlich befindet sich der Held des Romans in einer Heilanstalt), vielleicht auch als Notizen eines Psychiaters, der sich die Mühe machte, den krankhaften Rededrang seines Patienten festzuhalten.

Kann man aber eine Krankengeschichte veröffentlichen? –
Wie zu sehen ist: man kann.

Um aber aus den Mitteilungen eines verwirrten und sicht-
lich gestörten Patienten einen Roman zu machen, müßte
man zunächst das wissen, was beispielsweise ein Maler dauernd gegenwärtig haben muß: Malen heißt weglassen!

In diesem Buch wurde dieses so wichtige Gesetz dauernd
übertreten, es wurde alles gesagt und an keiner Stelle etwas
weggelassen. Eine fortgesetzte, atemlose Gedankenflucht
bringt zuletzt Peinliches, Verhängnisvolles und unsagbar
Ätzendes zutage. Da ist ein fragwürdiges Feuerwerk koti-
ger und skandalöser Dinge. Da sind einzigartige Kaskaden
einer trüben Schmutzflut.

Durch den ganzen Roman zieht sich die Manifestierung
pathologischer Riechantriebe. Man fühlt sich gelegentlich
in das Weltbild eines Hundes versetzt, der ständig die
Schnauze am Boden hat. Wenn wir richtig gezählt haben,
wird auf 25 Seiten der Mensch als ein vorwiegend stinken-
des Wesen eingeschätzt. Da riecht es nach Fischlaich, nach
Gurken, Karbid und Schweiß. Da gibt es eine wiederholte,
sehr eingehende Darstellung eines Menschen, der sich er-
bricht.

Dem Romanhelden Oskar hat es der strenge Geruch leicht
ranziger Butter, der den vier Röcken seiner Großmutter
entströmt, angetan. Seine Mutter wurde auf einem kaschubischen Kartoffelacker just in dem Augenblick von einem
Brandstifter gezeugt, als sich dieser, von Feldgendarmen
verfolgt, unter die vier Röcke geflüchtet hatte.

Die Väter des Romans sind alle nur mutmaßliche Väter. Der
Held zeugt mit der Geliebten seines mutmaßlichen Vaters
ein Kind, das dann gleichzeitig Sohn und Bruder ist. An verschiedenen Stellen ist die ›Diktion‹ so niedrig, daß die Aussagen nicht mehr zu unterscheiden sind.

Der Mensch wird degradiert und beschmutzt, das Men-
schenbild geht unter. Die zoologische Auffassung vom
Menschen ist unverkennbar, genauso der Zwang zu voyeu-

ristischen Antrieben: ständig nach kleinsten sexuellen Details Ausschau zu halten. Bei dieser zerstörenden Art, den Menschen zu diffamieren, ist es nur logisch – psychologisch –, daß man sich auch der Blasphemie nicht enthalten kann. Von diesem Buch kann man sagen, daß es eine neue Kreuzigung und Verhöhnung Christi bringt. Da steht zu lesen: ›Mein süßer Vorturner, Sportler aller Sportler, Sieger im Hängen am Kreuz unter Zuhilfenahme zölliger Nägel. Das ewige Licht zuckte, – er aber erfüllte die Disziplin mit der höchstmöglichen Punktzahl.‹ Das wird vor einem Hochaltar ausgesprochen ...

Es fragt sich nun, warum so viele Worte um ›Die Blechtrommel‹?! Wir erwähnten schon, das Buch ist preisgekrönt, ausgezeichnet mit dem Preis der Gruppe 47, es wurde über den grünen Klee gelobt. Man darf bezweifeln, ob man wußte, was man tat, wenn man ›Die Blechtrommel‹ feierte und dem Autor applaudierte.

Wir warnen in aller Form davor, dieses Machwerk zu empfehlen oder Menschen mit unverdorbenem Geschmack in die Hand zu geben.

Der Roman verherrlicht das Weltbild eines an Leib und Seele verkrüppelten ›Gnoms‹, der wie ein Dreijähriger aussieht. Auch das Ich dieses Bedauernswerten ist krumm gewachsen und deswegen dauernd gezwungen, ein verkümmertes Du zu suchen. Seine Geschlechtlichkeit blieb im Frühkindhaften stecken. Die immer wieder aufleuchtende Faszination, unter die vier Röcke der Großmutter kriechen zu dürfen, ist nichts anderes als die unbewußte kindhafte Regression (Flucht nach rückwärts) des ›greinenden Dreijährigen‹ zum Ursprung des Mutterleibdaseins, ist der Hang, wieder zum wunschlosen embryonalen Kind werden zu wollen.

Ein Vaterbild wird nirgends aufgerichtet, da ja alle Väter nur mutmaßliche Väter sind, und Vater und Sohn die gleichen Frauen haben. Hieraus versteht sich das Abstürzen aller Autorität, das Fehlen eines väterlichen Leitbildes und die konfliktgeborene Ablehnung alles dessen, was vom Vaterhaften ausgeht, – vom ödipalen Haß ganz zu schweigen. So wird auch die Welt religiöser Fundamente abgestürzt. Die Fliesen in katholischen Kirchen geben dem Helden Lästerungen ein. Der Ärmste muß ausgerechnet beim Stuhlgang Worte wiederholen, die in der Messe gesprochen werden.

Also ein psychologischer Roman? – Das wäre durchaus denkbar, solches alles, einen irrigen Lebensstil, eine verkehrte Seelenentfaltung mit allen nur möglichen Schicksalsfolgen und allem Leid, was daraus kommt, in einem Roman darzustellen. Ein psychologischer Roman aber ist dieses Buch nicht. Aus dem faustischen Gang ›zu den abgründigen Herrlichkeiten der Mutter‹ (Leopold Ziegler) wurde eine trübe Pornographie, der die dekadente Sucht innewohnt, alle vorhandenen Werte zu entwerten.

Nach dem Lesen der Blechtrommel überkommt einen das Verlangen nach sehr viel heißem Wasser und nach guter Seife.«

H. Müller-Eckhard: Die Brechtrommel. In: Kölnische Rundschau. 13. Dezember 1959. – Mit Genehmigung der Heinen-Verlag GmbH, Kölnische Rundschau, Köln

WERNER WIEN sieht Widersprüchliches in dem, was Grass gewollt habe, und führt das auf die Generationserfahrung des Autors zurück:

»[...] Hätte Günter Grass nur ihr Chronist sein wollen, selbst über das Ende Danzigs, die Ausweisung und das Wirtschafts›wunder‹ des Schwarzen Markts in Düsseldorf hinaus, wir hätten keinen Chronisten von seiner Realistik. Doch er wollte mehr. Seine simplicianische Erfahrungen von der Teuflischkeit der Welt gaben ihm nachträglich eine ›dichterische‹ Idee ein. Wenn es auf Erden so zugeht, und man ist schon einmal in die Welt gesetzt, dann müßte man

›Stop‹ zu sich selber sagen, genau an jenem Markierungs-
punkt, wo die Kindheit anfängt, von den Erwachsenen verzerrt zu werden zu ihrem Größenmaß; am dritten Geburtstag müßte man freiwillig aufs Größerwerden verzichten, ein
Knirps bleiben, der seine Ängste und seine Wünsche der
rotweißen Blechtrommel anvertraut, aber nicht mehr mit
der Zeit spricht. So hat Grass sein Oskarchen zu einem un-
mutwilligen Liliputaner gemacht, zu einem halbfertigen
Homunkulus mit magischen Kräften, durch aggressive
Schreie in Überschallhöhe jedwedes Glas zu ›zersingen‹,
mit dem die Menschen sich das Glück ihrer Abtrennung
von der offenen Existenz sichern.
Aber die Zeit spricht dennoch zu dem drolligen Kretin. Der
ist nur von Statur klein, sein Geist spielt den Übermen-
schen, der sich vergottet, weil in der Herz-Jesu-Kirche das
Knäblein, untauglichen Maßes gleich ihm, auf dem Knie der
Jungfrau Maria nicht einmal trommeln kann wie er. Und
nicht allein die himmlische, auch die irdische Liebe gerät
ihm fortan in eine völlige Perversion. Der Hofnarr des Zeit-
geists ist kein Widerständler, sondern Diener seines Herrn,
bis in die Wehrmachtsbetreuung, bis in die Jazzband hinein,
bis in die Aufnahme des Entarteten in eine Heil- und Pflegeanstalt, aus der man den Dreißigjährigen wohl dann in die
westdeutsche Wirklichkeit entlassen wird.
Man liest das Buch beinahe schlechten Gewissens mit einer
gewissen Faszination. Das ist alles in einem Ausmaß ›gekonnt‹, das Ergreifendste und Frevlerischste so elegant ent-
pathetisiert, der Mensch so restlos ›fertig‹-gemacht, daß
man vor der ästhetischen Vollendung (von einigen indisku-
tablen Ferkeleien abgesehen) versucht ist, sittliche Argu-
mente als unangebracht beiseitezuschieben. Man sagt sich:
Die Dinge sprechen eben durch sich selbst ihre schlimme
Sprache – das war die Zeit. Aber das ist falsch. Denn das
Buch spricht die Sprache von Günter Grass, es verrät den
anomalen Hang des Autors zum Ekligen, es offenbart die
Verstörtheit einer Jugend der vierziger Jahre, jeden Glauben

zu parodieren, noch 1959, es legt die ganze Diskrepanz dieses preisgekrönten Werks dar, mit dem Abstand zum Schmerz von gestern einen Stil des untergründig bebenden Zynismus entwickelt zu haben und andererseits aus diesem Zynismus einen surrealen Scherz durchzuexerzieren in der Erfindung des Liliputanertums für einen ganz normal pubertierenden ›Helden‹. Das Gewollte ist nicht gekonnt. Das Gekonnte aber ist gemußt. Oskar Matzerath wird nicht nur aus der Heimat vertrieben, sein Autor hat ihn schon vorher aus dem Paradies vertrieben. In der Kunst wird er's auch nicht finden. Nur den Erfolg. Der dreißigjährige geistesgestörte Herr Matzerath wird mit Freispruch und geheilt entlassen. Das ist ein Ende, kein Anfang nach einem solchen Buch.«

Werner Wien: Trauermarsch auf der Blechtrommel. In: Christ und Welt. Stuttgart. 17. Dezember 1959. – Mit Genehmigung des Rheinischen Merkur, Bonn.

Ein »kaschubisches Buch« sieht GÜNTHER SAWATZKY in dem Roman:

»[...] Grass ist von Hause aus ein Genie und von Beruf ein bildender Künstler. Sein Roman ›Die Blechtrommel‹ ist in sieben Jahren entstanden, ein Wälzer mit Schwellungen sämtlicher unterschwelligen Gefühle, mit spürbar triebhafter Wortlust, mit herrlich gebauten Langsatz-Perioden, mit brünstigem Verlangen nach Geilheit, Gemeinheit, nach zwanghafter Verhöhnung und krankhafter Beschmutzung sämtlicher geltenden Werte, mit wollüstig ausgekosteten Blasphemien und Satansmessen, mit winselndem schlechtem Gewissen und östlich weichem Mitleid. Das Buch ist, obwohl großenteils in Paris geschrieben, obwohl ein Meisterstück epischen Erzählens in deutscher Sprache, im Grunde ein kaschubisches Buch. ›Mit den Kaschuben kann man keine Umzüge machen, die müssen immer dableiben

und Koppchen hinhalten, damit die andern drauftäppern
können, weil unsereins nich richtich polnisch is und nich
richtig deutsch jenug, und das raicht weder de Deutschen
noch de Polacken. De wollen es immer genau haben‹, sagt
eine der Personen des Romans. Darum ist dies auch nicht,
wie manchmal behauptet wird, ein Danziger Roman, obwohl er in Danzig spielt. Denn genauso wie der Erzähler
bewußt ›dem Leben der Erwachsenen von unten her zu-
schaut‹, und also den Eindruck gewinnt, daß Zeugung, Geburt und Verdauung das wichtigste sind, sieht er auch das
Leben der deutschen Stadt Danzig nur aus der Perspektive
eines kaschubischen Giftzwergs, also von den halbproletari-
schen Randsiedlungen zwischen Langfuhr und Brösen aus,
wo eben minderwertig Deutsches und minderwertig Polni-
sches mit dem Kaschubischen gemischt angeschwemmt
wurde; so, aus der Froschperspektive, werden denn auch die
politischen Ereignisse betrachtet. Das ist Gestaltungsprin-
zip des Buches, und also begegnet man auf Hunderten von
Seiten keinem halbwegs normalen Bürger dieser ostdeut-
schen Großstadt, sondern nur ›paslackschem‹ Volk, Gesin-
del. Diese doppelte Erniedrigung, diese zweimalige Sen-
kung des Niveaus der Beobachtung tief unter Normalnull
ist also ein bewußtes Formexperiment des Autors, und er
zeigt sich denn auch teils ironisch amüsiert, teils regelrecht
klinisch beängstigt von dem Zwange, sich und alles, was mit
ihm lebt, auf grotesk-phantastische Weise zu beschmut-
zen. [...]
Die Seele eines großen Spracharchitekten tobt sich in hinge-
bender Formung von Schlamm und Dung aus. Es gibt kein
Buch, in dem die Vermischung sämtlicher Körperflüssigkei-
ten, von den Tränen an abwärts, so vollkommen geglückt
ist.«

Günther Sawatzky: Dem Leben von unten zuge-
schaut. In: Bunte Blätter. Köln. 19./20. Dezember
1959.

Mit seiner durchweg negativen Kritik, die nur Sprachartistik und einzelne Einfälle gelten läßt, beginnt MARCEL REICH-RANICKI seinen Vernichtungsfeldzug gegen Grass' epische Großwerke, der 1995 in den Verrissen von *Ein weites Feld* im *Spiegel* und in der Fernsehsendung *Das literarische Quartett* seinen traurigen Höhepunkt fand.

»Der zweiunddreißig Jahre alte Günter Grass, dessen ungewöhnlich lauter und in die Länge gezogener Trommelwirbel den Enthusiasmus fast der gesamten deutschen Kritik hervorgerufen hat, ist tatsächlich ein geborener, wenn auch vorläufig noch keineswegs ein guter Erzähler. Ein origineller und überdurchschnittlicher Schreiber, ganz gewiß; aber doch von der Sorte jener geigenden Zigeunervirtuosen, deren effektvolles Spiel das Publikum zu hypnotisieren vermag. Zigeunermusik in allen Ehren: sie ist urtümlich und wild, leidenschaftlich und zügellos, strotzt von Vitalität und elementarer Musikalität. Die scheinbar mühelos beherrschte Technik imponiert nicht weniger als das unverfälschte Temperament, die häufigen Tricks werden mit Beifallsstürmen belohnt. Bisweilen wird man von dem Geiger – vor allem wenn man etwas getrunken hat – ganz und gar überwältigt. Und was wäre dagegen einzuwenden? Überhaupt nichts. Die Sache wird erst bedenklich, wenn man virtuose Darbietungen dieser Art mit Kunst zu verwechseln beliebt. Dem Erzähler sprudelt es nur so von den Lippen. Da gibt es mitunter Wortkaskaden von außerordentlicher Vehemenz und großartigem Schwung. Wenn er eine gute Stunde hat, dann hämmert und trommelt er mit einer Wut und einem rhythmischen Instinkt, daß es einem beinahe den Atem verschlägt. Man freut sich bei diesen Furiosos, daß einer in deutscher Sprache so penetrant und geschickt schmettern kann. Es wallet und siedet und brauset und zischt, wie wenn Wasser mit Feuer sich mengt. Nicht selten ist das Feuer dieser Prosa echt. Aber von dem Wasser ist allzu viel da – und wir haben es nicht immer mit sauberem Wasser zu tun.

Seine große stilistische Begabung wird dem Grass zum Verhängnis. Denn er kann die Worte nicht halten. Sie gehen mit ihm durch. Er wird immer wieder geschwätzig. Wäre der Roman um mindestens zweihundert Seiten kürzer, er wäre – wenn auch sicher kein bedeutendes Werk – doch weit besser.

Im Klappentext heißt es: ›Von der Fülle an Stoff, die er allein in der *Blechtrommel* mitteilt, lebt mancher Romancier ein Leben lang.‹ Das stimmt haargenau, nur daß es in der Literatur viel weniger auf die mitgeteilte ›Fülle an Stoff‹ ankommt, als darauf, was ein Schriftsteller aus dem Stoff zu machen weiß.

Viele seiner Einfälle verarbeitet Grass überhaupt nicht – in dem überladenen Prosagebilde treffen wir immer wieder auf unverdaute und vielleicht auch unverdauliche Brocken. Und da die ›Blechtrommel‹ von der anekdotischen Szene lebt, werden dem Autor seine Lust am Fabulieren und seine manchmal bewundernswerte Phantasie schließlich zum Verhängnis. Von der Kunst des Weglassens scheint er vorerst keinen Schimmer zu haben.

Grass ist auch ein Mann mit sehr originellem, meist makabrem Humor und mit viel Witz. Manche Witze sind auf bestem kabarettistischem Niveau. Aber wenn einer über siebenhundert Seiten lang um jeden Preis witzig sein will und an fast chronischer Geschmacklosigkeit leidet, müssen ihm natürlich zahllose schäbige Witzeleien unterlaufen. Auch sein Humor wird ihm zum Verhängnis.

Das Ganze ist als satirisches, zeitkritisches Gemälde der Jahre 1924 bis 1954 gedacht. Der in einer Irrenanstalt befindliche Oskar Matzerath erzählt die Geschichte seines Lebens. Von einem Entwicklungsroman in klassischem Sinne kann nicht die Rede sein, denn Oskar ›gehörte zu den hellhörigen Säuglingen, deren geistige Entwicklung schon bei der Geburt abgeschlossen ist und sich fortan nur noch bestätigen muß.‹

Im Alter von drei Jahren beschließt Oskar, nicht mehr zu wachsen – er bleibt also 94 Zentimeter groß.

Was soll dieser monströse Zwerg-Held? Nun, zunächst reizte Grass wohl der uralte, vom Film zu Tode gerittene Märchentrick, eine phantastische Figur in eine streng realistisch geschilderte Welt einzuführen. Überdies wollte er vermutlich die Perspektive des völlig unvoreingenommenen und höchst scharfsichtigen Beobachters verwerten, der – da er von allen für ein Kleinkind gehalten wird – außerhalb der gezeigten Welt steht, doch stets zu ihr Zugang hat. Oskar wurde also – um das kleinbürgerliche Milieu in Danzig vor und während des Krieges zu beobachten – mit einer Art Tarnkappe versehen.

Der Einfall ist nicht übel; leider vermochte Grass nicht viel aus ihm zu machen. Nur in einer einzigen Szene war ihm die Zwergfigur des Helden zu einem allerdings glänzenden Effekt nützlich. Während einer Nazi-Kundgebung versteckt sich der Kleine mit seiner Trommel unter der Tribüne, auf der HJ-Trommler postiert sind. Da ein Mikrophon in der Nähe ist, gelingt es dem trommelnden Oskar, die offiziellen Trommler durcheinanderzubringen, die statt der vorgeschriebenen Marschrhythmen schließlich einen Charleston trommeln, wodurch die ganze Kundgebung kläglich zusammenbricht. Das ist großartig geschrieben. Welch ein Sketch! Aber ach, ein Sketch nur!

Phantasie ohne epischen Atem ist im Roman verhängnisvoll. So wird beispielsweise Oskar mit der Gabe ausgestattet, durch seine schrille Stimme Glas zu zerbrechen. Diese Fähigkeit ist zunächst nur Abwehrwaffe des Zwergs gegen die verachtete Welt der Erwachsenen. Da das Verteidigungs-Singen mit der Zeit langweilig wird, läßt Grass seinen Helden später Schaufenster von Juwelierläden zerschreien, um verschiedenen Personen Diebstähle zu ermöglichen.

Was hätte ein wirklicher Romancier aus diesem kuriosen Einfall gemacht! In der ›Blechtrommel‹ dient er allenfalls zu einigen ziemlich banalen Bemerkungen über die Unehrlichkeit der Menschen.

Schließlich läßt Grass die ganze Glas-Zersingerei fallen,

denn für die Darstellung der Nachkriegsabenteuer Oskars
scheint sie ihm nicht mehr nützlich zu sein. Die Handlung
spielt jetzt vor allem in Düsseldorf, der Held schlägt sich
als Steinmetz, Malermodell und Jazz-Musiker durch. Da
für diese nicht ungewöhnliche Laufbahn ein Zwerg nicht
brauchbar war, läßt Grass seinen Oskar ganz einfach um
noch dreißig Zentimeter wachsen und versieht ihn bei dieser Gelegenheit mit einem Buckel.

Die Vision der Hunger- und Wirtschaftswunder-Jahre ist
schon ganz und gar schwunglos und uninteressant.

Aber plötzlich hat Grass wieder einen bewundernswerten
Einfall. Ein elegantes Lokal wird gezeigt, das die Gäste nur
dazu aufsuchen, um gemeinsam Zwiebeln zu schneiden,
wodurch sie erreichen, ›was die Welt und das Leid dieser
Welt nicht schafften: die runde menschliche Träne ... Da
wurde endlich wieder einmal geweint. Anständig geweint,
hemmungslos geweint.‹

Dieser Szene möchte aber Grass unbedingt eine zusätzliche
(höchst überflüssige) Pointe aufsetzen. Dank der hypno-
tisch wirkenden Trommelei Oskars werden die Gäste in
ihre Kinderzeit versetzt. Sie sind entzückt und ›befriedigten
ein Kleinkinderbedürfnis, näßten, alle, die Damen und die
Herren näßten ... pißpißpißpiß machten sie, näßten alle die
Höschen und kauerten sich dabei nieder ...‹

Den Vorgängen des Urinierens und Erbrechens widmet
Grass immer wieder seine besondere Aufmerksamkeit. Er
schildert auch einen Notzuchtversuch an einer religiösen
Holzfigur und berichtet, wie sein im Schrank versteckter
Held onaniert.

Wir sind durchaus nicht schockiert. Nichts Menschliches
und Allzumenschliches braucht der Schriftsteller zu umge-
hen. *Aber er muß uns durch sein Werk überzeugen, daß die
Berücksichtigung dieser Vorgänge notwendig oder zumindest nützlich war.* Das vermag Grass nicht. Die meist präzi-
sen und bisweilen wollüstigen Schilderungen seiner Art ergeben nichts für seine Zeitkritik.

Auch ist die geradezu kindische Wonne, die dem Autor seine Provokationen bereiten, recht bedenklich. *Sartre* sagt einmal, die Worte des Schriftstellers seien ›geladene Pistolen‹ und der Schriftsteller müsse ›wie ein Mann auf ein Ziel schießen und nicht wie ein Kind auf gut Glück, mit geschlossenen Augen und nur, um vergnügt das Knallen zu hören.‹

Gewiß hält Grass die Augen nicht geschlossen. Manche seiner bissigen Gedichte schienen von wirklichem Nonkonformismus zu zeugen. In der ›Blechtrommel‹ lenkt ihn jedoch eine ungebändigte Phantasie meist von der wesentlichen Problematik der letzten Jahrzehnte ab. Das ›Knallen‹, das ihm unendliche Freude bereitet, ist nur Trommelei – und die Trommel ist aus Blech. Die Echtheit der Aggressivität wird oft in Frage gestellt und die Auseinandersetzung mit der Zeit wird von Spielereien oder Schaumschlägereien verdrängt.

Was wird aus dem Grass werden? Ja, wenn er Schauspieler wäre, würde man sagen, dieser wilden Begabung solle sich sofort der beste und energischste deutsche Regisseur annehmen. Aber für Schriftsteller gibt es bekanntlich weder Regisseure noch Lehrmeister. Sie müssen ganz allein mit sich fertig werden. ›Die Blechtrommel‹ ist kein guter Roman, doch in dem Grass scheint – alles in allem – Talent zu stecken. Er muß mit den Feinden seines Talents kämpfen – sie sind in seiner eigenen Brust zu finden. Wir wünschen ihm sehr, sehr viel Glück.«

Marcel Reich-Ranicki: Auf gut Glück getrommelt. In: Die Zeit. Hamburg. 1. Januar 1960. Wiederabgedr. in: M. R.–R.: Günter Grass. Aufsätze. Zürich: Ammann, 1992. S. 13–18. – Mit Genehmigung von Marcel Reich-Ranicki, Frankfurt a. M.

Auch die dreieinhalb Jahre später im Rahmen einer Rundfunksendung erfolgte »Selbstkritik« MARCEL REICH-RANICKIS wiederholt den negativen Tenor und setzt lediglich die Akzente anders.

»[...]   Zwei Seelen wohnen also in des Kritikers Brust, in zwei Rollen tritt er gleichzeitig auf: als Rechtsanwalt und als Staatsanwalt. Das Ergebnis des Kampfes dieser beiden Seelen, des Gefechts auf dem Feld derartiger dialektischer Spannungen, die Summe der beiden Plädoyers, des verteidigenden und des anklagenden – das ist die Kritik, die dem Leser dienen will und dem Autor, der Literatur und unserer Zeit. Die Urteile hingegen werden, meine ich, nicht von uns, den Kritikern, gefällt, sondern später einmal von den hohen Richtern, den Literaturhistorikern.

Wer das Amt des Kritikers in diesem Sinne auffaßt, wer eine lebendige, militante, dialektische Auseinandersetzung mit der zeitgenössischen Literatur anstrebt, wer mutige und eindeutige Sofortreaktionen der Kritik fordert – der muß mit Irrtümern rechnen, der muß sie in Kauf nehmen. Denn oft bedarf das Plädoyer bereits nach wenigen Jahren einer Korrektur. Nach abermaliger Lektüre erscheint der Roman oder der Erzählungsband in einem anderen Licht. Der Kritiker sieht, daß er bei der ersten Begegnung mit dem Buch dem Ankläger oder dem Verteidiger in seiner Brust zu wenig Widerstand geleistet hat. Aus heutiger Sicht war sein damaliges Plädoyer irrtümlich. Und es ist sehr bedauerlich, daß wir Kritiker uns nur selten zu einer so belehrenden Selbstkontrolle unserer beruflichen Tätigkeit entschließen können oder wollen.

Am 1. Januar 1960 brachte die *Zeit* meine Kritik des Romans ›Die Blechtrommel‹ von Günter Grass. Ich sagte damals, der Anfänger Grass sei ein ungewöhnlicher, ein überdurchschnittlicher Erzähler, ich rühmte seinen originellen Humor, seine bewunderungswürdige Phantasie und seine sprachliche Kraft. Andererseits schrieb ich – übrigens weit ausführlicher – über das alles, was mir an der ›Blechtrommel‹ fragwürdig oder geradezu schlecht zu sein schien. Ich meinte, der Autor habe von der Kunst des Weglassens keinen Schimmer und sei sogar geschwätzig. Ich bedauerte, daß er seine teilweise großartigen Einfälle episch auszuwerten nicht imstande sei. Ich beanstandete Geschmacklosigkeiten und Schaumschlägereien, ich warf Grass vor, er habe es bisweilen darauf abgesehen, die Leser um jeden Preis zu schockieren, ihm sei hier und da an einem primitiven Bürgerschreck gelegen, der die Ernsthaftigkeit und die Aggressivität seines Buches in Frage stelle.

Das alles war im großen und ganzen richtig. Dennoch könnte ich diese Kritik nicht mehr unterschreiben. Ich würde heute die Akzente anders setzen und mich insbesondere mit dem Neuartigen in der Prosa von Grass viel eingehender befassen. Warum habe ich es damals nicht getan? Und warum zeichnet sich meine Kritik durch einen besonders gereizten und enragierten Ton aus? Mich hatte die leidenschaftliche, ja wilde Kraft dieses Erzählers beeindruckt. Aber er hatte mich zugleich enttäuscht. Ich konnte mich nicht damit abfinden, daß Grass seine Vitalität nicht gezügelt und sein Temperament nicht beherrscht hatte. Ich meinte, hier werde eine große Begabung verschleudert. Ich hielt es für meine Pflicht, den Autor zu warnen und das Publikum zur Skepsis aufzurufen. Daher habe ich in meinem Plädoyer vor allem den Ankläger sprechen lassen – und eben dadurch wurden die Proportionen entstellt.

Aber ich muß meiner vor drei Jahren geschriebenen Kritik noch etwas vorwerfen. Es handelt sich um den Helden der ›Blechtrommel‹. Warum hat Grass einen monströsen Zwerg in den Mittelpunkt gestellt? Ich schrieb, es habe ihn gereizt, ›eine phantastische Figur in eine streng realistische Welt einzuführen‹. Weiter hieß es in meiner damaligen Kritik: ›Überdies wollte er vermutlich die Perspektive des völlig unvoreingenommenen und höchst scharfsichtigen Beobachters verwerten, der – da er von allen für ein Kleinkind gehalten wird – außerhalb der gezeigten Welt steht, doch stets zu ihr Zugang hat. Oskar wurde also ... mit einer Art Tarnkappe versehen.‹

Das war alles richtig. Und doch bin ich der Gestalt des Helden und somit der Konzeption des Romans ›Die Blechtrommel‹ mit diesen Bemerkungen nicht gerecht geworden. Denn Oskar protestiert physiologisch und psychisch gegen die Existenz schlechthin. Er beschuldigt den Menschen unserer Zeit, indem er sich zu seiner Karikatur macht. Der totale Infantilismus ist sein Programm. Er verkörpert jenseits aller ethischen Gesetze und Maßstäbe die absolute Inhumanität. Das hätte ich damals schreiben sollen. Ich habe es leider nicht geschrieben. [...]«

Marcel Reich-Ranicki: Selbstkritik eines Kritikers. Westdeutscher Rundfunk. Köln. 22. Mai 1963. Wiederabgedr. in: M. R.–R.: Günter Grass. Aufsätze. Zürich: Ammann, 1992. S. 21–28. – Mit Genehmigung von Marcel Reich-Ranicki, Frankfurt a. M.

Gᴇʀʜᴀʀᴅ Sᴄʜüʟᴇʀ verteidigt Grass gegen den Vorwurf des Nihilismus:

»[...] Der Roman ist Zeitkritik und Kritik am Menschen schlechthin. Aber Grass liegt jedes sozialanklägerische Pathos fern. Er schreibt aus einer kaltschnäuzigen Distanz, ironisch, sarkastisch, zynisch. Er scheut nicht davor zurück, blasphemisch zu werden, er kümmert sich um keine Tabus. Er schildert minutiös Ekelerregendes und Perverses, ohne sich wohl immer zu fragen, ob er dazu noch legitimiert sei. Grass – darin ein erstaunliches Phänomen in der jüngeren deutschen Literatur – philosophiert nicht. Er stellt dar, er berichtet, weitschweifig, mit einer Vorliebe für das Detail. Hin und wieder gerät er in die Gefahr sich zu verlieren, den Faden der Erzählung bis ins Endlose auszuspinnen. Aber er weiß sich stets wieder zu fangen, er hält durch, bringt die Sache zu Ende. Trotz der Überlänge des Romans geht die Spannung nicht verloren.

Was hat es mit der ›Blechtrommel‹ auf sich? Betrachter des Buches sehen in Grass den Ankläger der nationalsozialistischen Zeit, andere wollen ihn nur als Fabulierer par excellence gelten lassen, dem es ein höllisches Vergnügen bereite, dem Bürger gehörig eins auszuwischen. Man hat ihn zum totalen Nihilisten gestempelt, der aus Freude am Gemeinen genüßlich schreibe, der einem überholten L'art-pour-l'art-Standpunkt huldige, ohne sich selbst innerlich zu engagieren. Für die einen ist sein Buch ein Kunst-, für die anderen ein schmieriges Machwerk.

So viel steht fest: wer sich lediglich an die häßlichen Fakten hält, den Roman gleichsam nur von ›außen‹ betrachtet, muß ihn verwerfen. Ist damit aber der Gerechtigkeit Genüge getan? Es ist – um damit zu beginnen – keineswegs moralisch anrüchig, Nihilist zu sein (ob es überhaupt möglich ist, einer zu sein, ist sowieso fraglich), denn es gibt wohl die Möglichkeit der Diskussion über weltanschauliche Standorte, aber keine Entscheidung über ihre objektive Richtigkeit. Grass zeichnet ein makabres Porträt des Menschen. Aber er tut es nicht aus Lust an der Zerstörung. Er will nur deutlich machen, daß das radikal Böse die absolute Gewalt über den Menschen erringen kann. Man hat zuweilen den Eindruck, als seien der eisige Hohn und der ätzende Spott lediglich Mittel, den Menschen zu geißeln, ihm ins Bewußtsein zu brennen, daß er im Moralischen jenem abstoßenden Kretin bis aufs Haar gleiche.

Günter Grass baut in seiner ›Blechtrommel‹ eine Welt auf, in der wohnen zu müssen einen schaudern macht. Aber – und das seien auch seine Widersacher gefragt –: was hat der Mensch im Laufe der Geschichte aus der Welt werden lassen, in der zu wohnen ihm aufgegeben ist? Ein Haus der Liebe, der Gerechtigkeit, der Sauberkeit oder eines des Hasses, der Zwietracht, der Barbarei?

Auf diese Frage kann jeder selbst antworten.«

Gerhard Schüler: Die Blechtrommel. In: Göttinger Tageblatt. 30. Januar 1960.

Im *Deutschen Pfarrerblatt* zeigt sich WILHELM HORKEL bei aller Bewunderung für das Talent des jungen Autors betroffen über das Ausmaß der »grandiosen Un-Verschämtheit« in der Darstellung der Sexualität:

»[...] Grass verfügt über eine unerschöpfliche Fabulierfreude und Sehfähigkeit. Seine Gestalten sind überaus plastisch, wenn auch höchst wenig liebens- und lobenswert. Ethische Grundsätze kennen sie nicht, das Religiöse kommt nur in blasphemischen Travestierungen vor, wobei es Seitenhiebe gegen die Evangelische und Katholische Kirche reichlich gibt. Er erzählt wirklich atemberaubend, anekdotisch, witzig, mit einem bitteren Humor, der jeder Selbstentblößung und Selbstverspottung offen ist. Auf alle Fälle als erzählerische Leistung ein ungewöhnliches Werk, das sicher auf Jahrzehnte hinaus unvergessen bleibt. In der Bewältigung der Gestaltenschaffung und Handlungsfülle kann man nur an Namen ersten Ranges vergleichend erinnern. Dutzende Novellen könnte man aus diesem randvoll gefüllten Band nachschreiben. Nur eine Frage bleibt zu stellen: Warum so kraß, Herr Grass? Das Sexuelle beherrscht weite Romanstrecken in einer solchen deftigen Nacktheit und grandiosen Un-Verschämtheit, daß man manchmal kaum weiterlesen kann. Man sucht Vergleiche bei James Joyce (Ulysses), bei Jahnn, bei Brecht, denkt zurück an Malaparte, vielleicht an einzelnes bei Hemingway, bei Rabelais; Remarque ist ein harmloser Waisenknabe gegenüber Grass, bei Balzac waltete eine durchgeistigtere Eleganz. Warum diese seitenlange Unflätigkeit, bei der der Phallus geradezu ein zweites Erzähler-Ich neben dem Zwerg Oskar wurde? Warum die Anhäufung des Offen-Obszönen, des surrealistisch-ekelhaften Triebwesens? Die von Grass entwickelte Metaphorik feiert hier geradezu ihre Orgien. Kann man all das als literarisierten Vitalismus kennzeichnen? Nein, es wäre der Höflichkeit zuviel. Offenbar will Grass wie so viele Zeitgenossen den Leser aufs rüdeste schockieren, durch brutale Härten und Deftigkeiten irritieren oder angreifen; jedenfalls bleibt abzuwarten, ob Grass sein echtes und urtümliches Erzählertum nicht doch an die peinlichst genaue Darstellung des Sexuellen in seinen trübsten Spielarten bis hin zur Sodomiterei verraten hat um den Siegespreis schneller, sensationeller Erfolge in der Weltpresse – wie es einst Remarque mit seinem Buch ›Im Westen nichts Neues‹ erging. Es wäre schade um diese große junge Kraft. Quo vadis, Günter Grass –?

> Wilhelm Horkel [Rezension der »Blechtrommel«.] In: Deutsches Pfarrerblatt. Essen. 1. April 1960. – Mit Genehmigung von Wilhelm Horkel, München.

In der Zeitschrift *Unser Danzig* vermißt der mit »K« zeichnende Rezensent eine moralische Grundhaltung:

»Der umfangreiche Roman spielt in seinem ersten Teil in Danzig und könnte daher das Interesse vieler Landsleute finden. Der Verfasser ist selbst Danziger und mit unserem Lokalkolorit aufs engste vertraut. Auch versteht er es meisterhaft, ihn einzufangen, daß man z. B. die von Langfuhr nach Brösen fahrende Straßenbahn förmlich vor sich sieht. Die dem Stoff zugrunde liegenden Gedankengänge aber sind skurril: Ein junger Mensch, durch Unfall zwergenhaft klein geblieben, wird zeitlebens für ein Kind gehalten und genießt so gleichsam Narrenfreiheit. Ihm wohnt jedoch ein giftiger Geist inne, der tausenderlei bösartigen Schabernack treibt. Der Dichter benutzt diese armselige Kreatur seines ›Helden‹, um durch ihn alles abzureagieren, was ihm leider nicht nur an Spottlust, sondern an Gift selbst innewohnt. So ist dieses Werk ein ganz merkwürdiges Gemisch glänzender Milieuschilderung, aber auch boshaftester Satire gegen alles und jedes.
Danzig wird etwa von 1930 bis zum Ende 1945 aufgespießt.

Schauplatz ist im wesentlichen das alte Langfuhr nördlich der Eisenbahn von Brösen hin. Der Nationalsozialismus wird mit schonungsloser Satire zerpflückt, und dies ist immerhin ein Vorteil des Buches. Die Kriegsjahre selbst sind nur die randliche Untermalung des kleinbürgerlichen Lebens der handelnden Familien, die dann im Inferno des Russeneinmarsches untergehen, vertrieben werden und sich auflösen.

Wer aber glaubt, hier einen Heimatroman vor sich zu haben, irrt gründlichst. Auch hinter schonungsloser Zeit-, Milieu- und Menschenkritik kann sich ein mitfühlendes Herz zeigen, wie es etwa Kästner und Tucholsky in ihren Gedichten beweisen. Hier sucht man vergeblich danach. Ein Heimatroman braucht nicht vor billiger Rührseligkeit zu triefen, er braucht auch nicht die Menschen der Heimat zu idealisieren. Eine moralische Grundhaltung, etwas, was letzten Endes befriedigt, erhebt oder meinetwegen aufrüttelt – wir suchen in diesem Buch vergeblich danach. Von der Kirchenschändung bis zur allerübelsten Pornographie, es wird alles dargeboten, was verletzen kann, und es hinterläßt, bei aller Bewunderung vor der glänzenden Form und lebendigen Milieuschilderung, ein Gefühl des Widerwillens. Einem jungen Menschen darf man diesen Roman nicht in die Hand geben.

Die Danziger sind nicht besser und schlechter als andere Menschen auch. So sind sie aber nicht gewesen. So kann sie nur jemand darstellen, der wahrhaft Nihilist ist. Auch die verwegenste Form der Darstellung kann zeitkritisch, kann heilend wirken und hat dann einen Sinn. Dieses Buch heilt nicht, es verletzt nur. [...]«

K.: [Rezension der »Blechtrommel«.] In: Unser Danzig. Lübeck. 20. Mai 1960.

Die *Blechtrommel* wurde in zahlreiche Sprachen übersetzt und fand im Ausland ein großes Echo, wie der folgende Überblick von VOLKER NEUHAUS zeigt. Der amerikanische Schriftsteller John Irving schuf sogar mit dem Titelhelden seines Romans *A Prayer for Owen Meany* (1989) eine dem Trommler Oskar nachempfundene Figur.

»[...] In den ersten Jahren nach der Veröffentlichung in Deutschland erschienen Übersetzungen in Frankreich, Schweden, Großbritannien, Italien, Norwegen, Dänemark, Finnland, den USA, den Niederlanden, Jugoslawien, Spanien, Portugal und verschiedenen mittel- und südamerikanischen Ländern. Als erste erschien bereits im Herbst 1961 die französische Übersetzung und wurde nicht nur von der Kritik als bester deutscher Nachkriegsroman stürmisch gefeiert, sondern war auch beim lesenden Publikum mit einer verkauften Startauflage von 50 000 Exemplaren das erfolgreichste deutsche Buch nach 1945.

Kurt Wolff, der zusammen mit seiner Frau Helen in ihren ›Pantheon Books‹ um die Verbreitung europäischer Literatur in den USA große Verdienste erworben hat, wollte den Roman sogleich in den USA herausbringen. Als Grass meinte, er könne sich nicht vorstellen, daß sich jemand in den USA für eine Geschichte aus der tiefsten deutschen Provinz interessiere, sagte Wolff: ›Jetzt haben Sie mich endgültig überzeugt – alle Weltliteratur kommt aus der Provinz.‹ In Ralph Manheim, der dann bis zu seinem Tod alle epischen Werke von Grass – unter zusätzlicher sorgfältiger Lektorierung durch Helen und Kurt Wolff – übersetzte, fand Wolff nach langem Suchen einen kongenialen Übersetzer für Grass' kunstvolle Prosa.

Als Manheims Übersetzung aus verlagstechnischen Gründen im Herbst 1962 zuerst in Großbritannien herauskam – wobei ein englischer Kritiker boshaft bemerkte, jetzt brauche man einen Übersetzer ins Englische [aus dem Amerikanischen] für Manheims Buch –, war die Reaktion zurückhaltender. Die Gründe hat John Mander in seinem klugen Essay ›Variations on a Tin Drum‹ (›Encounter‹, November 1962) benannt: Das hohe Lob der deutschen und französischen Kritiker, der Bestsellererfolg in beiden Ländern, ›wird hierzulande eher einen gewissen Widerstand hervorrufen. Will man uns einen weiteren literarischen Wunderknaben verkaufen?‹ So hielten sich in Großbritannien Lob und Tadel in etwa die Waage, doch erklang bei allem britischen Nonkonformismus und Skeptizismus Oskars Lob gelegentlich auch in höchsten Tönen. Michael Hardcastle schrieb am 27. September 1962 in der ›Bristol Evening Post‹: ›*Die Blechtrommel*, die morgen erscheint, ist mit nichts, das ich – und auch Sie, das wewete ich – je gelesen haben, zu vergleichen ... Der Pygmäe Oskar ist wahrhaft ein Monster – und kann sehr wohl noch viele Jahre die literarische Szene übertragen. Denn wer könnte ihn kleinmachen?‹

Seit Thomas Manns *Zauberberg* 1924 habe es keinen deutschen Roman gegeben, der mit so viel Vorschußlorbeeren bedacht worden sei, befand ›Newsweek‹ am 25. März 1963, als endlich die amerikanische Übersetzung erschien und zur literarischen Sensation in den USA wurde: 96 Rezensionen, von Boston bis San Francisco, haben mir vorgelegen, in denen das Buch meist hymnisch gepriesen wurde – der europäische Erfolg wurde in dem Land, das die Epik des 20. Jahrhunderts entscheidend mitbestimmte, zum Welterfolg. Die Vergleiche, die bemüht wurden, dienten letztlich dem Aufzeigen der Unvergleichlichkeit: Rabelais, Grimmelshausen, Jonathan Swift, Charles de Coster, Kafka, James Joyce, Thomas Mann, Louis-Ferdinand Céline, Henry Miller, William Faulkner wurden herangezogen; ein Kritiker nannte *Die Blechtrommel* eine Kreuzung aus Kafka und Joseph Hellers *Catch 22*, ein anderer das Produkt der Zusammenarbeit der Brüder Grimm mit Cervantes, und ein dritter meinte, es sei, als hätten James Joyce, William Faulkner, Lewis Carroll und S. J. Perelman gemeinsam an einer neuen aufgegagten Version von *Gullivers Reisen* gearbeitet. Auch die religiöse Dimension wurde stärker als in Europa betont: Das Buch sei eine moderne Variation von Bunyans *Pilgrim's Progress*, und eine katholische Zeitschrift attestierte der *Blechtrommel* die Qualitäten eines Mysterienspiels des 20. Jahrhunderts.

Neben der – wie zuvor in Europa – einhellig gepriesenen sprachlichen Virtuosität ziehen sich zwei Aspekte als Grundakkord durch die amerikanischen Kritiken, die bereits 1961 kein geringerer als Lars Gustafsson in seiner Besprechung der schwedischen Übersetzung der *Blechtrommel* betont hatte (›Expresse‹, 16. 10. 1961). Nach einem Resümee von Oskars phantastischem Lebenslauf fährt er fort: ›Und das Merkwürdige ist: Auf der letzten Seite des Buches entdeckt man, daß man über Deutschland und Mitteleuropa – sowohl in der Zeit des Völkermordes als auch im Biedermeier der Restauration – mehr weiß als je zuvor.‹ Die von Grass konzeptuell angestrebte Verbindung des schlechthin Phantastischen mit dem höchsten Realismus, des gewagtesten artistischen Spiels mit dem blutigen Ernst des 20. Jahrhunderts erwies sich nicht nur für die deutsche Literatur als innovativ, sondern auch im Weltmaßstab; die Präsentation der Weltgeschichte als blutig-komische Farce traf mit verwandten Tendenzen bei Grass' Generationsgenossen Kurt Vonnegut, Joseph Heller, García Marquez und dem jüngeren Thomas Pynchon zusammen. Und es war ein junger Deutscher, der so schonungslos die Verbrechen seines Volkes im Dritten Reich und im Krieg sowie ihre Verdrängung im ›Biedermeier‹ der Nachkriegszeit beim Namen nannte: ›Es mußte einfach zu diesem Buch kommen. Die deutsche literarische Tradition ist noch in der jüngsten Vergangenheit mit Thomas Manns Tiefe und Bertolt Brechts experimenteller Leidenschaft zu reich, um sich die Gestaltung des jüngsten Wahnsinns der Nazizeit in einem Meisterwerk entgehen zu lassen‹, schreibt der ›Chicago Heights Star‹ am 18. April 1963. Es könne gut sein, daß man Zeuge des De-

büts eines der bedeutendsten Epikers des 20. Jahrhunderts
geworden sei, schreibt Day Thorpe am 10. Februar 1963 im
›Washington Star‹ und nennt *Die Blechtrommel* ›das origi-
nellste Buch seit *Finnegans Wake*‹. ›Seit vielen Jahren ist uns
keine neue Begabung mit der Weite, der Kraft und der ge-
stalterischen Fähigkeit eines Joyce, eines Proust, eines Thomas Mann begegnet. Aber Günter Grass könnte das sehr
wohl sein‹, urteilt der Romancier und Kritiker Hayden
Carruth am 6. April 1963 in der ›Chicago News‹, und
Howard Schultz stuft im ›Richmond Times Dispatch‹ das
Erstlingswerk gleich als ›Nobelpreis-Material‹ ein. Mit einem in der Literaturgeschichte fast einmaligen Sensations-
erfolg hatte sich Günter Grass in die Weltliteratur ein-
geschrieben. Inzwischen wurde *Die Blechtrommel* noch
ins Bulgarische, Griechische, Hebräische, Japanische, Ka-
talanische, Polnische, Russische, Slowakische, Sloweni-
sche, Tschechische und Ungarische übersetzt, auf ben-
galisch, litauisch und rumänisch erscheint sie demnächst.
Anläßlich der Verleihung des Nobelpreises erschien in
der ›Deutschen Rundschau‹ ein Lebensrückblick Thomas
Manns, in dem er auch die Übersetzungen seiner Werke in
diverse Weltsprachen aufzählt und dazu stolz ein Wort
Émile Faguets zitiert: ›L'étranger, cette postérité contempo-
raine‹. 35 Jahre nach ihrem ersten Erscheinen hat *Die Blechtrommel* den von Enzensberger und vielen amerikanischen
Rezensenten in Aussicht gestellten kanonischen Rang sicher. [. . .]
Es ist ein letzter Beweis für die große Lebenskraft der
Blechtrommel, wenn der amerikanische Schriftsteller John
Irving, der sich dazu bekennt, von Grass das Schreiben gelernt zu haben, Oskar Matzerath wieder aufnimmt und
– unter Beibehaltung der Initialen – aus ihm seinen Owen
Meany formt. *A Prayer for Owen Meany* ist nahezu ausschließlich aus Grass-Motiven, vor allem aus der *Blechtrommel*, geformt, und der Held eine Kontrafaktur Oskars,
nur mit dem Unterschied, daß er seine Hellsichtigkeit, seine

überlegene Moral und seine schneidende Stimme von Anfang an aufklärerisch einsetzt. Wo Oskar es ausdrücklich ablehnt, als Prophet Jona Danzig-Ninive zu warnen, tut Meany das in seiner Zeit und seiner Umgebung mit aller Konsequenz. So ist er nicht wie Oskar ein im Asyl seine Botschaft predigender moderner Jesus, sondern einer, der predigt, handelt und sich opfert und im Evangelium seines Freundes und Jüngers, des Erzählers Wheelwright, weiterlebt.«

Volker Neuhaus: Nachwort. In: Günter Grass: Die Blechtrommel. Mit Nachw., Anm. und Zeittaf. von V. N. München/Zürich: Artemis & Winkler, 1994. S. 737–739, 756 f. – © 1994, 1997 Artemis & Winkler Verlag, Düsseldorf.

V. Skandale um das Buch

Während die Meinungsschlacht der Kritiker um Grass' epischen Erstling noch wogte, kam es zu einem politischen Eklat um das Buch, wie er in der Geschichte der Bundesrepublik recht einmalig ist. Die Jury des Bremer Literaturpreises hatte 1959 einstimmig für Günter Grass als Preisträger 1960 votiert; der Senat jedoch verweigerte seine – in anderen Fällen nur als Formalie betrachtete – Zustimmung. Der Vorgang wird in einem mit »WK« gezeichneten Artikel des Bremer *Weser-Kuriers* vom 30. Dezember 1959 ausführlich dargestellt.

»Einige Bremer Zeitungen haben hin und wieder Grund gehabt, über mangelhafte oder verspätete amtliche Informationen zu klagen. Über das Bremer Kulturleben erfährt man nämlich seit Jahren manches zuerst aus ›anderen Quellen‹, ja – und das ist besonders verdrießlich – aus auswärtigen Zeitungen. [...]

›Ein Trauerspiel‹

Diesmal ›informierte‹ uns die ›Frankfurter Allgemeine Zeitung‹ vom 29. Dezember. Sie unterrichtete, eine Riesenspalte lang, die Öffentlichkeit ohne ›viel Federkauen‹ über gewisse Vorgänge hinter den Kulissen der Bremer Literaturpreis-Jury. Den äußerst scharfen Angriff, der gegen den Senat der Freien Hansestadt Bremen gerichtet ist, hat Hans Schwab-Felisch, einer der Leiter des Feuilletons der ›Frankfurter Allgemeinen Zeitung‹, geschrieben.

Unter der Glossenüberschrift ›Ein Trauerspiel‹ tadelt er, daß der Senat einem einstimmigen – allerdings in Abwesenheit eines der Preisrichter (Manfred Hausmann) gefaßten – Beschluß der Jury nicht gefolgt ist. Diese hatte vorgeschlagen, den Rudolf-Alexander-Schröder-Preis 1960 an den 32jährigen Günter Grass für seinen Roman ›Die Blechtrommel‹ zu vergeben. Am Heiligabend wurde den Jurymitgliedern in einem Brief des Kultursenators Willy Dehnkamp die ablehnende Haltung des Senats mitgeteilt.

›Um den Hohn auf die von der Freien Stadt selbst bestellte Jury vollzumachen‹, ›der niemand wird anhängen können, sie sei jemals auf die avantgardistischen Barrikaden zu bringen‹ – so heißt es in dem Frankfurter Blatt –, ›war der Brief von eben jenem Regierungsdirektor Lutze unterschrieben, der (in seiner Eigenschaft als Preisrichter – Anm. d. Red.) bei der Abstimmung auch seine Stimme dem Grass gegeben hatte. In eine derart fatale Lage kann sich also ein Mann versetzt sehen, dem von Amts wegen nichts anderes übrigbleibt, als der Staatsräson zu folgen.‹

Noch bevor Schwab-Felisch auf die ›jämmerlich zu nennende‹ Begründung des Senats eingeht, meint er: ›Der Senat der Freien Hansestadt Bremen hat mit einer nicht mehr diskutablen Entscheidung ein Präjudiz geschaffen, das der Freiheit der Literatur einen empfindlichen Schlag versetzen müßte, würde es jemals Schule machen. Doch schon der einmalige Fall ist nicht nur beschämend. Er ist deprimierend.‹

Die in der Glosse zitierte Begründung des Senats hat folgenden Wortlaut: ›Der nach eingehender Beratung getroffene negative Beschluß findet insbesondere darin seine Begründung, daß eine Auszeichnung durch die Landesregierung, wie sie der Literaturpreis der Freien Hansestadt Bremen darstellt, eine Diskussion in der Öffentlichkeit hervorrufen würde, welche nicht den unbestrittenen literarischen Rang des Buches, wohl aber weite Bereiche des Inhalts nach außerkünstlerischen Gesichtspunkten kritisieren würde.‹

Der Frankfurter Kommentar dazu: ›Diese Hypothese nimmt der hohe Senat der Freien Stadt nun gleich als ‚Tatsache‘. Und in Erkenntnis dieser angeblichen Tatsache, deren hypothetische Folgen zu tragen der Senat der Freien Stadt also nicht die Courage hat, schlägt er den Jurymitgliedern vor, sie sollten noch einmal beraten, oder sie sollten das (ebenfalls preiswürdige) Buch von Uwe Johnson ‚Mutmaßungen über Jakob‘, das auch zur Debatte stand, auszeichnen, oder sie sollten den Preis in diesem Jahre überhaupt nicht vergeben.‹

Schwab-Felisch sieht voraus, daß dies tatsächlich nicht geschehen wird. ›Aber nicht, weil der Senat der Freien Stadt dies vorgeschlagen hat, sondern weil er mit seinem Beschluß und mit seinem Brief Porzellan zerschlagen hat, das nicht mehr zu kitten ist.‹ Der Kritiker weist darauf hin, daß drei Mitglieder des Preisgerichts bereits unwiderruflich ihr Amt niedergelegt haben: Dr. Rudolf Hirsch vom Frankfurter Verlag S. Fischer, der Schriftsteller Erhart Kästner und der Bonner Germanist Benno von Wiese. Auch der Vorschlag des Senats, die Jury möge als Ersatz Johnsons Buch auszeichnen, dürfte nicht zu verwirklichen sein, meint das Frankfurter Blatt: ›Der Verleger von Johnson hat erklärt, er würde ihm unter diesen Umständen nicht geraten haben, an Stelle von Grass den Preis anzunehmen.‹

Hans Schwab-Felisch ficht mit seiner heftigen Kritik nicht für den Schriftsteller, sondern für die Liberalität: ›Das Buch von Grass ist in dieser Zeitung sehr herbe und negativ besprochen worden. Der Angriff gegen das Buch und seinen Autor wurde von einer vornehmlich moralischen Plattform vorgetragen. Es gibt, wie nicht nur das Beispiel Bremen zeigt, auch andere Meinungen zu dem Buch von Grass. Hier geht es indessen gar nicht mehr um die ‚Blechtrommel‘, es geht um das Prinzip und um eine Begründung, die trostlos bleibt. Jedem anderen Buch, dem das gleiche geschehen wäre wie dem Roman von Grass, wäre an dieser Stelle gleichermaßen die Stange gehalten worden.‹

Nur ein einziger Senator für Grass

Der Senat will sich in seiner nächsten Zusammenkunft am 5. Januar mit der ernsten Lage befassen, die bei den Beratungen über die Vergabe des Literaturpreises für 1960 entstanden ist. Dabei sollen nach unseren Informationen auch die möglichen Folgen der jüngsten Entwicklung geprüft werden. In unterrichteten Kreisen wird es für unwahrscheinlich gehalten, daß der Senat überhaupt am 26. Januar 1960 den mit 8000 Mark dotierten Preis verleiht.

Wie inzwischen bekannt wurde, hat der Senator für das Bildungswesen, Willy Dehnkamp, den Vorschlag des Preisgerichtes, den Bremer Literaturpreis 1960 an Günter Grass zu vergeben, in der ersten Sitzung des neugewählten Senats am 22. Dezember unterbreitet und zur Annahme empfohlen. Der Leiter der Behörde für Kunst und Wissenschaft, Leitender Regierungsdirektor Dr. Eberhard Lutze, übrigens selbst Mitglied der Jury, erläuterte in dieser Sitzung die Entscheidung des Preisgerichtes. Er hatte bereits am 8. Dezember allen Mitgliedern des Senates eine zweiseitige, ausführliche Begründung zugeleitet, die eine literarische Wertung des vorgeschlagenen Romans einschloß.

Von den neun anwesenden Senatoren sprach sich nach ausführlicher Diskussion nur Senator Dehnkamp dafür aus, Grass den Preis zu verleihen. Von den übrigen acht Kabinettsmitgliedern sollen vier gegen die Auszeichnung dieses Autors gestimmt haben. Weitere vier sollen sich der Stimme enthalten haben, da sie den Roman nicht selbst gelesen hatten.

Zur Begründung ihrer ablehnenden Haltung sollen mehrere Senatoren die Ansicht geäußert haben, der Roman könne moralisch-sittlich nicht voll vertreten werden. Jugendsenatorin Mevissen habe unter anderem darauf hingewiesen, daß nach ihrer Meinung zumindest einige Kapitel des Werkes in den Index jugendgefährdender Schriften aufgenommen werden müßten. So könne sie sich eines Tages in dem Dilemma befinden, als Jugendsenatorin ein Werk verbieten zu müssen, dessen Auszeichnung mit dem Bremer Literaturpreis sie vorher gebilligt habe.

In Kreisen des Senats wird nachdrücklich hervorgehoben, man habe mit der Ablehnung dieses Werkes keinesfalls eine

künstlerisch-literarische Wertung vornehmen wollen. Die
Gründe lägen ausschließlich auf außerkünstlerischem Gebiet. Dabei gehe es in jedem Einzelfall um die subjektive
Auffassung eines Senatsmitgliedes. Auch enthalte die Ur-
kunde über die Stiftung des Literaturpreises für den Senat
keine zwingende Verpflichtung, dem Vorschlag des Preisgerichts zu folgen. Der Senat sei letztlich für die Verleihung
des Preises verantwortlich.

Die Aussichten, bis zum 26. Januar einen neuen Autor zu
finden, der mit dem Literaturpreis der Freien Hansestadt
Bremen ausgezeichnet werden könnte, werden als gering
bezeichnet. Nach nahezu einmütiger Auffassung unterrich-
teter Kreise dürfte es unmöglich sein, das Preisgericht in so
kurzer Frist zu ergänzen. Darüber hinaus mehren sich die
Zweifel, ob sich nach dem jetzigen Ausgang der Beratungen
überhaupt noch prominente Kenner der deutschen Literatur bereit finden werden, in diesem Preisgericht mitzuarbei-
ten. In diesem Zusammenhang klingt die Befürchtung an,
Bremen werde künftig kaum noch in der Lage sein, den
Bremer Literaturpreis zu verleihen.

Die Statuten sind unklar

Bei so bestellter Sache erhebt sich die Frage, ob der Senat
überhaupt berechtigt war, gegen das Buch, das die Jury als
preiswürdig erkannt hatte, ihr Veto einzulegen. Die Ur-
kunde über die Stiftung des Bremer Literaturpreises ist in
diesem Punkt nicht eindeutig. Im Paragraph 2 heißt es dort
lediglich: ›Der Preis . . . wird alljährlich, möglichst ungeteilt,
auf Vorschlag des Preisgerichtes am 26. Januar vom Senat
verliehen.‹

Man könnte auf Grund dieser Formulierung zu der Ansicht
kommen, es sei allein Sache der Jury, den jeweiligen Preisträger auszuwählen. Der Senat nehme dann lediglich die
Verleihung vor; er habe also im wesentlichen eine ausfüh-
rende und repräsentative Funktion. Der betreffende Passus

erlaubt aber auch den Schluß, dem Preisgericht stehe eben nur ein Vorschlagsrecht zu, die endgültige Entscheidung liege beim Senat. Welche der beiden Auslegungen die richtige ist, müssen die zuständigen Instanzen entscheiden. Es scheint allerdings festzustehen, daß auch die Juroren dem Senat das Einspruchsrecht grundsätzlich nicht bestritten haben.

Geht man von dieser Voraussetzung aus, dann gibt es zwei Arten von Gründen, welche die Senatoren zum Eingreifen veranlassen könnten: künstlerische und außerkünstlerische Gesichtspunkte. Ein Veto aus künstlerischen Gründen hätte wohl in jedem Falle den Rücktritt der Preisrichter zur Folge haben müssen, da es einem Mißtrauensvotum gleichkäme. Bleibt also ein Einspruch auf Grund außerkünstlerischer Überlegungen. Mit dieser Variante hat man es im vorliegenden Fall zu tun – und die Jury ist ebenfalls zurückgetreten. Offenbar waren die Mitglieder des schlichten Glaubens, eine etwa abweichende Meinung des Senats werde wohl niemals offiziell wirksam werden. Ein Irrtum, wie sich gezeigt hat. Was nun geschehen soll, darüber sagen die Statuten des Preises nichts.

Übrigens war innerhalb der Jury das Urteil über das Buch von Grass nicht einmütig. Die folgende Äußerung von Manfred Hausmann, einem Mitglied des Preisgerichts, der bei der Beschlußfassung der Jury nicht zugegen war, zeigt in ihrem Schlußsatze, daß seine subjektive Auffassung mit der Entscheidung des Senats nichts zu schaffen hat. Auch die ›Frankfurter Allgemeine Zeitung‹ hat ja das Buch ›herb und negativ‹ beurteilt – was übrigens aus der Luchterhand-Verlagsanzeige im ›Börsenblatt für den Deutschen Buchhandel‹ nicht erkennbar ist –, trotzdem jedoch den Grundsatz der ›Liberalität‹ betont. Hier die Äußerungen Manfred Hausmanns im Wortlaut:

Ein Jurymitglied nimmt Stellung

›An der entscheidenden Sitzung des Preisgerichts habe ich nicht teilgenommen, weil ich krank war. Da bei der Abstimmung satzungsgemäß nur die Stimmen der Anwesenden zählen, könnte ich meine Hände in Unschuld waschen. Ich mache aber kein Hehl daraus, daß ich das Preisgericht habe wissen lassen, ich sei ganz entschieden dagegen, dem Roman von Günter Grass den Bremer Literaturpreis zu verleihen. Dabei habe ich auch an den Mann gedacht, mit dessen verehrungswürdigem Namen der Preis aufs engste verbunden war und ist, an den bremischen Ehrenbürger Rudolf Alexander Schröder.

Kunstwerke, und besonders literarische Kunstwerke, stehen nicht beziehungslos im leeren Raum, den es übrigens gar nicht gibt, sie sind vielmehr für den Menschen da. Weshalb würden sie sonst mit allen Mitteln unter die Menschen gebracht?

Der Roman ‚Die Blechtrommel‘, der von einem zweifellos hochbegabten Autor stammt, gehört meiner Meinung nach zu den Werken, die nicht der Aufrüttelung und Aufschrekkung, sondern der Gefährdung, wenn nicht Zerstörung der menschlichen Seele und des menschlichen Geistes dienen. Von solchen Werken sind nachgerade mehr als genug im Umlauf.

Nicht, als hielte ich dafür, der Künstler dürfe sich nicht mit den dunklen und grauenvollen Mächten befassen, die in der Welt herrschen. Er darf es nicht nur, er soll und muß es sogar. Denn ein Werk, in dem nicht wenigstens mittelbar etwas von der nichtenden Gewalt dieser diabolischen Mächte zu spüren ist, kann nicht beanspruchen, ein wirkliches Kunstwerk zu sein.

Es kommt vielmehr auf die Absicht an, die hinter dem Werk steht. Und hinter jedem Kunstwerk steht eine Absicht. Das Märchen von der notwendigen Absichtslosigkeit des Kunstwerkes ist eben ein Märchen. Die Absicht aber, die in der ‚Blechtrommel‘ deutlich wird, widerspricht – vorausgesetzt, daß ich sie richtig erkannt habe – meinen Vorstellungen von einem Kunstwerk durchaus.

Deshalb habe ich mich gegen die ‚Blechtrommel‘ entschieden. Welche (mir vorläufig noch unbekannten) Gründe auch den Senat bewogen haben mögen, den Vorschlag des Preisgerichts abzulehnen: im Ergebnis sind wir uns einig. Vielleicht, wahrscheinlich nur im Ergebnis.‹

Kästner: Mangel an Mut

Der aus der Jury ausgetretene Direktor der Herzog-August-Bibliothek in Wolfenbüttel, Dr. Erhart Kästner, erklärte gestern abend, der Bremer Senat habe zugegeben, daß in dem Roman ›Die Blechtrommel‹ eine preiswürdige künstlerische Leistung vorliege. Er lasse damit also das Urteil der Jury, die er selbst ernannt habe, ausdrücklich gelten.

Dennoch weigere er sich jetzt, das Gerede ›Herrn Jedermanns‹ abzufangen. Er fürchte die Kritik nach ›außerkünstlerischen Gesichtspunkten‹ in der breiten Öffentlichkeit. Das anders als einen kläglichen Mangel an Mut zu nennen, werde schwerhalten. Wenn man schon eine Kulturpolitik überhaupt wolle, meinte Erhart Kästner, so sei diese eine im ›finstersten Sinne reaktionäre‹. Die Arbeit einer Jury werde damit natürlich zu einer Farce.

Was der Autor sagt

Wir haben über die Vorgänge sofort ein Telefongespräch mit Günter Grass geführt, der zur Zeit seinen Weihnachtsurlaub in der Schweiz verbringt. Der Autor zeigte sich über die Entscheidung des Senates genauso überrascht wie ein Sprecher des Luchterhand-Verlages. Beide hatten zwar ›vertraulich‹ gehört, daß die Jury ›Die Blechtrommel‹ mit dem Bremer Literaturpreis bedenken wolle. Das ›Verdammungsurteil‹ in letzter Minute erfuhren sie jedoch erst durch unseren Anruf.

Günter Grass vermochte daher keine grundsätzliche Stellungnahme zu formulieren. In dem – wegen der großen Entfernung häufig gestörten – Gespräch äußerte er aber etwa folgende Gedanken: Ich bin mit Paul Celan befreundet, der vor zwei Jahren den Bremer Preis erhalten hat. Als ich erfuhr, daß 1960 mein Roman ausgezeichnet werden sollte, habe ich mich sehr gefreut. Ich sah ein Zeichen von Mut darin, daß die Jury in der Hansestadt eigenwillige junge Autoren zu stützen entschlossen ist. Nun bin ich natürlich enttäuscht, daß in Bremen – wie in den meisten anderen Städten – die Entscheidung offenbar ›wohldosiert‹ und unter dem Motto ›Nur nicht anecken!‹ getroffen wird. [...]«

> Zit. nach: Heinz Ludwig Arnold / Franz Josef Görtz (Hrsg.). Günter Grass – Dokumente zur politischen Wirkung. Stuttgart/München/Hannover: Boorberg, 1971. (Edition Text + Kritik.) S. 267 bis 273. – Mit Genehmigung der Bremer Tageszeitungen AG, Weser-Kurier, Bremen.

Als sich die Deutsche Akademie für Sprache und Dichtung für Günter Grass als Büchner-Preisträger 1965 entschied, fürchtete man Proteste dagegen aus denselben Gründen, aus denen der Bremer Senat 1959 seine Zustimmung verweigert hatte: wegen des »skandalösen« Inhalts seiner Werke. Die Proteste erfolgten auch, wurden jedoch vom politischen Skandal um Grass' Rede, die einen Rückblick auf seinen – vergeblichen – Wahlkampfeinsatz für die SPD bot, überlagert. Der Vorgang ist in einem Buch über die Geschichte des Büchner-Preises beschrieben und dokumentiert.

»Die Verleihungsurkunde lautet:

›Die Deutsche Akademie für Sprache und Dichtung verleiht den Georg-Büchner-Preis 1965 an Günter Grass für sein Werk in Lyrik und Prosa worin er kühn, weitausgreifend und kritisch das Leben unserer Zeit darstellt und gestaltet.‹

Enthusiastische Bewunderung und erbitterte, ja haßerfüllte Gegnerschaft sind seit dem auf Anhieb errungenen Welterfolg seines ersten Romans ›Die Blechtrommel‹ (1959) die Signaturen des Ruhms von Günter Grass. 1960 ist der Vorwurf angeblicher Pornographie gut genug dafür, daß der Senat der Hansestadt Bremen den von einer unabhängigen Jury an Grass gegebenen Bremer Literaturpreis ihm wieder aberkennt. Vor diesem Hintergrund richtet man sich noch sechs Jahre später bei der Verleihung des Georg-Büchner-Preises an Grass in Darmstadt vor allem auf die Abwehr der Vorwürfe des Jahres 1959 ein. Und es sieht zunächst so aus, als solle man damit Recht behalten. Der Kreisvorstand der Darmstädter Jungen Union stellt in einem öffentlichen Protest einen Monat vor der Übergabe des Preises nicht politische Differenzen, sondern moralische Vorwürfe in den Vordergrund:

> ›Die Aufmerksamkeit, die Grass in der deutschen Öffentlichkeit erregt hat, ist vorwiegend auf seine blasphemischen und pornographischen Entgleisungen zurückzuführen.
>
> Grass hat den Beweis dafür noch zu erbringen, daß seine Erzeugnisse wirklich künstlerischen Wert besitzen und er nicht darauf angewiesen ist, durch Appelle an niedrige Instinkte Beifall zu haschen ...‹ (*Darmstädter Tagblatt*, 24. 9. 1965)

Noch am Tage der Preisverleihung sind der hessische Kultusminister Ernst Schütte und der Laudator Kasimir Edschmid in ihren Ansprachen nur auf die Zurückweisung moralischer Unterstellungen eingerichtet. Ernst Schütte berichtet:

> ›Mit einer Flut von Briefen, keineswegs nur aus Hessen, sondern u.a. auch aus Nottuln, Garitz und Windelsbleiche, bin ich vor dieser Feier gewarnt worden – verhindern solle ich sie! In Unkenntnis der Verfahren, die höchst urteilsfähige Männer anwenden, bevor sie zu ihrer

Entscheidung über den Preisträger kommen, sind die
Protestierer von der Allmacht eines Ministers auch in
puncto Preisverteilung überzeugt, was nicht gerade als
Indiz für die Standfestigkeit unserer Demokratie gelten
kann. Man könnte das alles auf sich beruhen lassen – auch
wenn es hie und da schon wieder brennt. Aber ich
möchte doch noch sagen, wie sehr die Protestierer in ihrem Ethos und Pathos einer Methode zugetan sind: der
des Häppchenzitierens und des Häppchendenkens ...‹

Zwischen der Entscheidung der Darmstädter Jury am 5. Mai
1965 für Grass und der Übergabe des Preises im Oktober
liegt der Bundestagswahlkampf, in dem sich Grass in 52 Reden als freiwilliger Wahlhelfer der SPD und Willy Brandts
engagiert, liegen die Ausfälle Ludwig Erhards gegen die intellektuellen ›Pinscher‹, liegt die Verbrennung Grass'scher
Bücher durch jugendliche ›Literaturfreunde‹ in Düsseldorf,
liegt der Brandanschlag auf die Berliner Wohnung des
Schriftstellers, liegt schließlich die von der SPD verlorene
Bundestagswahl. Auf diesem Hintergrund wird die Preis-
rede von Günter Grass zu einem Resümee seines Wahl-
kampfengagements und zu einer nachträglichen letzten
Wahlrede:

›Zwar sprach man während Wochen über Volksrente,
Vermögensbildung, Gesundheitsschutz und bis nahe dem
Überdruß zum Thema Sicherheit; aber in der Tat und
abgesehen von den Alpträumen eines privaten Wahlrei-
senden, ging es während des Wahlkampfes vor der Bundestagswahl 1965 um die Beantwortung dieser leitmotivi-
schen Frage: Darf in Deutschland ein Emigrant Bundes-
kanzler werden? Und am 19. September hat die Mehrheit
der Bevölkerung in der Bundesrepublik neben das unbewußte ‚Nein‘ zur Wiedervereinigung und den damit
verbundenen Opfern ein bewußtes ‚Nein‘ gesetzt. Die
Entscheidung gegen Willy Brandt, das heißt, gegen den
Emigranten Willy Brandt und also gegen die gesamte

deutsche Emigration schlägt zu Buche als ein ‚Ja‘ zum Opportunismus, als ein ‚Ja‘ zum unreflektierten Materialismus, als Bestätigung eines Ludwig Erhard: Unter der Schirmherrschaft sich christlich nennender Parteien darf der Tanz ums Goldene Kalb vier Jahre lang fortgesetzt werden.‹ [...]

Meine Damen und Herren! Wie peinlich. Ich betrüge Sie in aller Öffentlichkeit um den Genuß einer Festrede und verschleppe den profanen Wahlkampf über den Termin hinaus bis in den Windschatten dieser Akademie. Ohne Abstand, ja noch immer betroffen von den ruckenden Prozentzahlen auf dem Fernsehschirm, betrat ich diesen Saal und erteilte dem Zorn das Wort.

Seien Sie versichert: vorsorglich und mit dem notwendigen Respekt hielt ich Rücksprache mit Georg Büchner. Er wußte ums Scheitern ... Georg Büchner gab mir den Freipaß: Sag es! Sei ein schlechter Verlierer! Scheue Dich nicht, blind für vergilbte Verdienste zu sein ...

Wenn unsere Jugend nicht lernt, sie (die Emigration) als gewichtigen und oft besseren Teil unserer Geistesgeschichte zu werten, wenn, wie heute, abermals zu befürchten ist, daß uns der Geist und die Künste, zum wievielten Male, emigrieren, dann wird es an der Zeit sein, unsere Nachbarn zu warnen: Gebt acht, ihr Tschechen, Polen, Holländer und Franzosen: die Deutschen sind wieder zum Fürchten ...‹

Diese Rede macht die mit so viel Spannung erwartete Auseinandersetzung um den ›pornographischen‹ Grass im Handumdrehen gegenstandslos:

›Draußen standen stumm die Sandwich-Männer und demonstrierten gegen etwas, woran in der ‚Festversammlung‘ – ein plötzlich fatal gewordenes Wort – seit einer guten Stunde niemand mehr dachte. Woran dachte man? Bestimmt nicht an ‚Pornographie‘ ... Sondern wohl nur an Politik. An das politische Engagement, zu dem sich

einer von denen bekannte, über deren politische Indifferenz hierzulande so oft geklagt worden ist ...‹
(F. Oberhauser, ›Beim Auftritt eines ‚schlechten Verlierers'‹, *Saarbrücker Zeitung*, 12. 10. 1965)

Für die angegriffene CDU reagierte der Darmstädter Kreisverband:

›... Herr Grass hat als Gast der Deutschen Akademie für Sprache und Dichtung und der Stadt Darmstadt das Gastrecht auf das gröblichste mißbraucht. Glaubte er, es den demokratischen Repräsentanten der gesamten Bürgerschaft zumuten zu dürfen, als ihr Gast einen großen Teil der Bürgerschaft hemmungslos zu beschimpfen? Noch peinlicher ist die Lage, in die Grass die Deutsche Akademie gebracht hat. Die mutigen und integren Männer der Akademie haben ungeachtet aller Widerstände und Bedenken das literarische Werk eines Schriftstellers auszeichnen wollen. Sie haben sich dabei auch nicht durch den Verdacht beirren lassen, hier solle nicht das literarische Schaffen eines Mannes als vielmehr seine politische Tätigkeit belohnt werden.
In dieser Situation kein Wort des Dankes zu finden und sich mit einer politischen Hetzrede übelster Art zu revanchieren, stellt eine außerordentliche Geschmacklosigkeit und Ungezogenheit dar, für die es in der jüngeren Geschichte Darmstadts kein Beispiel gibt.‹ (*Darmstädter Echo*, 11. 10. 1965)

Und die Darmstädter Junge Union, im September wegen ihres Protestes von der CDU noch scharf zurechtgewiesen, wendet nun den Pornographie-Vorwurf ohne weiteres ins Politische:

›Aber noch ein Wort zu Grass. Wie wunderlich, daß alle, die vorher den Windmühlenkampf für Grassens Meinungsfreiheit fochten, nun betroffen sind, daß er davon Gebrauch machte. Weshalb waren sie schockiert? Sie merkten, daß Grass keine Grenzen kennt und kein Maß, daß er sich selbst für das Maß aller Dinge hält. Sie merkten es an einer politischen Rede des Günter Grass. Wir hatten es schon an seinen Büchern gemerkt ...‹ (*Darmstädter Tagblatt*, 19. 10. 1965)«

Der Georg-Büchner-Preis 1951–1987. Eine Dokumentation. Nach dem Katalog zur Ausstellung »Der Georg-Büchner-Preis 1951–1978« von Dieter Sulzer, Hildegard Dieke und Ingrid Kußmaul. Deutsches Literaturarchiv, Marbach 1978. Durchges., aktual. und erg. von Michael Assmann, Deutsche Akademie für Sprache und Dichtung Darmstadt. München: Piper, 1987. S. 181–184. – © 1987 Piper Verlag GmbH, München.

1969 sprach das Oberlandesgericht München in letzter Instanz dem ehemaligen NS-Publizisten Kurt Ziesel das Recht zu, Günter Grass in literaturkritischen Zusammenhängen als »Verfasser übelster pornographischer Ferkeleien« zu bezeichnen. Ziesel war auf dieses Urteil so stolz, daß er den gesamten Hergang dokumentierte. Das – leicht gekürzte – Urteil des Oberlandesgerichts faßt ihn so zusammen:

»12 U 2407/67
zu 2 O 170/67 LG Traunstein
Verkündet am 8. Januar 1969
Die Urkundsbeamtin
gez. Krieger
Justizassistentin

IM NAMEN DES VOLKES

Der 12. Zivilsenat des Oberlandesgerichts München erläßt durch den Senatspräsidenten Dr. Waltenberger und die Oberlandesgerichtsräte Dr. Bosch und Schreibmüller auf Grund der mündlichen Verhandlung vom 23. Oktober 1968 in dem Rechtsstreit

Grass, Günter, Schriftsteller, Berlin 41, Niedstraße 13,
Kläger, Berufungsbeklagter und Anschlußberufungskläger,
Prozeßbevollmächtigte: Rechtsanwälte Dr. *Otto Gritschneder* und Dr. *Hans Weber*,

gegen

Ziesel, Kurt, Schriftsteller, Breitbrunn am Chiemsee, Beklagten, Berufungskläger und Anschlußberufungsbeklagten, Prozeßbevollmächtigter: Rechtsanwalt Dr. *Günther Ossmann*,

wegen Unterlassung

folgendes

Urteil:

I. Auf die Berufung des Beklagten und die Anschlußberufung des Klägers wird das Urteil des Landgerichts Traunstein von 29. September 1967 aufgehoben.

II. Dem Beklagten wird bei Meidung einer Geldstrafe in unbeschränkter Höhe oder einer Haftstrafe bis zu sechs Monaten für jeden Fall der Zuwiderhandlung verboten, den Kläger außerhalb literaturkritischer Zusammenhänge als ›Pornographen‹ zu bezeichnen.

III. Im übrigen werden die Klage abgewiesen‹ sowie Berufung und Anschlußberufung als unbegründet zurückgewiesen.

IV. Von den Kosten des gesamten Rechtsstreits haben der Kläger ¾, der Beklagte ¼ zu tragen.

V. Das Urteil ist vorläufig vollstreckbar gegen Sicherheitsleistung des Klägers in Höhe von 6000,– DM und des Beklagten in Höhe von 2000,– DM.

Tatbestand:

[...] Der Beklagte (Jahrgang 1911), Initiator und Generalsekretär (geschäftsführendes Vorstandsmitglied) der Deutschland-Stiftung, ist seit Jahren ein entschiedener Geg-

lerposition aufgeben. Es hätte sonst eine ständige Rüc[k]
blende gegeben, umständlich und dreimal um die Ec[k]
was man mit einem Semikolon beim Schreiben mach[
kann, wird im Film umständlich.

BECKER-GRÜLL. Statt dessen bieten sich Raffungen an u[
die Konzentrierung auf wesentliche, ins Bild umsetzba[
Szenen: ›Nummernrevue‹ nennt sie Volker Schlöndor[

GRASS. Wir waren uns beide einig, daß man nicht die Fül[
der einzelnen Kapitel und Szenen in den Film hinei[
geben kann. Nicht nur, weil es zu lang werden würde. [
gibt bestimmte Kapitel, die einfach rauszulösen ware[
obwohl wir ungern auf sie verzichtet haben, zum Beispi[
die Figur des Herbert Truczinski, der sich an der Gal[
onsfigur aufspießt. Aber das war rauszulösen, ohne da[
der Verlauf der Geschichte Schaden nehmen konnte. S[
gibt es einige Sachen, die nicht hineingefunden haben ..
Schlöndorff hat mir die verschiedenen Drehbuchfassun[
gen vorgelegt, und ich hab dann meine Meinung dazu ge[
sagt. Wir haben die Szenen durchgesprochen, es ergabe[
sich auch Änderungen daraus, und intensiv hab ich dan[
das letzte Mal an den Dialogen mitgearbeitet, auch dort[
wo Schlöndorff noch weitere Dialoge benötigte für di[
Szenen.

[B]ECKER-GRÜLL. Schlöndorff spricht sogar von den gute[
Regieanweisungen im Roman ...

[SC]HLÖNDORFF. Wehe, wenn man sie nicht verfolgt: auf ein-
[ein]mal kommt die Szene aus dem Geleis.

[GR]ASS. Erst als ich merkte, daß der Schlöndorff jemand ist,
[d]er die Kraft und die Vorstellungskraft hat, aus seiner Äs[
[th]etik heraus, aus der Ästhetik des Filmemachers Stoff zu [
[ad]aptieren, da war ich beruhigt. Wenn es jemand gewese[
[wä]re, der versucht hätte, sich ganz an die literarische
[Fo]rm anzulehnen, also einen filmischen Abklatsch des [
[ro]mans zu machen, da hätte ich auch gar keine Einwilli-
[g] dazu gegeben. Erst, als ich merkte, daß der Schlön-
[dorf]f in der Lage ist, die Syntax des Schriftstellers, den

---

ner des Klägers. Am 18. 3. 1967 zählte er im ›Tagesanzeiger‹ (Regensburg) in der Rubrik ›Das freie Wort‹ unter den von ihm abgelehnten ›Empfängern jährlicher Literaturpreise‹ auch ›*Günter Grass* (Verfasser übelster pornographischer Ferkeleien und Verunglimpfungen der katholischen Kirche)‹ auf. Am 14. 4. 1967 gab der Beklagte in der ›Deutsche Tagespost‹ (Würzburg) in einem ›Kommentar zum Kulturgeschehen‹ unter der Überschrift ›Botschafter Grass‹ seiner Genugtuung darüber Ausdruck, daß es der Bundesrepublik Deutschland erspart geblieben sei, ›den Pornographen *Günter Grass* als Botschafter in Israel zu sehen‹. (Die entsprechenden Zeitungsausschnitte befinden sich als Anlage zu Bl. 1/4 EVA).

Soweit ist der Sachverhalt unstreitig. [...]

Der Kläger beantragte,

dem Beklagten unter Strafandrohung zu verbieten, ihn als ›Verfasser übelster pornographischer Ferkeleien und Verunglimpfungen der katholischen Kirche‹ sowie als ›Pornographen‹ zu bezeichnen.

Der Beklagte stellte den Antrag auf Klageabweisung.
[...]

Mit Urteil vom ›28.‹ (richtig: 29.) 9. 1967 verbot das Landgericht Traunstein dem Beklagten unter Strafandrohung, ›den Kläger in Zeitungsartikeln und Leserbriefen‹ mit den beanstandeten Vorwürfen zu bedenken. [...]

Der Beklagte beantragt

Aufhebung des Ersturteils (sinngemäß: soweit es eine Verurteilung ausgesprochen hat) und völlige Abweisung der Klage, vorsorglich Vollstreckungsschutz.

Der Kläger stellt demgegenüber den Antrag,

die Berufung zurückzuweisen. [...]

Entscheidungsgründe:

[...] Der scharfen Kritik, die der Beklagte an dem Kläger an den angeführten Stellen und in der wiedergegebenen Form geübt hat, fehlt es bei Anwendung der gebotenen

Güter- und Pflichtenabwägung weitgehend an dem Tatbe-
standsmerkmal der Widerrechtlichkeit. Die Polemik des Beklagten ist daher zum größten Teil erlaubt und begründet
demnach insoweit auch keinen Anspruch auf eine vorbeu-
gende Unterlassungsklage. [...]
An dem verwendeten Superlativ ›übelster‹ kann der Kläger
keinen zusätzlichen Anstoß nehmen. Damit sollte erkennbar nicht eine – in der Tat nicht vorhandene – absolute
›Spitzenleistung‹ an Pornographie und Blasphemie behauptet werden. Vielmehr stellt sich diese Äußerung als eine
noch zulässige, rhetorische Übertreibung des Beklagten
dar. [...]
Der Senat gelangt daher bei dieser Sachlage unter Berück-
sichtigung der dargestellten Rechtsprechung des Bundesge-
richtshofes zu dem Ergebnis, daß der Kläger dulden muß,
von dem Beklagten im geistigen Meinungskampf öffentlich
als › Verfasser übelster pornographischer Ferkeleien‹ sowie als
›(Verfasser übelster) Verunglimpfungen der katholischen
Kirche‹ deklariert zu werden. Dabei kann es nach Lage der
Dinge keinen Unterschied ausmachen, ob dies auf der politi-
schen Bühne oder im Rahmen einer allgemeineren kultur-
kritischen Äußerung geschieht, zumal auch der Kläger, wie
bereits festgehalten, auf beiden Ebenen zu kämpfen ge-
wohnt ist. [...]«

Kunst oder Pornographie? Der Prozess Grass gegen Ziesel. Eine Dokumentation. München: Leh-
mann, 1969. S. 16–36.

VI. Volker Schlöndorffs Film
Die Blechtrommel

Der deutsche Regisseur Volker Schlöndorff (geb. 1939), der
nach Jurastudium und Lehrjahren in Frankreich (Regieassi-
stenz bei Alain Resnais und Louis Malle) u. a. durch die
Filme *Der junge Törless* (1965, nach dem Roman von Robert Musil) und *Die verlorene Ehre der Katharina Blum*
(1975, nach der Erzählung von Heinrich Böll) bekannt
wurde, drehte 1978 den Film *Die Blechtrommel*. Diese Verfilmung, die 1979 in die Kinos kam, war nicht nur ein großer Publikumserfolg, sondern wurde auch 1979 mit der
Goldenen Schale der Filmfestspiele in Cannes ausgezeich[net]
und erhielt als erster deutschsprachiger Film überhaupt [den]
»Academy Award«, den begehrten »Oscar«.
Schlöndorff hat die Verfilmung in einem Buch doku[men-]
tiert, das nicht nur seine eigenen Überlegungen zur [Umset-]
zung der literarischen Vorlage in sein Medium enth[ält, son-]
dern auch zahlreiche Kommentare von Günter G[rass.]
So äußerten sich Autor und Regisseur in einem [Gespräch]
mit Inge Becker-Grüll (in der Sendung »Notiz[en« des]
Bayerischen Rundfunks vom 6. Oktober 197[9] über ihre
»gemeinsame Arbeit«:

»BECKER-GRÜLL. Oskar hat also seine allwis[senden Erzäh-]
lerposition räumen müssen. Er grübelt n[icht mehr, als]
Insasse einer Heil- und Pflegeanstalt übe[r die Anfänge]
fänge seiner Autobiographie, sondern v[on seinem ersten]
Säuglingszustand an steckt er mitten i[m kleinbürgerli-]
chen Alltagsmief, ist sein Opfer, Prote[st und boshaft-]
ger Kommentator, der die faschistisc[he Entwicklung]
ausspürt. Für Grass war diese Änder[ung eine wichtige]
Voraussetzung der gemeinsamen Ar[beit...]
GRASS. Die Lösung des Regisseurs [... Man muß]
von der literarischen Konzeption [...]

Periodenbau des Schriftstellers in die Optik der Kamera zu übersetzen, da war die Sache für mich geklärt.

BECKER-GRÜLL. Im Drehbuch erscheint es geradezu zwingend, daß Oskar, nach der grellen Familienfeier zu seinem dritten Geburtstag, mit dieser dumpfen, lieblosen Erwachsenenwelt nichts zu tun haben will. Wehrhaft ausgerüstet mit der rot-weißen Trommel und der glaszerschneidenden Stimme, entschließt er sich in der darauffolgenden Szene, klein und dreijährig zu bleiben ... So sah sich Schlöndorff zunächst nach einem Kind zwischen fünf und zehn Jahren um, das auch ein dreijähriges Kind spielen kann.

SCHLÖNDORFF. Die Idee war eben immer, nicht einen Film mit einem Zwerg zu machen, weil sich dann jeder sagt, das sind Zwergenprobleme, das ist das Problem eines Zwergs, das interessiert mich nicht. Aber jeder hat seine Kindheit, der er nachtrauert und die er gerne hätte verlängern wollen, jedenfalls nachträglich – und mit dem Kind kann man sich identifizieren.

BECKER-GRÜLL. Wer nun den zwölfjährigen David sieht, den Sohn des Schauspielers Heinz Bennent, ist sofort davon überzeugt: von den großen, blauen Augen, dem reifen Gesichtsausdruck, der Statur. Wenn er die Romanfigur so spielt, wie er sie äußerlich trifft, dann hat sich Schlöndorffs Suche gelohnt. Auch sein Erfinder Günter Grass, der ihn erst hier in Gdańsk kennenlernt, ist sofort mit ihm einverstanden.

GRASS. Was mich ganz überzeugt, sofort überzeugt und was auch dem Buch entspricht: die Stärke der Augen – die ist auch im Buch vorgegeben. Ich hab das gleich akzeptiert, daß er in der Rolle drinnen ist. Es gab ja große Schwierigkeiten in den Jahren davor bei den Leuten, die die ›Blechtrommel‹ verfilmen wollten. Sie gingen immer davon aus – das ist auch durch einen Teil der Literaturkritik mit verursacht –, sie sprachen immer von einem häßlichen Zwerg, von einem Gnom. Dabei macht das Buch deutlich: es ist ein Kind, das sein Wachstum eingestellt hat.

SCHLÖNDORFF. Oskar erlebt die Welt aus der Perspektive des Kindes. Aber die Perspektive des Kindes kann man nicht dadurch herstellen, daß man die Kamera auf 90 cm Höhe einstellt. Denn die Verzeichnungen sind ja ganz andere, die Räume nimmt es sehr schnell wahr in den Proportionen, die es akzeptiert. Es ist eher das Verhalten der Menschen in den Räumen, das in der Perspektive des Kindes anders wirkt; es ist eine geistige Perspektive, nicht eine optische.«

Zit. nach: Volker Schlöndorff: »Die Blechtrommel«. Tagebuch einer Verfilmung. Darmstadt/ Neuwied: Luchterhand, 1979. S. 23–25. – Mit Genehmigung von Volker Schlöndorff, Potsdam.

Drehorte und Drehtermine

ZAGREB (JUGOSLAWIEN)	31. Juli – 18. August 1978
NORMANDIE (FRANKREICH)	21. August – 26. August
GDAŃSK (POLEN)	28. August – 23. September
BERLIN	25. September – 17. November

Künstlerische und technische Mitarbeiter

DREHBUCH	Jean-Claude Carrière
	Franz Seitz
	Volker Schlöndorff
SZENENMUSIK	Friedrich Meyer
FILMMUSIK	Maurice Jarre
KAMERA	Igor Luther
ART DIRECTOR	Nikos Perakis
AUSSTATTUNG	Bernd Lepel
BILD- UND TONSCHNITT	Suzanne Baron
KOSTÜME	Dagmar Niefind
HERSTELLUNGSLEITER	Eberhard Junkersdorf
PRODUZENT	Franz Seitz
REGIE	Volker Schlöndorff

Darsteller

OSKAR	David Bennent
MATZERATH	Mario Adorf
AGNES	Angela Winkler
JAN BRONSKI	Daniel Olbrychski
MARIA	Katharina Thalbach
ANNA BRONSKI (JUNG)	Tina Engel
OMA ANNA BRONSKI, spätere KOLJAICZEK	Berta Drews
JOSEPH KOLJAICZEK	Roland Teubner
LÖBSACK	Ernst Jacobi
SIGISMUND MARKUS	Charles Aznavour
GREFF	Heinz Bennent
LINA GREFF	Andrea Ferréol
SCHEFFLER	Werner Rehm
GRETCHEN SCHEFFLER	Ilse Pagé
MUTTER TRUCZINSKI	Käte Jaenicke
HERBERT TRUCZINSKI	Wigand Witting
SCHUGGER-LEO	Marek Walczewski
FAJNGOLD	Wojciech Pszoniak
MUSIKER MEYN	Otto Sander
BEBRA	Fritz Hakl
ROSWITHA	Mariella Oliveri
1. CLOWN	Emil Feist
2. CLOWN	Herbert Behrent
FELIX	Karl-Heinz Tittelbach
OBLT. HERZOG	Alexander von Richthofen
OBGFR. LANKES	Bruno Thost
FRL. SPOLLENHAUER	Gerda Blisse
HOCHW. WIEHNKE	Joachim Hackethal
JOSEPH HEILANDT	Helmut Brasch
DR. HOLLATZ	Henning Schlüter
DIREKTOR DER POLNISCHEN POST	Zygmunt Huebner
KOBYELLA	Mieczysław Czechowicz

STAUER	L. Grzmociński
1. GENDARM	S. Michalski
2. GENDARM	J. Kapiński
SUSI KATER	Christine Lutze
KURTCHEN	Oliver Petrich
HEBAMME	Dorothee Lucht
OBERSTABSARZT	Wolf-Dieter Frauboes
SCHIRRMEISTER	Luis Mayr
1. RUSSISCHER SOLDAT	Dschingis Bowakow
2. RUSSISCHER SOLDAT	Ronald Nitschke

Ebd. S. 26–30.

In Schlöndorffs Arbeitsjournal läßt sich nachvollziehen, wie der Regisseur sich dem Stoff näherte und wie sein Film Gestalt annahm.

»23. April 1977

Heute zum ersten Mal ›Die Blechtrommel‹ gelesen, nicht an einem Tag natürlich. (Damals, als das Buch erschien, 1959, war ich Assistent bei Louis Malles ›Zazie in der Metro‹. Deutsche Literatur interessierte mich nicht. Erst durch den langen Aufenthalt in Frankreich, immer wieder mit ›Du‹, als Deutscher‹ angesprochen, bin ich mir meines Deutschseins richtig bewußt geworden.)
Ich versuche mir einen Film vorzustellen, der von der ›Blechtrommel‹ ausginge. Das könnte eine sehr deutsche Freske werden, Weltgeschichte von únten gesehen und erlebt: riesige, spektakuläre Bilder, zusammengehalten von dem winzigen Oskar. Eine Ausgeburt des zwanzigsten Jahrhunderts hat man ihn genannt. Für mich hat er zwei zeittypische Eigenschaften: die Verweigerung und den Protest. Er verweigert sich der Welt so sehr, daß er nicht einmal mehr wächst. Wachstum null. Er protestiert so lautstark, daß seine Stimme Glas zerbricht. So gesehen ist er uns heute

sogar näher als vor fünfzehn Jahren bei Erscheinen des Buches.

Ich empfinde die Möglichkeit, an der ›Blechtrommel‹ zu arbeiten, als eine Herausforderung, der man sich nicht entziehen kann. Also willige ich ein. Ohne auch nur die geringste Vorstellung zu haben, wie ich es machen werde, lasse ich mich darauf ein. Ich ahne, daß es mehrere Jahre dauern wird. Gerade deshalb zögere ich nicht, mich darauf einzulassen. [...]

30. Mai

Auf der Suche nach einer Struktur. Die Heil- und Pflegeanstalt ist im Roman Oskars letzte Station, von der aus er als Dreißigjähriger seine Geschichte erzählt. Diese Erzählerposition ist klar, aber das erste Drehbuch, das Franz Seitz in diesem Sinne geschrieben hat, mit vielen ineinander verschachtelten Rückblenden und Off-Texten Oskars, wird zur schwer nachvollziehbaren Biographie eines gewissen Oskar Matzerath, der so niemanden interessiert. Ich verzichte lieber auf diese Erzählerposition und stelle chronologisch eine Serie von Bildern auf, die ohne erklärende Übergänge einander folgen. Der Fülle der Personen und Episoden des Romans entspricht im Film nicht ein Hintereinander, sondern ein Nebeneinander. So entsteht eine Freske, ein Erzählen in die Breite statt in die Länge. Zwischen diesen großen Tableaus, wie bei einer Nummernrevue, können kurze Montagen liegen, in denen Oskar auch einmal als Kommentator spricht, doch nicht um Informationen zu geben, sondern um seine Gedanken zu sich und dem Geschehen zu formulieren.

30. Juni

Erster Besuch bei Günter Grass mit Franz Seitz. Er hat uns einen Linseneintopf mit Bauchspeck gekocht. Wir kommen sofort aufs Thema. ›Die Blechtrommel‹ ist das Gegenteil eines Entwicklungsromans: alles und alle um Oskar entwik-

keln sich – nur er nicht. Oskar verkörpert die Rachsucht des
Kleinbürgers und seinen anarchischen Größenwahn. Bedeutung der Gegenstände, die oft sogar die Handlung aus-
lösen wie beim nouveau roman: die Trommel, die Standuhr,
der Kronleuchter, die Skatkarten, das Halsband, das Parteiabzeichen, erklärt Grass.

Trotz lebhafter Gespräche bleiben wir uns fremd. Ich be-
komme Panik vor dem Ausmaß des Unternehmens und
Angst vor dem Autor. Das meiste, was sich im Buch wie frei
fabuliert liest, ist für ihn erlebte Wirklichkeit.

Der Film darf nicht inszenierte Literatur werden. Grass
schreibt ja auch nicht nur gegen die Behauptung an, es könne
kein Roman mehr geschrieben werden, sondern die Geschichten drängen sich in ihm als Erlebtes, das er mitteilen muß.
Woher wird beim Film diese innere Energie kommen?

In Bölls Wut z. B. konnten wir bei ›Katharina Blum‹ mit
unserer eigenen einsteigen und sie fortführen. Grass dagegen spricht von sich, seinen Erfahrungen und seinen urei-
gensten Träumen; ihm und seinem starken Ich dabei zu folgen ist schwer; anders als bei Böll, der sich selbst ausspart
und in viele Personen versetzt. Hat man denselben Impuls
wie Böll für oder gegen eine Sache, fällt es leichter, sein Personal zu übernehmen und darzustellen – es ist selten unmittelbar autobiografisch: bei Grass trotz aller Übertreibungen
immer. Die Wohnung am Labesweg, der Petroleumfleck an
der Wand, die Menschen, alles ist ganz konkret, sicher auch
die vier/fünf Röcke der kaschubischen Großmutter, deren
Gebiß (›gesunde, starke Zähne mit breiten Lücken dazwischen‹) er beschreibt wie sein eigenes.

Ich muß also zunächst einmal meine Beziehung zu Oskar
klarstellen. Ich halte mich an die Kindheit, suche den Oskar
in mir. Meine Filme sind nur gut, wenn ich mich mit einer
Person so identifizieren kann, daß sie mir den Einstieg
möglich macht.

Viel über Danzig, Kleinbürger und Nazis gelesen, Zeitungen, Romane, Dokumente.   [...]

20. September

Mit Franz Seitz auf dem Kongreß Kleinwüchsiger Menschen in Goslar. Etwa 60 Zwerge in der Kaiserpfalz. Ergebnis: Oskar kann kein Zwerg sein, Oskar muß ein Kind sein, und zwar möglichst ein kleinwüchsiges. Ich spreche mit spezialisierten Ärzten, um an solche Kinder heranzukommen. Das ist nicht ganz einfach. Es ist zwar nicht mehr so wie früher, daß eine Familie, in der ein Liliputaner geboren wird, ihn versteckt, aber Öffentlichkeit sucht man auch nicht gerade. In München erzählt mir Dr. Butenandt vom Sohn eines Schauspielers, den er mir, ohne die ärztliche Schweigepflicht zu verletzen, nennen könne: David Bennent. Seinen Vater, Heinz Bennent, kenne ich gut. Er hat Katharina Blums Anwalt Blorna gespielt. Ich habe ohnehin an ihn gedacht – als Besetzung für den Gemüsehändler und Pfadfinderführer Greff. Das wird er mir jetzt nur schwer glauben.

Seinen Sohn habe ich nie gesehen. Familie Bennent ist in Ferien auf einer griechischen Insel. Ich schreibe ihnen einen Brief.

25. September

Mit David Bennent auf dem Oktoberfest. Ich hatte vorher mit seinem Vater telefoniert, um ihn abzuholen. Als ich ihn am Straßenrand stehen sehe, weiß ich, daß der Darsteller des Oskar Matzerath gefunden ist.

Ich photographiere David auf dem Oktoberfest, zusammen mit anderen Kindern zwischen drei und zwölf, um die Größenverhältnisse und das Verhalten zu vergleichen. David ist der Kleinste, wirkt aber am ältesten. Seine Eltern haben ihm das Buch schon vorgelesen. Er weiß Bescheid. Vom ersten Moment an haben wir einen professionellen Kontakt. Er weiß, daß er die Rolle seines Lebens gefunden hat und auch, daß er seine Rolle im Leben gefunden hat: Schauspieler sein. Abends sagt er zu seinem Vater: ›So eine Rolle hast du nie und wirst du nie spielen!‹ Auch seiner Schwester Anna gegenüber – sie hat in der ›Wildente‹ gespielt – triumphiert er.

Die Fotos belegen den spontanen Eindruck: David hat Präsenz. [...]

20. Oktober

›Die Blechtrommel‹ hat etwas holzschnittartig Grobes, manchmal ist es fast Kasperletheater. Dem entspricht im Film der frühe Chaplin. Oskar ist auch The Kid. Immer wieder die Revolte des Kindes gegen die Welt der Erwachsenen. Ganz einfache Situationen, wie beim Boxkampf, daß die Leute mitgrölen können im Saal.

Das Gegenteil von ›Literaturverfilmung‹, barbarisch oft in dem Sinne, in dem Glauber Rocha die südamerikanischen Filme so nennt.

Es gelingt nicht immer, in Oskars Haut zu schlüpfen. So wie er von sich bald in der ersten, bald kindlich verfremdend in der dritten Person spricht, muß auch die Filmerzählung mal ganz subjektiv sein, mal ihn erschrocken von außen zeigen. Da es ohnehin unmöglich ist, das Buch ganz nachzuerzählen, konzentrieren wir uns mehr und mehr auf die Zeitspanne von der Geburt bis zum Kriegsende. Die Nachkriegszeit, Oskar Matzerath in Düsseldorf, das wäre ein zweiter Film, mit einem anderen Darsteller. Arbeit für später. Warum nicht wirklich über diese Zeit, an die ich mich selbst erinnere, die fünfziger Jahre, eine ›Blechtrommel, zweiter Teil‹ drehen? [...]

13. Februar [1978]

Mit Jean-Claude Carrière drei Tage bei Grass.

›Protestantisch und kartesianisch‹ nennt er unser Drehbuch. Es fehlt ihm der irrationale Einbruch der Zeit, die Knotenpunkte, wo alles tragikomisch zusammenstößt und -bricht. Er verlangt mehr harten Realismus einerseits, mehr Mut zum Irrealen andererseits. Phantasie als Teil der Wirklichkeit, Oskars Wirklichkeit.

Diese wenigen Stichworte genügen, um uns an eine neue Fassung zu setzen. Dabei erweist sich der Umweg über unsere gradlinige Story als sehr nützlich. Wir sind weg vom Roman, eine autonome Erzählstruktur für den Film ist da, die wir jetzt ergänzen, zerschlagen und beleben können.

Zwei Reisen nach Gdańsk führen uns weiter von der Literatur zur Wirklichkeit. Wir suchen die Schauplätze des Romans auf, die fast alle noch erhalten sind. Wie klein und eng alles ist, wie überschaubar dieser Vorort zwischen Eisenbahndamm und Straßenbahnlinie: eine Kirche, eine Schule, die Brauerei, ein paar Geschäfte ... Dieser Mikrokosmos ist für Oskar die Welt. Aber beim Umsetzen in Bilder genügt es nicht, diesen Vorort abzufilmen, wie er wirklich war (oder noch ist), sondern wir müssen die Bilder herstellen, die man sich beim Lesen vorstellt. Also ein erinnertes, durch Zeichen heraufbeschworenes Danzig. Es ist ohnehin unsicher, ob wir in Polen drehen können. [...]

14. Mai

Wieder bei Grass, fast ein Jahr nach dem ersten Besuch, diesmal mit dem fertigen Drehbuch: es ist jetzt katholischer und weniger rational, allerdings auch wieder umfangreicher, etwa 2½ Stunden Film. Wir überarbeiten noch einmal den Dialog, was uns beiden viel Spaß macht. Es wird zwar kein Lustspiel, aber jedenfalls sehr komisch. Kein Mißtrauen mehr gegen den Filmemacher, keine Angst mehr vor dem Autor. Ein Jahr Arbeit hat uns nähergebracht. ›Nächstes Mal schreiben wir gleich ein Originalbuch‹, meint er, als ich gehe. [...]

23. Mai

Flughafen Genf. Taxi zu Aznavour (der am gegenüberliegenden Ufer des Sees wohnt), um mit ihm über die Rolle des Spielzeughändlers Sigismund Markus zu sprechen. Er ist erst seit 3 Tagen in dem Haus, überall Kisten und verpackte Möbel. Er gefällt mir sehr, wir verstehen uns sofort. Kleiner als ich dachte, sehr zärtlich mit seiner 6jährigen Tochter, die gerade die Milchzähne verliert. Er spricht einfach, klug; liest viel, wie er sagt, zeigt mir auch Grass-Bücher, die er sich dann signieren lassen will ... Und sammelt Filme auf Video, besitzt schon über 1000 Stück, Capra-Zyklus, Carné.

Wir kommen zur Sache.

Er hat das Buch sehr aufmerksam gelesen und findet Fajngold die bessere Rolle, weil er eine Vergangenheit hat: er kommt aus Treblinka. Dagegen weiß man von Sigismund Markus wenig.

Ansonsten sind die Rollen der beiden Juden gleichwertig. Sie ergänzen sich so, daß eigentlich ein Schauspieler beide darstellen könnte. Sigismund Markus ist Oskars Spielzeughändler und verehrt seine Mutter. In der Reichskristallnacht bringt er sich um. Das ist etwa zur Halbzeit des Films, und man muß Sigismund Markus bis zum Schluß nachtrauern, damit Fajngolds Auftritt 1945 sofort an ihn erinnert. Deshalb ist die Besetzung mit einem Star auch dramaturgisch sinnvoll. Der dem KZ Entkommene sollte dagegen anonym bleiben.

Wir überlegen, wo und wie Markus einen Moment für sich haben könnte. Aznavour meint, es sei wichtig, ihn einmal allein zu sehen. Vielleicht auf dem Friedhof, nachdem man ihn bei Agnes' Beerdigung als ›Itzich!‹ weggejagt hat. Er könnte abends allein zurückkommen an das Grab der Frau Agnes, die er verehrt hat, der er seidene Strümpfe geschenkt hat und ›die jetzt schon dort ist, wo alles so billig ist‹.

Es erweist sich wieder, wie wichtig es ist, ein Drehbuch mindestens einmal mit den Augen des Darstellers einer jeden Rolle zu lesen. [...]

Abends schreibe ich für Aznavour die Markus-Szenen um und bringe sie zur Post. Der kleine Zusatz auf dem Friedhof gefällt mir gut.

27. Juli

[...] Für den Übergang vom Volksempfänger zur Kundgebung benutzen wir die Maske der Deutschen Wochenschau. Oskar sitzt zu Hause vor dem Volksempfänger und
hört die Übertragung einer Großkundgebung. Er stellt sich
das Ganze in Bildern wie aus der Deutschen Wochenschau
vor, und wir filmen zunächst in diesen Einstellungen. Statt
Filmnegativ benutzen wir dabei Positivmaterial, so daß die
Sequenz wie aus dem Archiv geholt wirkt. Erst mit Oskars
Ankunft auf der Maiwiese übernehmen wir seine Perspektive.

Mittags gehen wir durch die Polnische Post, deren Einrich-
tung jetzt endlich pedantisch bürokratisch wirkt. David ist
mit seiner Mutter angekommen. Er ist so aufgeregt, daß
seine Stirn naß von Schweißperlen ist. Gleich springt er mir
auf den Schoß, umklammert mich und löchert mich mit
Fragen. So viel Liebe laß ich mir gern gefallen – auch wenn
ich sie wohl mehr meiner Funktion verdanke. Fast meine
ich, seine Mutter müsse eifersüchtig sein.

Er fühlt sich wie ein König, sagt er. Das Hotelpersonal steht
ihm zu Diensten; ich habe ihm zwei Kilo Schokolade, Bon-
bons und Kekse aufs Zimmer gestellt. Er weiß, daß er der
wichtigste Mann des Unternehmens ist und genießt es wie
ein rechter Gernegroß mit kindlicher Hemmungslosigkeit.
Dazu raucht er kleine Holunderhölzchen, die er sich im
englischen Garten geschnitten hat – sehr zum Entsetzen der
Kellner, die meinen, es seien Zigarillos.

Ich ermutige ihn in seiner Euphorie: Oskar wird ja auch bestätigt in seinem Größenwahn. Für Rückschläge wird die
nächste Zeit schon sorgen. Seine Freude überträgt sich
schnell auf die anderen, auf Igor besonders. Niemand vi-
briert mehr als er mit Oskar; auf seine Reaktionen kann ich
mich mehr verlassen als auf meine eigenen. Es ist überhaupt
verblüffend, wie leicht alle, die jetzt eintreffen, die bayerischen Beleuchter und Techniker, die italienischen Masken-

bildner und das jugoslawische Team, sich auf Oskars Geschichte einstellen können. Jeder weiß sofort Beispiele aus der eigenen Kindheit zu berichten; um Oskar kristallisieren sich schnell Erinnerungen.
Die Universalität der Figur ist somit auch für den Film schon erprobt. [...]

31. Juli

Drehbeginn in Zagreb. Maiwiese. Gauschulungsleiter Löbsack spricht – Oskar löst den NS-Aufmarsch mit seiner Trommel auf und macht ein Volksfest daraus.
Eben bin ich raus ins Freie getreten. Erster Drehtag beendet. Gestern waren Igor, Ali, Ernst Jacobi und ich auf dem Land spazieren, querfeldein. Abends noch mit David und seiner Mutter schwimmen. Schon ganz ohne Nervosität. Vorm Einschlafen ein letzter Scotch mit Igor auf dem Zimmer und nochmals alle Einstellungen durchgesprochen.
Immer wieder die Forderung: es muß lebendiger, es muß wilder werden. Wie? Vor der Tribüne Ordnung und Symmetrie, hinter der Tribüne Unordnung und Organisches. Also z. B. ein kleines Mädchen, das pinkelt; Oskar tritt in einen Scheißhaufen, an einem Pfeiler kotzt einer.
So haben wir's denn heute auch gedreht. Bei der Hitze wurden uns sieben von unseren 2000 Komparsen ohnmächtig. Wie im Dauerlauf von Einstellung zu Einstellung, aber nie wirklich gehetzt, sondern eben laufend, wie im Training. Bis auf die sehr montenegrinisch ausschauende Musikkapelle war alles sehr überzeugend. Wir hatten unseren Spaß, vor allem auch an Oskar, der unter der Tribüne unser aller Wunsch nach Anarchie sowie die Utopie seiner Allmacht austobt, während über ihm Ernst Jacobi, ohne jede Karikierung, Gauschulungsleiter Löbsack gegen Juden, Polen und für ›Heim ins Reich‹ wettern läßt.   [...]

4. August

[...] Jeden Abend nach Drehschluß eine halbe Stunde Versammlung und Vorbereitung des nächsten Tages, wobei jedem seine spezifische Aufgabe zugeteilt wird, um zu mehr Kommunikation zu kommen. Bei alldem weiß ich auch, wieviel von meiner und Igors Ausstrahlung abhängt. Wir wirken unsicher: an die rein erzählerischen Sequenzen können wir uns nur herantasten. Wo ist Oskars Blick? Wo ist der Blick auf Oskar?

Dieser Wechsel zwischen subjektiver und objektiver Darstellung macht die ganze Spannung aus. So wie Oskar mal in der ersten, mal in der dritten Person spricht, müssen wir mal aus seiner Perspektive filmen, mal ihn beobachten wie ein fremdes Tier. Es gibt keine Patentlösung, schon gar nicht in der Bildgestaltung, etwa indem die Kamera immer auf Oskars Augenhöhe (ein Meter) steht. Für jede Einstellung suchen wir am Motiv die richtige Kameraposition. Nur selten mache ich vorher Skizzen, um mir den Blick auf die jeweiligen Licht- und Ortsverhältnisse nicht zu verstellen. Jedes Bild sollte im Augenblick entstehen. Aufnehmen, was unsere Augen sehen, statt nachzustellen, was wir uns ausgedacht haben. Über dieses eigentlich Kreative an unserer Arbeit denke ich wenig nach, deshalb kommt es auch hier im Tagebuch so selten vor. Hoffentlich wird es im Film um so sichtbarer sein. [...]

Den größten Teil der Schauspielerführung hat übrigens Günter Grass schon gemacht. Jeder findet viele Seiten und Kapitel über seine Rolle im Roman; all die Beschreibungen und Erklärungen, die man sich sonst erst erarbeiten muß, sind vorgegeben. Es bleibt die Brücke zu schlagen zur eigenen Person. Alle unsere Darsteller haben sich seit Monaten mit dem Roman beschäftigt, jeder hat Details und gestrichene Szenen, Sätze und Haltungen gefunden, die er wieder einbringen will. Das will ich auch. Andererseits arbeiten wir mit der Stoppuhr in der Hand, denn der Film sollte nicht

länger als 2½ Stunden werden. Wir müssen also immer wieder versuchen, simultane Handlungsabläufe und Konzentration vieler Einzelheiten in einem Augenblick zu schaffen. Gelingt es uns, gewinnt der Film an Dichte, auch wenn eine Szene nicht gleich beim ersten Ansehen ganz zu dechiffrieren ist. [...]

15. August
Café Vier Jahreszeiten/Fronttheater.
Oskar trifft Bebra und Roswitha, die große Somnambule. Aber wie schön ist es erst, als sie auch noch Kunststücke machen. Roswitha, die kleine Liliputanerin aus Rom, die noch nie irgendwo aufgetreten ist, bewegt sich mit bezaubernder Anmut, wirft Handküsse und reißt nicht nur uns, sondern vor allem ihren Kollegen Bebra in Bann. Er habe in zwanzig Jahren Varieté viele Liliputanerinnen gesehen, meinte er, aber keine so schön wie sie. Trotz seines Hüftleidens steigt er aufs Einrad und fährt einen durchaus symbolischen Slalom durch das Dritte Reich in Form von aufgereihten Champagnerflaschen mit Hakenkreuzfähnchen. [...]

22. August
Bunker Dora. Zwei Tage tanzt und singt unser Fronttheater auf Beton. Strahlende Sonne, starker Wind: wir haben Sonnenbrand, gute Laune. Am liebsten möchten alle bleiben und den Film hier zu Ende drehen. Nur Roswitha ist traurig, weil sie seit vier Tagen ihren Verlobten nicht mehr telefonisch erreicht. Bebra / Fritz Hakl macht ihr den Hof, versucht es mit ein paar Brocken italienisch und Wiener

---

Aus Volker Schlöndorffs Film *Die Blechtrommel*: Oskar (David Bennent), Roswitha (Mariella Oliveri) und Bebra (Fritz Hakl) 1944 in der Normandie

Charme, aber die Mutter setzt sich einfach dazwischen und
unterbindet jede noch so kindhaft-liebe Annäherung des
Liliputaners. Roswitha fügt sich und verschließt sich. Sogar
die Fotos der Sequenz unter dem Eiffelturm im ›France
Soir‹ versteckt die Mama vor neugierigen Augen. Sie scheint
sich zu schämen, daß ihre kleine Tochter im Film auftritt.
Immerhin ist David heute zutraulicher gewesen mit ihr als
gestern bzw. als unter dem Eiffelturm oder unter dem
Tisch. Ein liebevoll zärtliches Verhältnis, bei dem seine natürlichen Hemmungen denen eines Verliebten ähneln, gibt
ihren Szenen etwas Rührendes. Und Bebras Eifersucht ist
sarkastischer als vorgesehen, weil er seine Emotion ein-
bringt. [...]

24. August

[...]   Ein Lichtblick: David. Sein Schrei nach der sterben-
den Roswitha ist herzzerreißend. Auch in der Liebesszene,
die er nackt spielt, zeigt er sich diesmal als Draufgänger –
wie Oskar. Mariella dagegen hat solche Angst vor der Reak-
tion ihres eifersüchtigen Verlobten, der ja eines Tages den
Film sehen wird, daß sie steif, verkrampft und einfallslos in
Davids dünnen Armen liegt.
Seitz macht mich rechtzeitig darauf aufmerksam, daß man
Davids kleines ›Gießkännchen‹ nicht sehen darf, als er bei
Bebras ›Die Amerikaner kommen!‹ aus dem Bett springt.
Der Vorstellungskraft des Zuschauers sollen keine Grenzen
gesetzt werden. [...]
Bei aller Freude an der Arbeit, an David und den anderen
Darstellern, an den Schauplätzen – immer öfter durchfah-
ren mich Zweifel wie Stiche ins Herz. Es kommt mir alles
so unwirklich vor, was ich da inszeniere und filme. Bilder ja, unzweifelbar – aber was drücken sie aus? Was wird
denn da dargestellt? Gibt es Oskar? Ist es richtig, so viel
von David zu übernehmen? Hetze ich nicht von Schwierigkeit zu Schwierigkeit, weil ich bei nichts verweilen will,
mich bei nichts aufhalten kann, weil alles nur Schein ist?

Make-believe, in dem ich mich nicht wiederfinde? Die Erzählung kontrolliere ich mit handwerklicher Gründlichkeit, vom Erzählen weiß ich nichts. Was ist denn Oskars Ausflug in die Normandie? Wie wirklich ist sein Verhältnis zu Roswitha? [. . .]

29. August

Strandbad Brösen. Maria erschreckt Oskar mit ihrem schwarzen Dreieck. Oskar riecht daran.

Gleich heute haben wir wegen Regen die von Kathie gefürchtete Badekabine-Szene gedreht. Maria kommt mit Oskar ins Strandbad, in einer Kabine ziehen sie sich aus, und Oskar sieht zum ersten Mal ›Das schwarze Dreieck‹ einer Frau. Erschrocken stürzt er sich darauf und verbeißt sich darin.

Es ist eine der wenigen Szenen, für die ich jede Einstellung skizziert habe, weil Kathie sich nicht ganz nackt zeigen will. Diese Begrenzung erweist sich schon bei der Auflösung als Stärke, denn in Oskars zuschauendem Blick ist mehr Spannung und Erotik als in der Darstellung von Genitalien. Natürlich muß der Zuschauer den Eindruck haben, beide seien nackt; der Bildausschnitt darf nie gewollt schamhaft sein.

Zu allem Überfluß stürmte und regnete es den ganzen Tag. Mit Heizöfen versuchten wir, die Badekabine zu wärmen, während David und Kathie sich in eine Wolldecke gehüllt aneinander gewöhnten. Richtige Sommerhitze fehlte, aber zwischen den beiden funkte es. Davids aufgerissene Augen, als sie plötzlich nackt vor ihm steht, drücken Entsetzen und Faszination so übertrieben grotesk aus, daß keine Peinlichkeit entsteht. [. . .]

19. September

[. . .] Gestern abend kam Grass an, alle Schauspieler fanden sich wie zufällig im Speisesaal des Hotels, und im Laufe des Abends hat er mit allen gesprochen. Am Drehort, wo-

hin er direkt vom Flughafen gebracht worden war, ertappte er mich beim Drehen des ›Springens über den Schornstein der Ziegelei‹. Ein Bild, das trotz der Genauigkeit der Beschreibung nicht im Film zu verwirklichen war. Grotesk, aber leider lächerlich anzuschauen war, wie die Gendarmen über unseren perspektivisch verkürzten Horizont sprangen.

Zu Günter Grass' Befremden haben wir den kaschubischen Kartoffelacker im Werder gedreht – dem Flachland in der Weichselmündung, durch Deiche aus der Marsch gewonnen. Der kaschubische Kartoffelacker, den er beschreibt, ist heute der Flughafen von Gdańsk. Die Kaschubei ist sehr hügelig, mit viel Seen und Wäldern, während ich mir beim Lesen immer ein weites, unendlich flaches Land vorgestellt habe.

Grass hat sich nichts anmerken lassen auf meine Erklärung, daß wir Weite und Himmel am Anfang mehr brauchen als Hügel, die den Horizont verstellen – auch wenn sie authentisch sind. Für heute vormittag war eine Mustervorführung angesetzt. Mir ist nicht wohl dabei. Was soll ein Autor mit den ungeschnittenen Mustern, d. h. mit den ausführlichen Wiederholungen einzelner Bewegungsabläufe anfangen? Prompt heute abend, kaum vom Floßhafen zurück, sagt David mir, die Vorführung hätte Günter Grass wohl nicht so gefallen. Er habe ihm nur gesagt, daß er gut gespielt habe. David ist also vor seinem ›Schöpfer‹ so nervös wie ich.

Ich muß Günter Grass auf jeden Fall sagen, daß er David kräftig loben soll. Er braucht die Bestätigung von dritter Seite. Durch seine Eltern spürt er sicher, daß der Autor irgendwie ganz oben rangiert und seine Reaktion ebenso wichtig ist wie mein täglicher Zuspruch. Ich gehe erst mal

---

Oskar (David Bennent) und Maria (Katharina Thalbach) beim Schlecken des Brausepulvers

schlafen. So eilig habe ich es nicht, mit dem Autor zu sprechen. Ich verfilme nicht seinen Roman, um ihm – Günter Grass – einen Gefallen zu tun, sondern ich mache einen Film, der ›Die Blechtrommel‹ heißt und dessen Drehbuch auf dem gleichnamigen Roman basiert. Wichtig für mich ist, daß ich einen guten Film mache, nicht, daß ich dem Autor gefalle. [...]

Grass hat sehr genau hingeschaut. Wie beim Schreiben geht er auch beim Betrachten der Bilder immer von Details aus, ehe er aufs Ganze kommt. Nur zu Recht hat er mit der Kritik an der Darstellung des Jan Bronski. Hier in Polen ist mir Daniels Schwierigkeit, seine Rolle dem Buch entsprechend darzustellen, ganz klar geworden. Er ist Pole, stolz, eine Art Nationalheld, der immer aktive, fast immer positive Rollen spielt. Jetzt soll er den ewig passiven, oft weinerlichen, im Krieg feigen, im Leben eitlen polnischen Postsekretär spielen – und das in einem deutschen, in einem BRD-Film! Wir hatten natürlich vorher darüber gesprochen. Er verstand, daß die Besetzung bewußt gegen den Typ war, eben damit er nie lächerlich wirke. Er ist passiv und anscheinend feige, weil er sich an dem Heldenwahn nicht beteiligen will – nicht weil er es nicht könnte.
Nach Drehschluß treffen Angela, Mario, David, Fritz Hakl, der den Liliputaner Bebra spielt, und die Zwerge Emil Feist und Behrent sich mit Günter Grass. Er möchte mit ihnen über die Rollen sprechen.
›Ich fange mit dir, David, an und mit Ihnen, Bebra, weil Sie der einzige sind, den Oskar anerkennt. Mit Bebra sprichst du, David, wie ein Erwachsener. Ebenso mit Schugger-Leo. Weil beide nicht zur normalen Welt gehören, brauchst du ihnen auch nicht den Dreijährigen vorzuspielen. Du lernst Bebra im Zirkus kennen, zwischen zwei Vorstellungen, zu einer Zeit, in der politisch viel los ist: die Nazis haben die Macht ergriffen. Er warnt dich vor ihnen. Er fordert dich auf, zum Zirkus zu kommen, damit du nie mit den Nazis

vor den Tribünen aufmarschieren mußt. Daran erinnerst du dich, als Matzerath zur Kundgebung geht. Du schleichst unter die Tribüne, wie Bebra es dir geraten hat, und sprengst den ganzen Aufmarsch mit deiner Trommel. Später triffst du Bebra wieder, er hat die eigene Idee verraten. Er stellt sich und seine Liliputanertruppe in den Dienst der Macht. Es schmeichelt ihm, daß man ihm Gelegenheit gibt, in Berlin vor allerhöchsten Führungsgremien aufzutreten. Die Verführbarkeit des Künstlers durch die Macht. Als deine Eltern dich im Zirkus mit den Zwergen sprechen sehen, sind sie entsetzt. Um Gottes willen! ruft deine Mutter und bekreuzigt sich. Es ist ihre fatalistisch-katholische Einstellung, die sie nicht weiter einschreiten läßt. Matzerath dagegen, praktisch und kleinbürgerlich wie er ist, bricht den Zirkusbesuch einfach ab. Das ist kein Umgang für unser Oskarchen, und wenn er noch so klein ist und genauso wie die da! Aber Oskar hat begriffen, er wird Künstler, wenn nicht Artist sein.‹ [...]

21. September

Zirkus. Oskar sieht zum ersten Mal Liliputaner.
Wie schön war es, einmal einen Tag lang über unsere eigentliche Arbeit zu sprechen. Heute hat uns die Wirklichkeit eingeholt – und die Kälte.
Ein zwei Meter langes Fernschreiben vom Kopierwerk in Berlin teilt mit vielen Zahlen, Klappen- und Emulsionsnummern mit, daß die gesamte Arbeit der letzten vier, fünf Tage zerstört ist. Flackern und Lichteinfall auf dem Negativ, dessen Ursprung noch ungeklärt ist. Fieberhaftes Suchen danach setzt ein: wieder die Kamera oder das Negativmaterial? Belichtung beim Durchleuchten in der Sicherheitsschleuse am Flughafen? Statische Elektrizität? Schlamperei?
Fest steht, daß die ganze Anfangsszene auf dem Kartoffelacker wiederholt werden muß. Ebenso Oskars große Arie auf dem Rathausturm, von wo er auf einen Schlag die 128

Fenster des Langgasser Tors zersingt, die spektakulärste und aufwendigste Aktion unserer special effects. [...]

23. September

Stockturm. Oskar trommelt und schreit.

Heute sollte unser letzter Drehtag in Polen sein; wegen des Schadens bleiben wir eine Woche länger. Wir haben uns das gesamte Material noch mal angesehen und eine Menge möglicher Verbesserungen gefunden, so daß die Wiederholung nicht nur Wiederholung sein wird. Bei der Szene in der Pension Flora, wo Agnes schnell zwischen 5 und 7 mit Bronski schläft, können wir noch weiter gehen. Angela ist einverstanden, drängt regelrecht darauf, jetzt wo die Scheu vor der Nacktheit einmal überwunden ist. Um die Eile und den Druck, unter dem sie steht, darzustellen, wird sie gleich beim Reinkommen in das Zimmer die Unterhose abstreifen, noch vor Hut, Rock und Mantel.

Sie: nehmend, wollend, gierig, schwitzend, schreiend auf ihm.

Er: ängstlich, blaß, erschöpft.

Oskar steht draußen auf der Straße und stellt es sich so vor. Ihr Schrei gellt ihm in den Ohren und leitet über zu seinem glastötenden Schrei vom Rathausturm.

Aber zunächst wird der Kartoffelacker wiederholt, gleich am Montag, weil es der einzige Tag ist, an dem Tina Engel in Berlin spielfrei hat.

Schwieriger ist es mit dem Zersingen der 128 Fensterscheiben des Langgasser Tors. Wir haben nämlich kein Bruchglas mehr, und in Polen gibt es z. Z. nur 4 mm starkes Kristallglas. Im übrigen wirken die Muster heute, in einem anderen Kino gesehen, morgens und ausgeruht, ganz anders, eben doch besser. [...]

2. Oktober

Laden Matzerath. Oskar und seine erste Trommel. Heimkehr aus der Stadt. Überall spricht der Führer.

3. Oktober

Laden Matzerath. Agnes ißt Unmengen Fisch.

4. Oktober

Labesweg. Oskar trommelt, die SA marschiert. Erster Schultag.

5. Oktober

Labesweg. Es schneit. Oskar trägt seine Ohnmacht zu Lina Greff.

6. Oktober

Laden Matzerath. Großmutter bringt die Maria aus Kokoschken.

7. Oktober

Gemüseladen Labesweg. Greff spricht über die Kartoffel. [. . .]

23. Oktober

Studio – Wohnzimmer Matzerath. Oskars dritter Geburtstag: er betrachtet zum ersten Mal die Welt der Erwachsenen. Friedrich Meyer hat mit Angela und David ein Playback der Operettenschnulze ›Wer uns getraut . . .‹ aufgenommen.

> Wer uns getraut? Ei sprich: Sag Du's!
> Der Dompfaff, der hat uns getraut,
> Der Dompfaff, der uns getraut!
> Im Dom, der uns zu Häupten blaut.
> O seht doch wie herrlich, voll Glanz und Majestät!
> Mit Sternengold, mit Sternengold, so weit ihr schaut,
> besät.
>
> Und mild sang die Nachtigall ihr Liedchen in die Nacht:
> Die Liebe, die Liebe ist eine Himmelsmacht!
> Ja mild sang die Nachtigall ihr Liedchen in die Nacht:
> Die Liebe, die Liebe ist eine Himmelsmacht! –

Die Szene war mehrfach geprobt und lief schön mit den Überlagerungen der Dialoge und Lieder, nur wußten wir nicht, wie und von wo aufnehmen. Igor meinte, daß wir uns gestern fest auf Oskars Blick von einer Position geeinigt hätten. Ich dagegen war mir nicht sicher, ob diese subjektive Schilderung genügte, ob nicht auch gleich noch Raum und Situation deutlicher werden müßten. Igor hatte recht.

24. Oktober

Studio – Wohnzimmer Matzerath. Oskar beschließt, das Wachstum einzustellen.

25. Oktober

Studio – Keller Matzerath. Oskar springt die Kellertreppe runter. Es geht besser. Zwar drehen wir nicht schneller, aber die Stimmung ist gut. Eberhard bremst mich schon, weil ich zu viel lobe. Aber die Geburtstagssequenz ist wirklich sehr schön geworden. Ganz einfach in der Auflösung: Oskar erscheint hinter dem Sofa und schaut – obwohl sonst so klein – von oben auf die Erwachsenen, die in einer fahlen Nachmittagsdämmerung singen, trinken, blödeln und sich kindisch benehmen.

Das ist die Parabel: Oskar benimmt sich auch egoistisch, opportunistisch, bequem usw., aber er hat ein Recht dazu: er ist Kind. Die Kleinbürger dagegen benehmen sich auch als Erwachsene noch wie Kinder – verantwortungslos und selbstsüchtig, eben kindisch. Oskar ist also *die* Verkörperung des Kleinbürgers, nur daß dieser in seiner Person nicht denunziert wird – weil er ja Kind ist.   [...]

Oskars Kellersturz subjektiv gefilmt wie in einem Hitchcock-Krimi. Es war Igors Idee, dem alles andere nach billiger Fernseh-Lösung aussah – mit Recht. Oskar fällt auf uns zu, die Kamera auf Kran vor ihm, er halb schwebend, halb auf einen Fahrradsattel klammernd.

David machen diese Stunt- und Trickaufnahmen viel mehr Spaß als die Ensembleszenen der letzten Tage und Wochen.

Vor allem, wenn er sich ordentlich mit Blut bekleckern, schreien und leiden darf.

Atelier ist für ihn langweiliger als die Außenaufnahmen. Es artet ja fast zur Arbeit aus. Man kommt an wie in eine Fabrik morgens; keine neuen Schauplätze, Wetter- und Lichtverhältnisse wie sonst in den letzten drei Monaten täglich.

Nur ich fühle mich richtig wohl im Atelier, weil es da wirklich ums Inszenieren geht. In den letzten drei Tagen haben wir doch wieder einen Tag verloren. Verdammt, heute, glaube ich, nur fünf Einstellungen gedreht und das mit Überstunden von 8 Uhr morgens bis 8 Uhr abends ohne Unterbrechung! [...]

22. Dezember

[...] Dritter Eindruck von Felix: Oskar Matzerath, die Hauptperson, sei ja fast nur ein Statist, immer nur Zuschauer, oft im Hintergrund, aber nie wirklich Handlung auslösend.

Felix hat zum Teil recht. Aus Angst, daß David auf die Dauer in der Rolle ermüden könne, haben wir ihn in der ersten Schnittfassung nur sehr sparsam eingesetzt. Besonders mit Großaufnahmen waren wir zurückhaltend, doch das wird in einem nächsten Arbeitsgang geändert werden. Auffallend ist, wie stark Oskar ein Voyeur ist. Er begibt sich auch immer in die Position des Voyeurs. Wie zufällig ist er im Schrank, wenn auf dem Bett etwas geschieht; wie zufällig steht er auf der Straße, wenn seine Mutter in der Pension Flora verschwindet; wie zufällig sitzt er unter dem Tisch, wenn der Fuß seines mutmaßlichen polnischen Vaters zwischen die Schenkel seiner Mutter wandert.

Die Längen liegen hauptsächlich in der ersten Stunde bis zur Sequenz Maiwiese. Es ist aber nicht der Prolog, also Oskars Vorgeschichte, die lang wirkt, sondern die im Detail berichtete Kindheit. Der erste Schultag, der Besuch beim Arzt, die Szenen im Hinterhof und auf der Straße im Labes-

weg, die im Drehbuch besonders stark und komisch wirken, bremsen den Film, wirken aufgesetzt und übertrieben.

Es wird schwer sein, eine Dreiviertelstunde zu kürzen, zumal wir eine Reihe schon herausgenommener Szenen unbedingt wieder in den Schnitt einarbeiten wollen: zum Beispiel Oskars Monolog mit seinem Sohn Kurtchen beim Taufessen und der erste Auftritt Roswithas als Somnambule im Fronttheater. [. . .]

16. Januar 1979

Wir haben den Film durch und durch überarbeitet. Oskar ist nun präsenter als die Hauptperson, die alles erzählt. Die wenigen von David gesprochenen Kommentare machen diese Erzählerposition noch deutlicher. Die Tatsache, daß die oft sehr schwierigen literarischen Texte von Grass von einer Kinderstimme mehr deklamiert als gesprochen sind, zwingt zum Zuhören. Suzanne, die den Roman immer noch nicht gelesen hat und damit bis nach Ende der Arbeit warten will, hat im ersten Teil viele Veränderungen vorgenommen. Einige Szenen sind ganz gestrichen, andere umgestellt, nur auf eine emotionale Entwicklung der Geschichte achtend, ohne sich um die Einteilung in den Kapiteln des Romans zu kümmern. Sie schafft so einen autonomen Erzählfluß; die Assoziationen und Übergänge kommen mehr aus den Farben in den Einstellungen, aus einer Bewegung und aus einem Blick. [. . .]

24. Februar

Es ließ sich nicht mehr länger aufschieben. Heute mußten wir den Film Günter Grass zeigen. ›Das sollen zweieinhalb

---

Alfred Matzerath (Mario Adorf) beim Einmarsch der Roten Armee in Danzig 1945

Stunden gewesen sein?‹ fragt er als erstes, nachdem das Licht wieder angeht. ›Eine geballte Ladung ... Ich habe das Buch vergessen und einen Film gesehen. Ich würde es ein realistisches Märchen nennen.‹

Den Himmelflug der Nonnen am Atlantikwall könnte er entbehren, ebenso den Tod des Gemüsehändlers Greff. Grass meint, es sind zu viele Tote gegen Ende des Films, und das schwächt Alfred Matzeraths Tod, indem es ihn vorwegnimmt.

Jetzt, wo die Arbeit hinter uns liegt, können wir offener miteinander sprechen. Zu spät habe ich bemerkt, daß Günter Grass' Zurückhaltung in Danzig nicht auf Vorbehalten beruhte, sondern auf einer Schüchternheit, die man ihm nicht zutraut. Es war ihm einfach alles zu fremd, die vielen Schauspieler und Techniker, dazu die dauernde Anwesenheit der Presse. Öffentlichkeit ist er zwar gewohnt als Wahlkämpfer, aber nicht bei der Arbeit. Deshalb wollte er sich nicht einmischen, auch nicht durch irgendeine Wertung oder Anerkennung dessen, was er in der Mustervorführung zu sehen bekam. Wir haben diese Haltung damals mißverstanden. Er hält die Menschen auf Distanz, schafft Distanz zwischen sich und ihnen wie Oskar Matzerath, auch darin sein Portrait.

25. Februar

Sonntag, Lausanne. Ich bin zu Bennents gefahren, um mit David den Kommentar aufzunehmen. Sein Schnupfen ist ausgeheilt. Ich schlafe mit ihm im Kinderzimmer. Wir quatschen bis spät in die Nacht. Im kleinen Studio eines Schweizer Filmkollektivs fangen wir am nächsten Morgen um neun mit den Aufnahmen an. Dreizehn Seiten Schreibmaschine Kommentar. Lauter nicht ganz einfache Texte, die Heinz Bennent seinem Sohn in mühsamer Kleinarbeit so eingebleut hat, daß David sie auswendig kann. Eine solche Disziplin dürfte es sonst nur bei Artistenkindern im Zirkus geben. Doch David hat nicht nur auswendig gelernt, er in-

terpretiert diese dreizehn Seiten wie einen langen Bühnen-
monolog. Vor dem Mikrophon fuchtelt er mit den Armen,
erregt sich, schreit, flüstert, weint und lacht, als ob er all die
Szenen, die er kommentiert, noch einmal durchlebe. Das
hat er drei Monate lang geprobt.

Doch wieder, wie in Berlin, macht seine Stimme nicht ganz
mit. Nach zwei Stunden ist er heiser. Die Artikulation läßt
nach. Vor Wut fängt er an zu heulen. Wir unterbrechen, machen einen Spaziergang mit ihm, nehmen wieder auf. Zer-
mürbende Kleinarbeit, Satz für Satz, bis wir endlich fertig
sind und David ein zweites Mal den Eindruck hat, den Film
nun endgültig geschafft zu haben. Er triumphiert zu
Recht.«

Ebd. S. 37–122.

VII. Literaturhinweise

1. Ausgaben

Die Blechtrommel. Darmstadt/Berlin-Spandau/Neuwied: Luchterhand, 1959.

Die Blechtrommel. Frankfurt a. M.: S. Fischer, 1962. (Fischer-Bücherei. 473.)

Die Blechtrommel. Darmstadt/Neuwied/Berlin: Luchterhand, 1974. (Sammlung Luchterhand. 147.)

Die Blechtrommel. Berlin: Volk und Welt, 1982. [Lizenzausgabe.]

Werkausgabe in zehn Bänden. Hrsg. von Volker Neuhaus. Darmstadt/Neuwied: Luchterhand, 1987. [Zit. als: WA.] Bd. 2: Die Blechtrommel.

Die Blechtrommel. Mit 37 Radierungen von Hubertus Giebe. Berlin: Volk und Welt, 1991.

Studienausgabe. 12 Bde. Hrsg. von Volker Neuhaus. Göttingen: Steidl 1993–94. [Zit. als: StA.] Bd. 1: Die Blechtrommel. 1993.

Die Blechtrommel. München: Deutscher Taschenbuch Verlag, 1993. 6., neu durchges. Aufl. 1997. (dtv 11821.)

Die Blechtrommel. Mit Nachw., Anm. und Zeittafel von Volker Neuhaus. München/Zürich/London: Artemis & Winkler, 1994.

Werkausgabe. Hrsg. von Volker Neuhaus und Daniela Hermes. Göttingen: Steidl, 1997. Bd. 3: Die Blechtrommel. 1997.

2. Tondokumente

Es war einmal ein Land. Günter Grass liest aus »Blechtrommel« und »Rättin«, begleitet von dem Dresdner Schlagzeuger Günter »Baby« Sommer. 2 Langspielplatten und 1 Lesebuch. Göttingen 1987.

Wer lacht hier, hat gelacht? Günter Grass liest aus »Blechtrommel«, »Hundejahre« und »Rättin«, begleitet von dem Schlagzeuger Günter »Baby« Sommer. 2 Tonkassetten. Göttingen 1988.

Günter Grass: Die Blechtrommel. Roman. Gelesen vom Autor. 20 Kassetten. Frankfurt a. M. 1991. (Luchterhand O-Ton.)

3. Wortindex

Görtz, Franz-Josef / Randall, L. Jones / Keele, Alan F. (Hrsg.): Wortindex zur »Blechtrommel« von Günter Grass. Frankfurt a. M. 1990.

4. Sekundärliteratur

a) Zu Günter Grass

Angenendt, Thomas: Wenn Wörter Schatten werfen. Untersuchungen zum Prosastil von Günter Grass. Frankfurt a. M. 1993.

Arnold, Heinz Ludwig (Hrsg.): Günter Grass. Dokumente zur politischen Wirkung. München 1971.

– (Hrsg.): Günter Grass. München 1963. (Text + Kritik. 1/1a.) 6. Aufl. (Neufass.). Ebd. 1988.

Beyersdorf, Hermann: »... den Osten verloren«. Das Thema der Vertreibung in Romanen von Grass, Lenz und Surminski. In: Weimarer Beiträge 38 (1992) H. 1. S. 46–67.

Brode, Hanspeter: Günter Grass. München 1979.

Büscher, Heiko: Günter Grass. In: Dietrich Weber (Hrsg.): Deutsche Literatur seit 1945 in Einzeldarstellungen. Stuttgart 1968. S. 455–483.

Carlsson, Anni: Vom Narren bis zum Küchenmeister der Phantasie. Modellfiguren der Erzählkunst 1494–1977. In: Simpliciana. Schriften der Grimmelshausen-Gesellschaft 2 (1981) S. 101–139.

Cepl-Kaufmann, Gertrude: Günter Grass. Eine Analyse des Gesamtwerkes unter dem Aspekt von Literatur und Politik. Kronberg (Ts.) 1975.

Cunliffe, W. Gordon: Günter Grass. New York 1969.

Demetz, Peter: Günter Grass: Die Macht der Phantasie. In: P. D.: Fette Jahre, magere Jahre. Deutschsprachige Literatur von 1965 bis 1985. München 1988. S. 384–414.

Der Mensch wird an seiner Dummheit sterben. Günter-Grass-Konferenz Karpacz 17.–23. Mai 1987. Wrocław 1990. (Germanica Wratislaviensia. 81.)

Derwa, M.: Mythology in Grass' Works. In: Revue de l'histoire des religions (1985) H. 4. S. 339–377.

Durzak, Manfred: Arno Holz, Alfred Döblin, Günter Grass. Zur Tradition von politischer Dichtung in Deutschland. In: Moderna Språk 66 (1972) H. 13. S. 1–21.

Durzak, Manfred. Fiktion und Gesellschaftsanalyse. Die Romane von Günter Grass. In: M. D.: Der deutsche Roman der Gegenwart. Entwicklungsvoraussetzungen und Tendenzen. Berlin [u. a.] 1979. S. 247–327.

– (Hrsg.): Zu Günter Grass. Geschichte auf dem poetischen Prüfstand. Stuttgart 1985.

Everett, George A.: A Selected Bibliography of Günter Grass (from 1956–1973). New York 1974.

Eykmann, Christoph: Absurde Mechanik. Die »verunglimpfte« Geschichte in den Romanen von Günter Grass. In: C. E.: Geschichtspessimismus in der deutschen Literatur des zwanzigsten Jahrhunderts. Bern 1970, S. 112–124.

Fischer, André: Inszenierte Naivität. Zur ästhetischen Simulation von Geschichte bei Günter Grass, Albert Drach und Walter Kempowski. München 1992.

Gaede, Friedrich: Grimmelshausen, Brecht, Grass. Zur Tradition des literarischen Realismus in Deutschland. In: Simpliciana. Schriften der Grimmelshausen-Gesellschaft 1 (1979) S. 54–66.

Gajek, Bernhard: Dichtung ohne Transzendenz. Gegenreligiöse Verkündigung im Werk von Günter Grass. In: Wolfgang Böhme (Hrsg.): Von Dostojewskij bis Grass. Karlsruhe 1986. S. 75–91.

Geißler, Rolf (Hrsg.): Günter Grass. Ein Materialienbuch. Darmstadt/Neuwied 1976. [Nachwort des Herausgebers. S. 170–178.]

Gerstenberg, Renate: Zur Erzähltechnik von Günter Grass. Heidelberg 1980.

Gill, R. B.: Bargaining in Good Faith: The Laughter of Vonnegut, Grass, and Kundera. In: Critique. Studies in Modern Fiction 25 (1984) H. 2. S. 77–91.

Görtz, Franz Josef: Günter Grass – zur Pathogenese eines Markenbildes. Meisenheim am Glan 1978.

– (Hrsg.): Günter Grass. Auskunft für Leser. Darmstadt/Neuwied 1984.

Günter Grass. Begleitheft zur Ausstellung der Stadt- und Universitätsbibliothek Frankfurt am Main. 13. Februar bis 20. März 1990. Frankfurt a. M. 1990.

Grathoff, Dirk: Schnittpunkte von Literatur und Politik: Günter Grass und die neuere deutsche Grass-Rezeption. In: Basis 1 (1970) S. 134–152.

Hatfield, Henry: Günter Grass. The Artist as Satirist. In: Robert H. Heitner (Hrsg.): The contemporary novel in German. A Symposium. Austin/London 1967. S. 115–134.

Hedberg, Johannes: Two Co-evals: Salman Rushdie and Günter Grass. In: Moderna Språk 83 (1989) Nr. 4. S. 331–333.

Hille-Sandvoß, Angelika: Überlegungen zur Bildlichkeit im Werk von Günter Grass. Stuttgart 1987.

Hollington, Michael: Günter Grass. The Writer in a Pluralist Society. London 1987.

Honsza, Norbert: Günter Grass. Werk und Wirkung. Wrocław 1987.

Jurgensen, Manfred (Hrsg.): Grass. Kritik, Thesen, Analysen. Bern, München 1973.

Jurgensen, Manfred: Über Günter Grass. Untersuchungen zur sprachlichen Rollenfunktion. Bern 1974.

Koopmann, Helmut: Günter Grass. Der Faschismus als Kleinbürgertum und was daraus wurde. In: Hans Wagner (Hrsg.): Gegenwartsliteratur und Drittes Reich. Stuttgart 1977, S. 163–182.

Labroisse, Gerd / Dick van Stekelenburg (Hrsg.): Günter Grass. Ein europäischer Autor? Amsterdam 1992. Amsterdamer Beiträge zur neueren Germanistik. 35.

Lamparter, Christiane: Der Exodus der Politik aus der bundesrepublikanischen Gegenwartsliteratur. Frankfurt a. M. 1992.

Lawson, Richard H.: Günter Grass. New York 1985.

Lebeau, Jean: Individu et Société ou la Métamorphose de Günter Grass. In: Recherches Germaniques 2 (1972) S. 68–93.

Leonard, Irene: Günter Grass. Edinburgh 1974.

Loschütz, Gert (Hrsg.): Von Buch zu Buch. Günter Grass in der Kritik. Eine Dokumentation. Neuwied/Berlin 1968.

Margull, G. Fritze (Hrsg.): Günter Grass: In Kupfer auf Stein. Das grafische Werk. Göttingen 1994. [Erw. Neuaufl.]

– (Hrsg.): Günter Grass. Vier Jahrzehnte. Ein Werkstattbericht. Göttingen 1991.

Mason, Ann L.: The Skeptical Muse: A Study of Günter Grass' Conception of the Artist. Bern/Frankfurt a. M. 1974.

Mayer, Sigrid: Nachwort. In: Günter Grass. Zeichnungen und Texte 1954–1977. Darmstadt/Neuwied 1982. S. 122–129.

Mayer-Iswandy, Claudia: »Vom Glück der Zwitter«. Geschlechterrolle und Geschlechterverhältnis bei Günter Grass. Frankfurt a. M. 1991.

Miles, Keith: Günter Grass. A Critical Study. New York / London 1975.

Müller, Helmut: Günter Grass. Der Schriftsteller als Bürger. In:

H. M.: Die literarische Republik. Westdeutsche Schriftsteller und die Politik. Weinheim/Basel 1982. S. 206–235.

Neue Aspekte der Grass-Forschung. Studia Germanica Posnaniensia 12 (1983).

Neuhaus, Volker: Das dichterische Selbstverständnis und seine Entwicklung bei Günter Grass. In: Gunter E. Grimm (Hrsg.): Metamorphosen des Dichters. Frankfurt a. M. 1992. S. 274–285.

– Günter Grass. Stuttgart 1993.

Preisendanz, Wolfgang: Zum Vorrang des Komischen bei der Geschichtserfahrung in deutschen Romanen unserer Zeit. In: W. P. / Rainer Warning (Hrsg.): Das Komische. München 1976. S. 153–164.

Reich-Ranicki, Marcel: Günter Grass. Aufsätze. Zürich 1992.

Rempe-Thiemann, Norbert: Günter Grass und seine Erzählweise. Zum Verhältnis von Mythos und literarischer Struktur. Bochum 1992.

Rieks, Rudolf: Günter Grass in der epischen Gattungstradition. In: Poetica 3/4 11 (1979) H. 3/4. S. 427–464.

Rothenberg, Jürgen: Günter Grass – Das Chaos in verbesserter Ausführung. Zeitgeschichte als Thema und Aufgabe des Prosawerks. Heidelberg 1977.

Schonauer, Franz: Günter Grass. Ein literarischer Bürgerschreck von gestern? In: Hans Wagener (Hrsg.): Zeitkritische Romane des 20. Jahrhunderts. Stuttgart 1975. S. 342–362.

Stallbaum, Klaus: Kunst und Künstlerexistenz im Frühwerk von Günter Grass. Köln 1989.

Stolz, Dieter: Vom privaten Motivkomplex zum poetischen Weltentwurf. Konstanten und Entwicklungen im literarischen Werk von Günter Grass. Würzburg 1994.

Streul, Irene Charlotte: Westdeutsche Literatur in der DDR. Böll, Grass, Walser und andere in der offiziellen Rezeption 1949–1985. Stuttgart 1988.

Tank, Kurt Lothar: Günter Grass. Berlin ⁵1974.

Thomas, Noel L.: The Narrative Works of Günter Grass. A critical interpretation. Amsterdam/Philadelphia 1982.

Vormweg, Heinrich: Günter Grass. Reinbek b. Hamburg 1986.

Wagenbach, Klaus: Günter Grass. In: Klaus Nonnenmann (Hrsg.): Schriftsteller der Gegenwart. 53 Portraits. Freiburg i. Br. 1963. S. 118–126.

White, Ray Lewis: Günter Grass in America. The Early Years. Hildesheim / New York 1981.

Wierlacher, Alois: Vom Essen in der deutschen Literatur. Mahlzeiten in Erzähltexten von Goethe bis Grass. Stuttgart 1987.

Wieser, Theodor (Hrsg.): Günter Grass. Portrait und Poesie. Neuwied/Berlin 1968.

Willson, A. Leslie (Hrsg.): A Günter Grass Symposium. The University of Texas at Austin. Austin/London 1971.

Wolff, R. (Hrsg.): Günter Grass. Werk und Wirkung. Bonn 1985.

Yates, Norris W.: Günter Grass. A Critical Essay. Michigan 1967.

Ziltener, Walter: Heinrich Böll und Günter Grass in den USA. Tendenzen der Rezeption. Bern / Frankfurt a. M. 1982.

Zimmermann, H. D.: Spielzeughändler Markus, Lehrer Zweifel und die Vogelscheuchen. Die Verfolgung der Juden im Werk von Günter Grass. In: H. A. Strauss (Hrsg.): Juden und Judentum in der Literatur. München 1985. S. 295–306.

b) Zur »Blechtrommel«

Abbé, Derek v.: Metamorphoses of »Unbewältigte Vergangenheit« in »Die Blechtrommel«. In: German Life and Letters 23 (1969/70) S. 152–160.

Arendt, Dieter: Die absurde Chiffre und die Chiffre des Absurden in Günter Grass' »Danziger Trilogie« oder: »Was die Welt Übertage absurd nennt, schmeckt Untertage real«. In: Orbis litterarum 44 (1989) H. 4. S. 341–372.

Arker, Dieter: »Nichts ist vorbei, alles kommt wieder«. Untersuchungen zu Günter Grass' Blechtrommel. Heidelberg 1989.

Auffenberg, Christian: Vom Erzählen des Erzählens bei Günter Grass. Studien zur immanenten Poetik der Romane »Die Blechtrommel« und »Die Rättin«. Münster 1993.

Bance, A. F.: The Enigma of Oskar in Grass's »Blechtrommel«. In: Seminar 3 (1967) S. 147–156.

Bastiansen, Björn: Vom Roman zum Film. Eine Analyse von Volker Schlöndorffs »Blechtrommel«-Verfilmung. Bergen 1990.

Baumgart, Reinhard: Deutsche Gesellschaft in deutschen Romanen. In: R. B.: Literatur für Zeitgenossen. Essays. Frankfurt a. M. 1966. S. 37–58.

Beyersdorf, Hermann E.: The Narrator as Artful Deceiver: Aspects of Narrative Perspective in »Die Blechtrommel«. In: The Germanic Review 55 (1980) H. 4. S. 129–138.

Blomster, Wesley V.: Oskar at the Zoppoter Waldoper. In: Modern Language Notes 84 (1969) H. 3. S. 467–472.

Böschenstein, Bernhard: Günter Grass als Nachfolger Jean Pauls und Döblins. In: Jahrbuch der Jean-Paul-Gesellschaft 6 (1971) S. 86–101.

Brode, Hanspeter: Die Zeitgeschichte in der »Blechtrommel« von Günter Grass. Entwurf eines textinternen Kommunikationsmodells. In: Rolf Geißler (Hrsg.): Günter Grass. Ein Materialienbuch. Darmstadt/Neuwied 1976. S. 86–114.

– Kommunikationsstruktur und Erzählerposition in den Romanen von Günter Grass. In Germanisch-Romanische Monatsschrift 39 (1980) H. 4. S. 483–450.

Cepl-Kaufmann, Gertrude: Verlust oder poetische Rettung? Zum Begriff »Heimat« in Günter Grass' »Danziger Trilogie«. In: Hans Georg Pott (Hrsg.): Literatur und Provinz. Das Konzept »Heimat« in der neueren deutschen Literatur. Paderborn 1986. S.61–83.

Coury, David: Transformational Considerations in the Filmic Adaption of Günter Grass »Die Blechtrommel«. In: New German Review 8 (1992) S. 74–84.

Diederichs, Rainer: Strukturen des Schelmischen im modernen deutschen Roman. Eine Untersuchung an den Romanen von Thomas Mann »Bekenntnisse des Hochstaplers Felix Krull« und Günter Grass »Die Blechtrommel«. Diss. Zürich 1971.

Dimler, G. Richard: Simplicius Simplicissimus and Oskar Matzerath as Alienated Heroes. Comparison and Contrast. In: Amsterdamer Beiträge zur neueren Germanistik 4 (1975) S. 113–134.

Donahue, Bruce: The Alternative to Goethe: Markus and Fajngold in »Die Blechtrommel«. In: The Germanic Review 58 (1983) H. 3. S. 115–120.

Droste, Dietrich: Gruppenarbeit als Mittel der Erschließung umfangreicher Romane: Grimmelshausen »Abenteuerlicher Simplicius Simplicissimus« und Grass »Blechtrommel«. In: Der Deutschunterricht 21 (1969) H. 6. S. 101 ff.

Ferguson, Lore: »Die Blechtrommel« von Günter Grass. Versuch einer Interpretation. Bern 1976.

Forster, Leonhard: Günter Grass Since the Danzig Trilogy. In: University of Toronto Quarterly 47 (1977) H. 1. S. 56–77.

Friedrichsmeyer, Erhard M.: Aspects of Myth, Parody and Obscenity in Grass's »Die Blechtrommel« and »Katz und Maus«. In: The Germanic Review 40 (1965) H. 3. S. 240–252.

Frizen, Werner: Die Blechtrommel – ein schwarzer Roman. Grass und die Literatur des Absurden. In: Arcadia 21 (1986) H. 2. S. 166-189.

Frizen, Werner: »Blechmusik«: Oskar Matzeraths Erzählkunst. In: Etudes Germaniques 42 (1987) H. 1. S. 25–46.

– Matzeraths Wohnung. Raum und Weltraum in Günter Grass' »Die Blechtrommel«. In: Text & Kontext 15 (1987) H. 1. S. 145–174.

Geißler, Rolf: Der moderne Roman im Unterricht – zum Beispiel »Die Blechtrommel« von Günter Grass. In: Hans Helmers (Hrsg.): Moderne Dichtung im Unterricht. Braunschweig 1967, S. 126–141.

Görtz, Franz Josef (Hrsg.): »Die Blechtrommel«. Attraktion und Ärgernis. Ein Kapitel deutscher Literaturkritik. Darmstadt/Neuwied 1984.

Golz, Peter: V-erwachsener Realismus: Getrommelte Gerüchte in »Die Blechtrommel«. In: Germanic Notes 22 (1991) Nr. 3–4. S. 56–58.

Gopal, Raj: Salem Snotnose und Oskar der Blechtrommler. Zum Vergleich von Günter Grass und Salman Rushdie. In: Germanic Studies of India 7 (1983) S. 200–206.

Graves, Peter J.: Günter Grass's »Die Blechtrommel« and »örtlich betäubt«: The Pain of Polarities. In: Forum for Modern Language Studies 9 (1973) S. 132–142.

Head, David: Volker Schlöndorff's »Die Blechtrommel« and the »Literaturverfilmung« Debate. In: German Life and Letters 36 (1982/83) H. 4. S. 347–367.

Herd, Eric W.: Blechtrommel und indische Flöte. Günter Grass' Einfluß auf Salman Rushdie. In: Paul Michael Lützeler (Hrsg.): Zeitgenossenschaft. Zur deutschsprachigen Literatur im 20. Jahrhundert. Festschrift für Egon Schwarz. Frankfurt a. M. 1987. S. 224–240.

Hickethier, Knut: Der Film nach der Literatur ist Film. Volker Schlöndorffs »Die Blechtrommel« (1979) nach dem gleichnamigen Roman von Günter Grass (1959). In: Franz-Josef Albersmeier / Volker Roloff (Hrsg.): Literaturverfilmungen. Frankfurt a. M. 1989, S. 183–198.

Hillmann, Heinz: Günter Grass »Blechtrommel«. Beispiele und Überlegungen zum Verfahren der Konfrontation von Literatur und Sozialwissenschaften. In: Manfred Brauneck (Hrsg.): Der deutsche Roman im 20. Jahrhundert II. Bamberg 1976. S. 7–30.

Ide, Heinz: Dialektisches Denken im Werk von Günter Grass. In: Studium Generale, 21 (1968) Nr. 7. S. 608–622.

Ireland, Kenneth R.: Doing Very Dangerous Things: »Die Blechtrommel« and »Midnight's Children«. In: Comparative Literature 42 (1990) H. 4. S. 335–361.

Jahnke, Walter / Lindemann, Klaus: Günter Grass: »Die Blechtrommel«. Acht Kapitel zur Erschließung des Romans. Paderborn 1993.

Jendrowiak, Silke: Die sogenannte »Urtrommel«. Unerwartete Einblicke in die Genese der »Blechtrommel« von Günter Grass. In: Monatshefte 71 (1979) H. 2. S. 172–186.

– Günter Grass und die »Hybris« des Kleinbürgers. »Die Blechtrommel« – Bruch mit der Tradition einer irrationalistischen Kunst- und Wirklichkeitsinterpretation. Heidelberg 1979.

Jorißen, Ludger: Die wiedergefunde Ehre des Oscar Schatt – Ein niederländisches Vorbild der Blechtrommel. In: Arcadia 24 (1989) S. 297–302.

Just, Georg: Darstellung und Appell in der »Blechtrommel« von Günter Grass. Darstellungsästhetik versus Wirkungsästhetik. Frankfurt a. M. 1972.

Kaiser, Joachim: Günter Grass oder Das erfüllte Image. In: Reinisch, Leonhard / Hoffman, Kurt (Hrsg.): Führer und Verführer. Geist und Mode unserer Zeit. München/Zürich 1971.

Kremer, Manfred: Günter Grass, »Die Blechtrommel« und die pikarische Tradition. In: The German Quarterly 46 (1973) S. 381–392.

Krumme, Detlef: Günter Grass. »Die Blechtrommel«. München/Wien 1986.

Leroy, Robert: »Die Blechtrommel« von Günter Grass. Eine Interpretation. Paris 1973.

Liewerscheidt, Ute: Günter Grass. Die Blechtrommel. Interpretation und didaktische Analyse. Hollfeld 1979.

Lindquist, Wayne P.: The Materniads. Grass's Paradoxical Conclusion to the »Danzig Trilogie«. In: Critique. Studies in Contemporary Fiction 30 (1988/89) H. 3. S. 179–192.

McElroy, Bernhard: Lunatic, Child, Artist, Hero: Grass's Oskar as a Way of Seeing. In: Forum for Modern Language Studies 22 (1986) Nr. 4. S. 308–322.

Mannack, Eberhard: Die Auseinandersetzung mit literarischen Mustern – Günter Grass: »Die Blechtrommel«. In: G. M.: Zwei deutsche Literaturen? Kronberg (Ts.) 1977. S. 66–83.

– Oskars Lektüre. Zum Verweisungszusammenhang in Günter Grass' »Blechtrommel«. In: D. H. Green [u. a.] (Hrsg.): From Wolfram and Petrarch to Goethe and Grass. Studies in Literature in Honour of Leonard Forster. Baden-Baden 1982. S. 587–602.

Mayer, Gerhart: Zum deutschen Antibildungsroman. In: Jahrbuch der Raabe-Gesellschaft 1974. S. 55–64.

Mayer, Hans: Felix Krull und Oskar Matzerath. Aspekte eines Romans. In: Heinz Arnolds / Theo Buck (Hrsg.): Positionen des Erzählens. München 1976. S. 49–67.

Merivale, Patricia: Saleem Fathered by Oscar: Intertextual Strategies in »Midnight's Children« and »The Tin Drum«. In: Ariel: A Review Of International English Literature 21 (1990) Nr. 3. S. 5–21.

Michelsen, Peter: Oskar oder Das Monstrum. Reflexionen über »Die Blechtrommel« von Günter Grass. In: Neue Rundschau 83 (1972) S. 722–740.

Minden, Michael: A Post-Realist Aesthetic. Günter Grass, Die Blechtrommel. In: David Midgley (Hrsg.): The German Novel in the Twentieth Century. Beyond Realism, Edinburgh / New York 1993. S. 149–163.

Mouton, Janice: Gnomes, Fairy-Tale Heroes, and Oskar Matzerath. In: The Germanic Review 56 (1981) Nr. 1. S. 28–33.

Neubert, Brigitte: Der Außenseiter im deutschen Roman nach 1945. Bonn 1972.

Neuhaus, Volker: Günter Grass. Die Blechtrommel. 3., überarb. Aufl. München 1992. (Oldenbourg Interpretationen mit Unterrichtshilfen.)

– Günter Grass: »Die Blechtrommel«. In: Interpretationen. Romane des 20. Jahrhunderts. Bd. 2. Stuttgart 1993. S. 120–142.

– / Hermes, Daniela (Hrsg.): Die »Danziger Trilogie« von Günter Grass. Texte, Daten, Bilder. Frankfurt a. M. 1991.

Olster, Stacey: Inconsistant Harmony in The Tin Drum. In: Studies in the Novel 14 (1982) Nr. 1. S. 66–81.

O'Neill, Patrick: A Different Drummer: The American Reception of Günter Grass. In: Wolfgang Elfe [u. a.] (Hrsg.): The Fortunes of German Writers in America. New York 1992. S. 277–285.

– Musical Form and the Pauline Message in a Key Chapter of Grass's »Blechtrommel«. In: Seminar 10 (1974) S. 298–307.

Pakendorf, Gunther: Aufklärung ohne Dialektik. Zu Günter Grass' »Blechtrommel«. In: Brückl, Otto (Hrsg.): Sprache und Kulturvermittlung. Ein Abschiedsband an Maria Schmidt-Ihms. Durban 1977. S. 75–87.

Pflanz, Elisabeth: Sexualität und Sexualideologie des Ich-Erzählers in Günter Grass' Roman »Die Blechtrommel«. Diss. München 1975.

Plard, Henri: Sur le film »Die Blechtrommel« de Grass à Schlöndorff. In: Etudes Germaniques 35 (1980) S. 69–84.

– Une source du chapitre »Niobe« dans »Die Blechtrommel« de Grass. In: Etudes Germaniques 39 (1984) S. 284–287.

Preece, Julian: The danger of reaching Thirty for Franz Kafka, Josef K., and Oskar Matzerath. Kafkaesque Motifs in »Die Blechtrommel«. In: Journal of the Kafka Society of America 1 (1993) S. 39–50.

Reddick, John: The »Danzig Trilogy« of Günter Grass. London 1975.

– Eine epische Trilogie des Leidens? In: Heinz Ludwig Arnold (Hrsg.): Günter Grass. München 1978. (Text + Kritik. 1/1 a.) S. 60–73.

– Vergangenheit und Gegenwart in Günter Grass' »Die Blechtrommel«. In: Bernd Hüppauf (Hrsg.): »Die Mühen der Ebenen«. Kontinuität und Wandel in der deutschen Literatur und Gesellschaft 1945–1949. Heidelberg 1981. S. 373–397.

Richter, Frank-Raymund: Die zerschlagene Wirklichkeit. Überlegungen zur Form der Danzig-Trilogie von Günter Grass. Bonn 1977.

– Günter Grass. Die Vergangenheitsbewältigung in der »Danzig-Trilogie«. Bonn 1979.

Rickels, L. A.: »Die Blechtrommel« zwischen Schelmen- und Bildungsroman. In: Amsterdamer Beiträge zur neueren Germanistik 20 (1986) S. 109–132.

Schlöndorff, Volker (Hrsg.) / Grass, Günter (Bearb.): Die Blechtrommel als Film. Frankfurt a. M. 1971.

Schlöndorff, Volker: »Die Blechtrommel«. Tagebuch einer Verfilmung. Neuwied 1979. (Sammlung Luchterhand. 272.)

Schneider, Irmela: Kritische Rezeption. »Die Blechtrommel« als Modell. Bern / Frankfurt a. M. 1975.

Schnell: Irritation und Wirklichkeitserfahrung. Die Funktion des Erzählers in Günter Grass' »Die Blechtrommel«. In: Der Deutschunterricht 27 (1975) H. 3. S. 33–43.

Schönau, Walter: Zur Wirkung der »Blechtrommel« von Günter Grass. In: Psyche 28 (1974) S. 573–599.

Schwarz, Thomas: »Religion« und »Ideologie« in Günter Grass' »Die Blechtrommel«. In: Germanica Wratislaviensia. Jg. 1988. H. 82. S. 174–228.

Slaymaker, William: Who Cooks, Winds Up. The Dilemma of Freedom in Grass' »Die Blechtrommel« and »Hundejahre«. In: Colloquia Germanica 14 (1981) H. 1. S. 48–68.

Terras, Rita: Deceit and Deception in Günter Grass's Die Blechtrommel. A Semiotic Reading. West Virginia University Philosophical Papers 30 (1984) S. 84–89.

Thomas, Noel L.: Grass: Die Blechtrommel. London 1985.

Valentin, Jean-Marie: Les orgies de Raspoutine. G. Grass, lecteur de R. Fülop-Miller. In: Revue d'Allemagne 14 (1982) H. 4. S. 683–708.

Vargas Llosa, Mario: Trommelwirbel. »Die Blechtrommel«. In: M. V. L.: Die Wahrheit der Lügen. Essays zur Literatur. Übers. von Elke Wehr. Frankfurt a. M. 1994. S. 156–164.

Will, Wilfried van der: Pikaro heute. Metamorphosen des Schelms bei Thomas Mann, Döblin, Brecht, Grass. Stuttgart 1967.

Willson, A. Leslie: The Grotesque Everyman in Günter Grass's »Die Blechtrommel«. In: Monatshefte 58 (1966) S. 131–138.

Wilpert, Gero von: Von Lübeck nach Danzig. »Buddenbrooks« und »Die Blechtrommel«. In: Gerhard Schulz / Tim Mehigan (Hrsg.): Literatur und Geschichte 1788–1988. Frankfurt a. M. 1990. S. 219–240.

Zimmermann, Hans Dieter: Günter Grass. Die Blechtrommel. In: Paul Michael Lützeler (Hrsg.): Deutsche Romane des 20. Jahrhunderts: Neue Interpretationen, Königstein (Ts.) 1983. S. 324–339.

Der Verlag Philipp Reclam jun. dankt für die Nachdruckgenehmigung den Rechteinhabern, die durch den Quellennachweis oder einen folgenden Copyrightvermerk bezeichnet sind. Für einige Autoren waren die Inhaber der Rechte nicht festzustellen. Hier ist der Verlag bereit, nach Aufforderung rechtmäßige Ansprüche abzugelten.

Deutsche Dichter

Leben und Werk deutschsprachiger Autoren

Herausgegeben von
Gunter E. Grimm und Frank Rainer Max

Das achtbändige, insgesamt über 4000 Seiten umfassende
Werk *Deutsche Dichter* ist deutschsprachigen Autoren vom
Mittelalter bis zur jüngeren Gegenwart gewidmet. Auf
anschauliche Weise schreiben Fachleute in Beiträgen von
5 bis zu 50 Seiten Umfang über Leben und Werk von
rund 300 bedeutenden Dichtern. Ein Porträt des Autors
und bibliographische Hinweise ergänzen die einzelnen
Darstellungen.

Philipp Reclam jun. Stuttgart